"十四五"职业教育部委级规划教材

"十二五"职业教育国家规划教材

普通高等教育"十一五"国家级规划教材（高职高专）

U0734256

服装跟单实务

（第3版）

冯麟　胡瑶华　李宁 ◎ 编著

中国纺织出版社有限公司

内 容 提 要

本书为"十四五"职业教育部委级规划教材。

本书围绕服装贸易与生产跟单这条主线，从订单开发、接洽、采购、生产、货运到出口报验，围绕整个订单的贸易过程，展开跟单流程设计与运营管理的阐述。全书结合市场和企业实际运作情况，设计了大量实用的跟单表格，来加强订单管理的可操作性。同时，运用大量典型案例进行深入浅出的分析，使本书更切合企业的实际需求，为跟单员解决跟单过程中常见的问题、难点与风险规避技巧提供参考与指导。

本书既可作为高等院校服装专业课程教材，也可作为服装行业领域从业者参考用书。

图书在版编目（CIP）数据

服装跟单实务 / 冯麟，胡瑶华，李宁编著 . --3 版 . -- 北京：中国纺织出版社有限公司，2022.11（2025.5重印）

"十四五"职业教育部委级规划教材

ISBN 978-7-5180-9937-5

Ⅰ . ①服… Ⅱ . ①冯… ②胡… ③李… Ⅲ . ①服装工业—生产管理—高等职业教育—教材 ②服装企业—销售管理—高等职业教育—教材 Ⅳ . ① F407.8

中国版本图书馆 CIP 数据核字（2022）第 191492 号

责任编辑：郭 沫 责任校对：楼旭红 责任印制：王艳丽

中国纺织出版社有限公司出版发行

地址：北京市朝阳区百子湾东里 A407 号楼 邮政编码：100124

销售电话：010—67004422 传真：010—87155801

http://www.c-textilep.com

中国纺织出版社天猫旗舰店

官方微博 http://weibo.com/2119887771

三河市宏盛印务有限公司印刷 各地新华书店经销

2009 年 12 月第 1 版 2015 年 6 月第 2 版

2022 年 11 月第 3 版 2025 年 5 月第 3 次印刷

开本：787×1092 1/16 印张：17.75

字数：560 千字 定价：59.80 元

凡购本书，如有缺页、倒页、脱页，由本社图书营销中心调换

前言
PREFACE

此次修订，传承了第2版内容的系统性、全面性和实用性，修订内容包括：

1.每章的开篇增设"开篇引例"，作为新章节知识点的引导，帮助读者抓住相关知识点，启发读者的思维并激发学习兴趣。

2.在各章节之间，以立体教材的形式呈现，附有"教学资源二维码"，涵盖各种教学视频以及文档、表格等教学资料，能系统地拓展课外学习知识点，方便数字化教学改革与企业培训。

3.在各章节之间都穿插大量与知识点结合紧密的"案例分析"，重现工作现场业务难题，还原企业实际运营与跟单中遇到的各种问题和难点，并提出有实战经验的应对方法与风险规避技巧，为跟单工作提供指导。

4.针对服装企业的订单运营管理模式，重新梳理了部分流程图，帮助读者熟悉业务流程，使本书内容更切合企业的实际需求。

5.根据企业跟单工作需求，新增了部分表格的使用范例，以及常用表格的模板，跟单员可根据实际工作需要摘录使用，提升订单管理的可操作性。

6.全面梳理全书的内容，对各章节的内容做合并、精简等工作，使第3版脉络更有条理，内容更简要，表达更明晰，有助于学员的理解和记忆。

7.更换部分图片与表格，使内容更贴合现在的服装行业情况。

8.书中配有"教学内容及课时安排"，每章后面附有"实践训练"，提供给小组讨论的模拟场景，可根据培训需要组织学员进行实践演练。

本书由广东省服装与服饰工程技术研究中心、旭日广东企业研究社、广东省"服装三维数字智能技术开发中心"、惠州学院重点学科建设项目共同支持完成。

本书由冯麟统稿，编委张小良、刘小红、陈学军、胡瑶华、张兴远、李宁，图表设计钟宛衡。此次修订，得到惠州市微服科技有限公司陈友三经理、万事达商贸（深圳）有限公司高级QA邹文金先生的鼎力支持，在此表示感谢。另外，还参考引用了已在网络上开放查询的部分网站资料，若参考文献中遗漏列明，在此深表歉意，并承诺会尽快补充完善。

希望本书能受到广大读者的欢迎。若有不足之处，恳请批评，并欢迎斧正。

编著者

2022年3月

第 2 版前言

本教材作为"十二五"职业教育国家规划教材，在第1版普通高等教育"十一五"国家级规划教材（高职高专）的基础上修订编写。教材汇聚了几位教师多年来的教学实践、校企合作科研与技术咨询培训等成功的案例，力争教材更加贴切企业的实际运作，凝练贸易与生产跟单的管理经验，使教材的内容新颖、实用，涵盖面广。

在这次编写中，继承了第1版清晰的写作思路，紧紧围绕服装订单的贸易与生产这条主线，系统地阐述了服装订单跟进与管理的基本理论和管理方法，同时结合企业的实战经验，增加了常见问题的案例分析与防范措施的探讨，力求做到图文并茂、深入浅出、通俗易懂、新颖实用。

本书的主要特色有：

1.各章节都配有清晰的流程图，针对服装企业订单的实际运作流程与管理，分步阐述跟单流程。并根据跟单工作需求，设计了大量实用的表格，有些表格还配有实际使用的范本，跟单员随时可以根据工作情况拷贝表格，为跟单工作提供有用的指导。

2.本教材附带教学光盘，光盘内附有各种服装尺寸测量与质量检查的教学视频，以及服装专业与跟单英文资料汇编等参考文档。视频生动形象，直观易懂，文档附录专业英文资料齐全，方便翻译外单时做中英文查找，是学生进行课外学习的辅助教材，也是新上岗跟单员的工具书。

3.每章前面配有课题内容、课程时间、教学目的与教学方式，每章后面附有思考题，以便引导初学者自学与复习。

4.每章内容的后面都精心摘录了典型的工作案例，还原企业工作中出现的各种问题、难点、重点，可以作为学生进行讨论的模拟场景。同时，针对每个案例的工作场景都进行了详细的分析，并提出了有实战经验的建议和防范措施，为跟单员提供了非常有价值的参考和指导作用。

本教材借鉴珠三角地区港资服装企业的管理经验编写，主要作为服装高等教育的专业教材，也可作为企业跟单人员的培训教材或参考书；同时，非常适合新从事跟单工作的跟单员自学跟单业务用书；另外，还能帮助资深的跟单员再度整理、规范其现有的业务流程，解决跟单业务上的个别难题，提高跟单管理水平。

本教材由第1版的八章修订为七章内容，其中：第一章、第二章由惠州学院服装系刘小红编著修订，第三章、第四章、第五章由惠州学院服装系冯麟编著修订，第六章由惠州学院服装系张小良编著修订，第七章由惠州学院服装系陈学军编著修订，全书由冯麟担任主编并负责统稿审核。

教材在编写过程中，参阅了国内外相关书籍与资料，并得到惠州学院服装系已毕业并走上跟单岗位的同学们的大力相助。在此，对有关作者、老师、校友、朋友们表示衷心的感谢。

本教材虽然已几经校稿查对，但错漏之处仍在所难免。若有理论上的错误，完全是由于本人专业水平和实践经验不足所致，在此恳请谅解，并欢迎斧正。

编者

2015年1月1日

第1版前言

本书作为普通高等教育"十一五"国家级规划教材（高职高专），是为适应纺织服装企业发展和服装高等教育教学的需要，在原《成衣跟单实务》的基础上重新编著。本书内容系统全面、条理清晰、浅显实用，有利于学生掌握跟单基本流程、在职跟单员提升订单管理水平。本书紧密围绕服装跟单这条主线，从订单开发、接单洽谈，到订单采购、生产和货运整个订单处理过程进行阐述，展开相关内容及其管理方法讨论，思路清晰简明。同时，结合市场和企业实际运作情况，运用典型案例，对跟单常见问题与规避技巧进行深入浅出的分析，使本书更切合企业的实际需求。

本书凝聚了几位教师在服装教学、研究和企业订单项目管理的实践经验，力求深入浅出，切合实际，对订单管理的可操作性强，既可作为高职高专院校服装专业教材，又适合在职跟单员参阅。由于目前国内企业正处在转型期，一些最新的企业运作变化可能无法及时更新，望读者加以留意。

本书共分八章，第一章、第二章由惠州学院服装系刘小红老师编著，第三章、第四章、第五章由惠州学院服装系冯麟老师编著，第六章、第七章由惠州学院服装系张小良老师编著，第八章由惠州学院服装系陈学军老师编著。全书由冯麟老师担任主编并负责统稿，钟桥安老师负责审稿。作者在编写过程中，参阅了国内外相关书籍资料，在此对有关作者表示衷心感谢。另外，本书引用了一些网上的文献资料，由于时间较长，已经无法一一核对，在此向有关著者谨表诚恳的谢意。

由于编者研究水平和实践经验有限，书中错漏与不足之处在所难免，恳请读者、专家指正并提出宝贵意见。

编者
2009年7月

教学内容及课时安排

章	节	课程内容	课时安排		
			理论	实践	总学时
第一章 服装跟单概述	一	服装跟单基本概念	2	2	4
	二	服装跟单的应用			
	三	服装跟单工作素养			
		案例分析/实践训练			
第二章 业务跟单	一	订单开发	3	3	6
	二	订单接洽			
	三	报价			
	四	加工厂评审			
		案例分析/实践训练			
第三章 订单资料跟单	一	合同资料管理	2	2	4
	二	订单资料理单			
	三	资料变更跟单			
	四	客户资料管理			
		案例分析/实践训练			
第四章 样板跟单	一	服装样板概述	2	2	4
	二	样板的制作与管理			
	三	样板跟单管理			
		案例分析/实践训练			
		制板（选修）		（12）	（16）
第五章 物料采购跟单	一	面辅料采购概述	3	3	6
	二	面辅料样板跟单			
	三	面辅料采购跟单			
	四	面辅料开发与供应商管理			
		案例分析/实践训练			
第六章 生产跟单	一	联系加工厂	3	3	6
	二	签订生产合同			
	三	编制生产制单			
	四	生产跟单管理			
	五	服装品质检验			
		案例分析/实践训练			
第七章 船务跟单	一	成衣出货跟单	2	2	4
	二	贸易运输跟单			
	三	贸易结算跟单			
	四	船务资料跟单			
		案例分析/实践训练			
机动		复习		2	2
合计			17	19/（31）	36/（48）

注 各院校可根据学员特点和实际教学计划对课程内容与学时进行调整。

目录
CONTENTS

第一章

服装跟单概述

服装跟单是服装生产、贸易运作过程中的基本控制手段，是服装企业经营管理的核心业务。跟单工作能力的强弱和工作水平的高低，直接影响企业的履约能力以及企业的成本效益。

【开篇引例】浙江××服装进出口有限公司招聘

岗位名称 | 服装跟单员

工作地点 | 杭州余杭区

薪　　酬 | 8k-12k

岗位要求 |

1.服装或纺织相关专业毕业，大专以上学历，英语听说读写流利。

2.三年以上机织或针织服装外贸工作经验，有较强的独立业务开发能力。

3.熟悉服装外贸业务，具备扎实的服装基础知识，能跟踪维护客户订单，按时完成发货。

4.熟悉服装从开发阶段到批量生产的全部过程，有独立操作订单的能力。

5.能准确将客户的意图指示传达给工厂，配合工厂协调好订单，安排面料、辅料、成衣下单生产等。

6.能熟练运用Office等办公软件。

7.具有较强的进取精神，工作积极主动，耐心细致，责任心强，有良好的团队合作精神。

8.有良好的沟通协调能力，思路清晰、反应灵敏，能承受一定的工作压力。

思　　考 | 什么是服装跟单员？其工作内容和职责范围包括哪些？

　　　　　企业招聘服装跟单员有哪些基本素质要求？

提　　示 | 专业工作技能；综合能力与素养。

第一节　服装跟单基本概念

一、跟单的发展历程

跟单工作是专业化分工的结果。跟单工作的发展历程，主要经历了手工业时代、工业化时代、市场经济时代三个阶段。

手工业时代通常由一个人完成一件产品，产品质量和进度由单个生产者的技艺水平决定。专业化分工出现后，产品由多人分工完成。为了达到预期的质量标准和交货时间，须由专人负责指导、协调和跟进外发加工厂的产品是否达到订单要求，这就是跟单最早期的形态。

工业化时代生产初期，产品质量标准和交货时间由生产者决定，消费者没有选择权，卖方市场占主导地位，此时客户只能满足企业内部的需求。

市场经济时代，经济自由化以后，生产者在生产价值链中的地位开始下降，为了确保产品质量和交货期，企业会根据客户的需求制订一系列标准，指导生产企业按标准组织生产。

随着跟单业务的发展，跟单的核心职能转为贸易过程控制与客户服务。跟单职能从生产过程中分离出来，成为贸易公司的职能部门；跟单职能又从贸易过程中分离出来，形成了独立的跟单服务机构。此时，生产企业内部、中间商贸易公司、下单的零售商都会派出专业跟单员跟进订单生产情况，从而形成多头跟进的质量与进度监测体系（图1-1）。

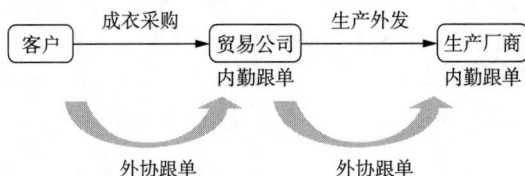

图1-1　多头跟单的监测体系

二、服装订单跟进流程

1.企业外协跟单流程

一个服装订单从采买协议确定到交付使用，需要多个企业协同合作，共同跟进才能完成。具体涉及的企业和分工内容，如图1-2所示。

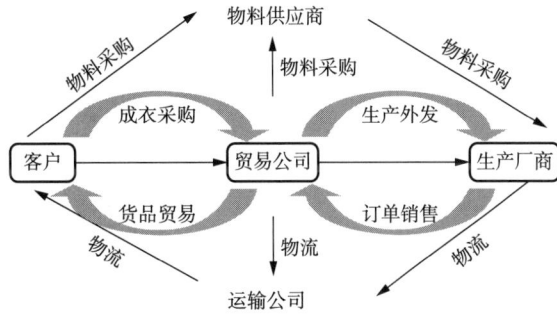

图1-2　多家企业协同跟单流程

2.企业内部跟单流程

从企业内部观察，服装订单签订前后的整个生产跟进过程包括：信息收集、样板试制、订单签订、物料采购与检验、批量生产、包装与质检、发货与收款等工作，具体工作流程详见图1-3。

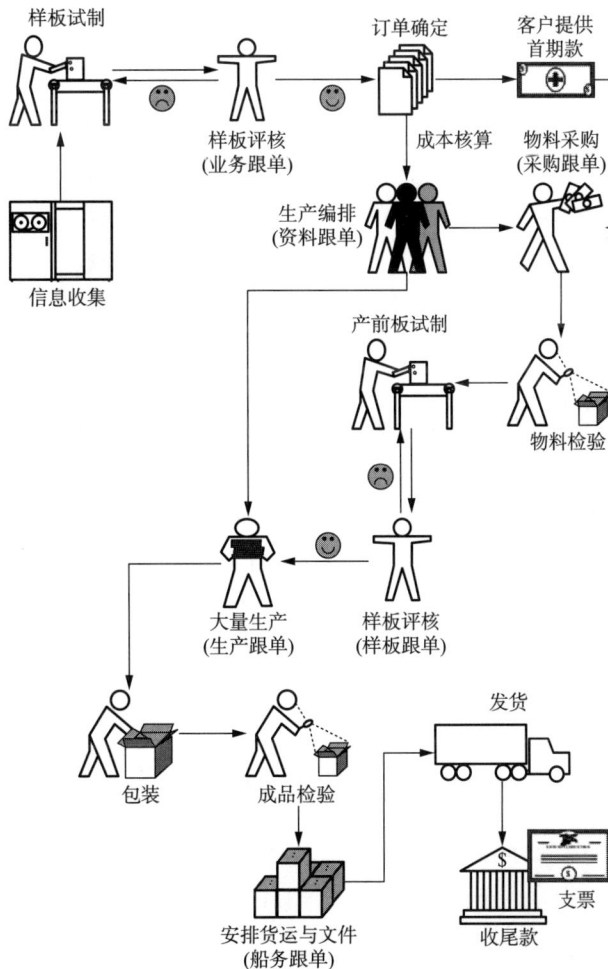

图1-3　服装订单生产处理流程

三、跟单的含义

1. 跟单的定义

跟单就是围绕整个订单的处理过程而展开的工作。即以客户需求为起点，以客户订单为依据，对服装生产、贸易过程中订单标的物（产品或服务）的运营过程进行全程跟进与监控，确保订单交易按质、按量、按时完成并按期交付的全过程。

围绕着订单给客户提供服务，跟踪产品运作流向，对交货期负责的专职人员，称为跟单员。

2. 跟单的作用

（1）**交期管控**：确保订单准时交货是跟单最重要的工作。

（2）**品质保障**：跟单工作是确保产品质量符合订单要求的重要保障。

（3）**形象代言**：跟单工作做得好，能提高企业的形象和信誉，稳定客源。

（4）**资源调配**：跟单工作能善用企业资源，提升企业经济效益。

（5）**提升竞争力**：有经验的跟单员，在跟单工作过程中能逐步提高企业的应变力和快速响应速度，从而提升企业在行业间的竞争力和可持续发展能力。

第二节　服装跟单的应用

一、服装跟单应用领域

1. 服装生产企业

服装生产企业是指按客户订单要求，负责服装加工的工厂。其生产方式如下：

（1）OEM（Original Equipment Manufacturer）：俗称"代工"加工厂，由客户提供设计，工厂只负责生产，按客户指定点采购面辅料，同时不得为第三方提供该设计产品的生产。

（2）ODM（Original Design Manufacturer）：俗称"贴牌"生产，工厂设计的产品方案采取买断的方式，为品牌商提供设计和生产服务，同时不允许生产者以自己的名称再生产和销售。

（3）OBM（Original Brand Manufacturer）：为经营自有品牌工厂，具有产品设计、面辅料开发、出口业务、营销等全方位服务能力，能自己设计并自产自销。

以上三种生产方式可相互转换，灵活运用。许多服装品牌公司都是一个由OEM到

OBM成功转型的企业。

在服装生产企业中，跟单作为生产控制、质量控制的重要环节，在全面理解客户要求的基础上，确保生产过程每个环节都能履行订单合约，为保证产品的质量、数量、成本、交货期等方面100%达成交易合同，起到非常重要的保障作用。

2. 服装贸易公司

服装贸易公司就是提供服装采购服务的中间商，俗称"服装洋行"。按照不同的业务性质，分为经销商和代理商。

（1）经销商：是指通过各种渠道接到客户订单后，联系厂家进行生产，再将货品安全运送到客户手中的中间商。经销商需要在规定期限和地域内购销指定的商品给客户，为客户和生产厂家提供全方位的贸易、生产等服务。经销双方是一种买卖关系。经销商是以自己的名义从事销售，赚取商品买卖的差价，对产品有独立的经营产权。如果与用户间发生民事行为的法律后果，须由经销商自己承担。

（2）代理商：是按客户提供的样板代理采购商品，或是由客户授予销售其品牌商品"代理权"的中间商，只提供批发或零售服务。代理双方是一种代理关系，在买卖中起媒介作用，从中赚取佣金提成，对产品没有所有权。以供货商名义销售的代理商，如果发生授权范围内的民事行为，法律后果由供货商承担。

跟单作为贸易过程控制的关键环节，是贸易公司最重要的订单管控工作，目的是监督受托加工厂按订单要求完成生产任务，使订单生产或销售过程处于受控状态。

3. 服装集团公司

服装集团公司是指拥有自主品牌，集开发、生产、贸易于一体的大型服装企业。该企业内部各部门相对独立，从设计、样板制作、采购、生产到销售等全部业务均由企业自行完成，分工明确。

服装集团公司的跟单主要包含贸易与生产两大类，分别服务于营销部和生产部。通常由营销部向生产部签发生产通知单，即相当于客户下单给加工厂。由于营销部与生产部职责不同，利益相对独立，故须确立一致的目标，同时公司管理层须统一领导和协调组织，使两者紧密配合和顺畅运转。

4. 第三方公证机构

为了提高服装采购的可信度和成功率，国际服装贸易机构、国内服装批发机构、大型百货公司、服装品牌经营者等会通过委托专门的检测公司，开展订单的检测、评核等跟单工作，客观公正地控制整个订单的运作过程。

公证机构是以第三方的身份，提供国际贸易过程监控服务的商会机构。国际公证机构对客户委托的标的物（产品或服务）进行全程监测，并出具权威报告，客户再根据权威报告判断是否接受标的。

二、跟单工作分类

跟单工作内容随着企业规模与性质的不同而有所区别。划分方法没有固定的模式，服装企业可根据自身的实际情况做适当分类，以确保工作职责分工明确。

1. 依据工作地点划分

（1）内勤跟单：是指在企业内部开展跟单工作，向相关部门提供订单文件、生产制单、样衣及辅料样品等订单资料，敦促订单各环节的完成。这要求跟单员有一定的资料整理能力和协作能力。

（2）外协跟单：是指贸易公司派出专人到外协企业开展相关的跟单工作，监控外发业务，如服装加工厂的生产质量、进度、交货期等方面是否达到订单的要求。这对跟单员的现场监控能力、沟通能力和协调能力要求较高。

2. 依据工作跨度划分

（1）独立跟单：是在订单合同签订后，由一个跟单员跟进整个订单过程的形式。独立跟单责任明确，有利于跟单工作的连续性，与多方沟通更容易展开，能更好地为客户服务，减少工作脱节或沟通失误，适合小规模的服装贸易公司或零售公司。独立跟单需要跟单员具备较全面的业务能力，但是由于生产环节变化多、工作繁重，如果跟单员精力不足，容易疏忽细节而使工作失误。

（2）协作跟单：是将整个跟单过程分解成业务开发、制板、物料采购、生产与货运等多个环节，由多人分工协作完成的工作形式。协作跟单分工较细，专业化程度高，工作效率快，适合规模大、客户多、经营品种多样的服装贸易公司。多人协作容易出现沟通不到位、信息传递不对称而导致工作失误，甚至无法按时履约等问题。企业内部若能建立完善的资讯共享系统及良好的沟通机制，可以有效减少这些问题的产生。

3. 依据工作内容划分

（1）外贸跟单：又称业务跟单，分为外贸公司的跟单员和工厂的外贸跟单员，主要是指贸易合同签订后，依据合同和相关单证对货物生产、出货装运、收汇、核销，以及货运订舱、保险、报检、报关、跟催货款、结汇等环节的跟踪，确保按协议将货品顺利交给客户的贸易跟踪过程（扫描"教学资源"编号1-1二维码可见）。

外贸跟单按业务进程，可分为前程跟单、中程跟单和全程跟单。前程跟单是指跟进订单货品交到指定出口仓库为止；中程跟单是指跟进订单到装船清关为止；全程跟单是指跟进订单到货款到账、合同履行完毕为止。独立完成的外贸跟单工作流程最长、最全面，既要跟进外发企业的生产情况，又要安排面辅料采购、运输和成衣发货等工作。

（2）**生产跟单**：是指根据生产订单的要求，负责按照生产计划对货品的原材料采购、样板制作、批量生产、货运等进行跟踪的过程，确保订单按质按量按期交给采购商（扫描"教学资源"编号1-2二维码可见）。

生产跟单按工作性质，分为外贸公司的业务型生产跟单和工厂内部的生产型生产跟单。

①业务型生产跟单：通常是在贸易公司生产部，负责跟进外发加工订单的跟单员，工作包括：

· 联络客户和供应商，促使业务往来。

· 回复邮件、查收客供板和资料。

· 开板单，与外发加工厂洽谈加工报价，跟进样板。

· 绘制生产制单和QC（Quality Control，质量控制）查货文件，制作色板、包装资料及大货布板等物料卡。

· 下发生产计划单，督促工厂订物料和批量生产，安排QC中期查货。

· 核查样板的款式、面辅料、尺寸等资料，并寄给客户批复。

· 寄船头板给客户，向工厂发放出货批准，转发工厂装箱单、商业发票给船务部。

· 客户售后服务包括接收和处理意见反馈、投诉处理等。

②生产型生产跟单：是指在生产企业内部负责订单生产跟进的跟单员。工作包括：

· 接收客户指示单，绘制板单，跟进板房制板的工艺和进度。

· 审核并寄送各种样板给客户，根据评语修改样板。

· 做生产报价单并报价。

· 采购面辅料，跟进物料生产进度。

· 绘制生产制单，跟催车间生产进度，跟进批量生产板。

· 寄送船头板和出货资料给贸易公司的生产跟单员。

三、跟单工作内容界定

无论是服装贸易公司还是生产企业，都会根据自身的规模、经济实力及服装经营特点，进行合理的内部分工，设置合理的跟单员，为客户提供完善、满意的全程跟单服务。

1. 业务跟单

业务跟单员隶属营销部或跟单部，主要是为客户提供服务，以缔结订单业务、签订合同为目标的一系列活动，并将客户信息传递给各职能部门，是企业各部门与客户之间的桥梁纽带。无论是外贸还是内销企业，都会设有业务跟单员，工作内容包括：客户接待、定期联络与跟进；产品开发、审核定稿；订单接洽、外贸谈判、订单报价、合同签订；样板审核语修改跟进、物料采购、生产进度跟进等；外文翻译、函电往来等文书写作；国际礼仪、宗教习俗等礼节文化的学习、了解等。

2. 设计跟单

设计跟单员隶属品牌公司设计开发部，也称设计师助理，协助设计师为客户或本企业提供产品设计服务，并负责从选料、设计定稿到生产的整个过程跟踪，扮演着设计师与加工厂之间的沟通桥梁，主要工作有：根据设计师提供的主题颜色与灵感图片，协助设计师寻找合适的面料色卡；设计师确认面料和款式后，负责制作工艺板单，检查面辅料信息的完整性（没有设计部的企业，设计跟单可根据客供板和客户的要求绘制工艺板单）；根据款式图或客供板，选配面辅料；将系列款式图、板单、客供板等资料交给制板部试制样衣；跟进样衣后续的试样、审核修改等。

3. 资料跟单

资料跟单员又称为理单员，隶属合同部或业务部，工作包括：年度接单计划的制订；合同资料评审；订单资料的收集、翻译、编制、分发、更改、存档与发放；客户档案管理、客户调查与投诉处理等。

资料跟单员的核心工作是外文订单资料翻译的准确性。例如，生产工艺、大货评语意见、试身评语意见等的资料翻译，均会直接影响大货批量生产的工艺方法。这需要资料跟单员有非常全面的服装专业外文词汇量、专业的工艺生产流程以及对客户意见的理解力。

4. 样板跟单

样板跟单员隶属跟单部或制板部，主要工作包括：解读客供板，绘制工艺板单；选配样衣面辅料、测试面辅料（缩率、色牢度等）；跟进所有样板的生产进度与质量；样板评审、客户意见跟踪、样板修改跟进等。

没有制板部的企业，可将板单、面料信息及色卡小样、客供板一起寄给合作加工厂或专门的制板公司制作样衣。

5. 物料采购跟单

物料采购跟单员隶属面料部、辅料部或采购部，主要工作包括：面辅料开发；面辅料样板评审与结果跟进；面辅料报价与成本核算；物料采购与生产监控；面辅料查验与清退；供应商开发与评估等。

物料采购跟单需要懂得各种面辅料的规格、性能、生产和保养，同时还应懂得营销比价和价格谈判。

6. 生产跟单

生产跟单员隶属跟单部或查货部，主要是对订单进行生产进度与质量的跟踪与监控，减少生产中的失误，确保订单准时交货。不管是外贸公司的外发生产，还是加工厂内部的生产，都需要"生产跟单员"，工作内容包括：产前板、船头板的评审、寄送与修改；根据样板进行生产报价；生产周期计划的制订、生产资料的整理与归档；生产进度跟进，中期、后期质量检查；出货安排；评厂、验厂，为工厂提供生产技术指导等。

生产跟单应熟练掌握服装工艺流程与生产管理知识，并懂得与各部门间的沟通方式。

7. 物流跟单

物流跟单员又称为船务跟单，隶属物流部或船务部，主要工作包括：货物运输安排、货柜分配、发货跟踪；货物仓储、出口托运；交货资料的准备与跟进；出口单据的准备、报关、商检；基础外语及函电往来，货款结算等。

第三节　服装跟单工作素养

一、跟单工作性质

1. 跟单员是总经理助理

负责订单接洽工作的跟单员，常常会协助总经理开展客户往来业务，内容包括：客户来访接待、电函回复、报价计算、订单查验、往来业务对账、寄送样品与登记、客户档案管理以及与相关部门的业务联系等工作。总经理大部分工作，跟单员几乎都会涉及，既是老板的特别助理，也是日后成为总经理的基础。

2. 跟单员是客户高参

跟单员掌握着大量的客户资料，对他们的需求和特点较为熟悉，同时也非常了解加工厂的生产情况，因此对客户的订单可以提出中肯的建议，对出现的问题能及时给出解决方案，以利于客户订货的顺利完成。

3. 跟单员是业务员

跟单员需要直接与客户沟通，解决订单问题的同时，传播企业产品信息，拓展业务，为客户提供贴身精准的销售和产品的售后服务，以达成订单为目标。因此，跟单员有时是业务经理的助理，有时是业务部所有业务员的助理，有时又是专业的业务员。

4. 跟单员是协调员

跟单员对客户订单的交货期、生产进度、货物报关、装运等工作进行跟踪，代表企业的业务部门向生产制造部门催单要货，跟踪出货。

5. 跟单员是多面手

在小企业中，跟单员身兼数职，有时是内勤员，有时是生产计划员、物控员，有时还是采购员……换言之，跟单员包揽了整个订单全部的跟踪与管理工作。

6. 跟单员是形象大使

跟单员工作质量的好坏，直接影响公司的服务品质和企业形象。所以跟单员在外期间的工作、生活，在确保人身安全的同时，还应注重个人礼仪形象，切勿因为自己不恰当的言行举止而影响企业的形象。

二、跟单工作特点

1. 综合性与跨越性

跟单员是企业接触部门最广的工作岗位，工作跨越了企业运作体系的各个部门，无论是进出口贸易、销售、生产、物料，还是财务、人力、后勤总务，都有跟单员的身影。跟单工作对内需要专业的生产管理能力，对外又需要较强的业务销售能力，具有复杂、全方位的特点，有很强的综合性。

2. 核心性与重要性

企业以订单为主线，生产以客户为中心，管理则以跟单为核心。跟单员的工作建立在订单与客户之上，做好订单与客户的协调沟通工作，责任重大。所有工作都以最终目标为检验标准，最终结果好才算跟单成功。所以从企业管理角度而言，跟单工作是重中之重。

3. 依赖性与主导性

每个部门的工作只是整个工作链中的一部分，没有独立存在的部门。客户依赖跟单，工厂也依赖跟单员。跟单员要有全局观，对整个运营情况要有细致全面的了解和非常强的主导意识，要把所涉及的部门和同事，都看成是自己的属下，随时与他们确定目标、布置任务、提供支持和监控等。

4. 计划性与管理性

对于企业而言，除了计划部，大多数部门都属于执行部门，而跟单部是计划性、管理性兼具。企业是以客户和订单为中心而展开工作，跟单员则是"站在订单的最高点，鱼贯而下"地开展工作，所以跟单员是企业所有岗位中计划性最强、管理能力最全面的复合型高级人才。如果想学好管理，建议先从跟单员做起。

5. 服务性与营销性

在企业内部，从业务接单、计划、制板、生产、包装、财务，到物流交货，整个订单过程都贯穿了以跟单工作为主线、以客户为中心的营销理念，因此，跟单员的客户服务意识要非常强。

6. 桥梁性与沟通性

跟单是企业与客户、供应商之间的信息桥梁，在企业外部，跟单工作涉及客户、面辅料供应商、外协加工厂、海陆空运输公司、快递公司，以及海关、税务、商检、银行、保险等机构。所以，跟单员是企业与市场、业务员与客户、设计师与工厂之间的沟通纽带，需要非常强的沟通能力。

7. 润滑性与调解性

跟单员掌握着客户、生产企业、市场等全方位的资讯，对客户需求、生产企业情况都比较了解。当企业与客户意见有分歧，或企业生产能力不足时，跟单员可适时提出双方都能接受的解决方案，既符合企业的实际产能，又能达到客户的预期要求，起到协调、润滑各方关系的作用，从而减少摩擦与纠纷。

8. 随机性与应变性

跟单的工作地点和时间会随着订单的流程随时发生变化，工作内容面对不同的企业或部门，全程跟进环环相扣，工作节奏快速多变，客户的需求层出不穷，问题的随机性也非常强。这使得跟单工作具有许多不确定因素，需要适应各种状况，及时解决各种问题。对跟单员而言，一方面是对个人能力的全面检验，另一方面可以积累丰富的工作经验，提高解决问题的能力和综合应变力。

9. 高瞻性与掌权性

跟单员虽作为普通职员，却要站在订单和客户的高度开展工作，行使的是经理级别的权利。为了顺利完成订单生产并如期交货，跟单员须倾尽全力调度着企业内外的所有资源，组织协调着所有部门的工作。

10. 开放性与保密性

企业的所有客户资料，通常会对公司人员做保密处理，但是对跟单员是完全开放的，因为跟单员每天都需经手公司客户的资料，包括企业盈利情况，跟单员也是了如指掌。所以企业会要求跟单员必须对公司忠诚，这就需要跟单员有非常高的职业道德素养，不泄漏企业任何的机密信息。

【案例分析一】

李平毕业于一所高等院校，现为外贸跟单员。经过两年的外贸跟单，李平积累了一定的客户资源，在朋友的怂恿下，他把一些客户资料出售给了竞争对手，公司得知此事后立即解聘了他。

思考：请问专业知识和技能过硬的李平在哪些方面还需要提高？如果你是公司的负责人，你愿意雇用李平这样的员工吗？

分析与建议：首先，李平出售公司的客户资料给公司竞争对手的行为损害了公司利益。其次，李平不知道什么是职业道德，其职业素养方面须重新培训和提升。

从公司管理者的角度考虑，应聘者只要有过出卖前公司的先例，其个人职业素养存在很大的问题，假如被录用，后续还可能会出现同类问题，所以很多公司都会慎重考虑是否要招聘这一类人员。这对个人职业生涯无疑是推至低谷且难以翻身。

三、跟单工作素质要求

跟单工作直接关系到订单产品的质量，交货期的准时性，成本消耗与效益的高低，跟单员工作素质的高低直接反映了企业的综合竞争力。

跟单员的工作性质与工作特点，决定了跟单员的综合素质要求。一名合格跟单员必须同时具备多种工作技能和综合素质。

1. 工作技能要求

（1）**服装专业技能**：跟单员必须具备多种服装专业知识及其综合运用技能，从原材料特性、来源、成分，到成衣的特点、款式、工艺要求，都能根据客户品牌的特点提供专业意见，帮助改进产品和提高产品的市场竞争力。

（2）**品管监控技能**：跟单员必须清楚服装生产工艺、印花、绣花、洗水等疵点的种类，掌握各种测量、服装检验等品质检查的方法，懂得品质管理与监控的手段，此外还应熟悉第三方认证机构的业务专长，以便根据客户需求随时找对应认证机构送检产品。

（3）**市场营销技能**：跟单员对外是推销高手，对内是管理行家，必须有开发订单、挖掘客户和销售产品的综合营销知识，能掌握市场动态，懂得顾客心理学和营销策略，能满足消费者的需求。

（4）**外贸业务与专业外语技能**：涉外跟单员需具备一定的外语会话能力、服装专业外语翻译能力、涉外商务礼仪、涉外交际能力、了解民族习俗与宜忌的能力，以及商检、报关等外贸单证的准备与办理能力，国际贸易相关规则和信函处理能力等。

（5）**财税与法律知识**：涉外跟单员必须懂得成本核算、财务会计、货款结算、银行单证等知识，同时还需熟悉合同法、外贸法、票据法、经济法等相关法律法规知识，做到知法守法、懂法用法。

（6）**办公软件与自动化技能**：跟单员须熟练掌握各种办公软件、企业信息系统、订单管理软件的运用及网络文件处理能力。例如，用Excel工作表跟进订单生产进度，用Airtable打造个人数据库和信息化管理，用AR设备提高识别技术，与供应商一起用协同系统填写订单资料，从而减少跟单工作量。

（7）**物流与仓储技能**：跟单员还需具备样板速递、货品出货装卸、运输、配送、托管等物流调配与仓储知识。

2. 综合素质要求

（1）**计划与控制能力**：跟单员必须具有很强的计划性，以及对整个流程时间节点的安排和把控力，能根据订单交货期，有序地安排多项跟单工作，并能分阶段按计划控制所有订单的进度。总之，对订单效率的把控，是最重要的跟单能力。

（2）**组织管理与执行力**：跟单员须具备组织、管理能力，组织相关人员联手完成订单的各阶段交接工作。同时，还需有人事调节和业务协调的合作能力，面对不同的人事须有足够的宽容与包容的海量心态，以及坚毅的执行力，订单才能按计划执行下去。

（3）**分析报价能力**：跟单员须清晰了解客户的需求，准确分析客户的特点，随时掌握市场原材料价格的变化以及生产流程，能根据订单产品的构成，迅速提供工厂与客户均能接受的合理报价，尽快获取订单。

（4）**沟通与交际能力**：跟单员既要与企业外部的客户、协作企业、原材料供应商等人员打交道，也要与企业内部同事沟通，所以跟单员不仅要掌握良性沟通，还要懂得强势沟通；不仅要善于口头沟通，还要懂得以书面形式准确表达信息的方法。例如，向工厂或部门提建议时，方法要温和、语言要委婉，切忌产生冲突。只有做好协调工作，处理好与客户、上级、同事、外单位人员间的关系，才能获得各方支持。

（5）**预判与防范能力**：跟单员须根据订单的要求、企业生产能力、物料供应等，预测生产过程中可能出现的问题，制订相应的措施，便于及时调整生产及交货安排，防患于未然。对于无法掌控的预判问题，应与客户协商，最好能获得客户的书面确认，确保订单顺利完成。

（6）**紧急应变与解决问题的能力**：生产过程中出现突发事件时，跟单员应具备提出最优解决方案的能力，能把复杂问题拆成若干个可执行的小问题并逐一击破。无法处理的问题应及时向上级主管汇报，请求援助，务必使问题迅速得到有效解决，促使订单按计划进行。

（7）**商务谈判能力**：当需要与客户、供应商、物流公司谈判时，会涉及价格、服务、投诉等方面的内容，跟单员应设法争取对方的认同，努力使双方达成共识，力求用有限的资源换取最理想的回报，实现双赢。

（8）**角色转变能力**：跟单员有时代表工厂与客户沟通，有时又代表客户与工厂进行协商；有时代表工厂与原材料供应商洽谈，有时又代表供应商向客户反映原材料的问题；有时代表上级，有时代表下属……总之，跟单员在整个跟单过程中必须懂得随时转换角色，要具有随机应变的能力以及沟通、处事的能力。

（9）**细心、耐心和责任心**：跟单工作量大，烦琐冗长易出错，所以跟单员必须有足够的耐心和细心，事无巨细都要关注，只有具备非常强的责任心，注重细节，急客户之所急，并严格按订单标准和交期排程开展工作，才能毫无差错地完成所有订单的平行跟进工作。

四、跟单职业发展前景

1. 部门内部晋升途径

初涉跟单工作，通常从助理跟单员开始做起，在各个部门工作过的助理跟单员熟悉跟单流程后，就可成为跟单员独立跟进订单，如业务跟单助理可成为业务跟单员，样板跟单助理可成为样板跟单员。

对跟单工作积累相当丰富的工作经验后，可升级为高级跟单员，进而成为负责区域或品牌的跟单主管，优秀的主管可晋升为部门经理，甚至可升向更高阶的职位。具体晋升路径可参考营业跟单部的组织架构图（图1-4）。

2. 跨部门晋升途径

跟单工作能积累企业运营中从营销、设计到生产、出货许多方面的管理经验，可以跨部门担任任何部门的主管或经理职位。例如，样板跟单助理或设计跟单助理如果对产品设计有一定积累，可转做设计师；业务跟单

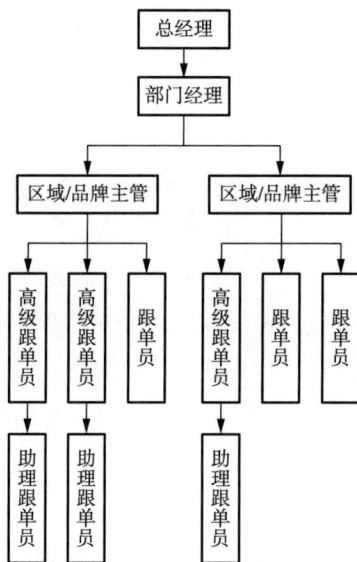

图1-4　营业跟单部门组织架构图

员可转做销售接单；强项在工艺和品质把控的跟单员，则可转型到品管部、技术部或工程部做主管或经理；排单能力强、计划性高的跟单员，可转到计划部做计划专员或经理；对贸易物流熟悉的跟单员则完全能胜任外贸物流部的经理职位；策划组织能力出色者可以协助企业做专门的项目推进工作；对订单总体流程相当熟悉的跟单员可以帮助企业开展业务流程优化、制度规范等顶层项目管理工作，也可以转到科技企业协助开发服装行业企业的软件或管理系统，因为科技公司的人精通如何开发软件，但不擅长服装行业的流程业务，此时跟单员可以起到非常重要的技术指导作用。

3. 创业机会

有经验的跟单员熟悉纺织服装行业所有流程后，可以自己开服装外贸公司、服装零售公司，成立设计工作室，或创立自己的服装品牌公司。对公司运营非常熟悉，而且有精益

改善经验者，可以与人合作，开设技术咨询公司，为中小企业提供提效培训、流程再造、精益转型等项目推广和培训服务。

【案例分析二】广州市××服装对外贸易公司的面试流程

笔试：三份翻译资料（一份是服装专业资料英译汉；一份是服装专业资料汉译英；一份是英文邮件的回复）。

面试：交谈。

点评分析：

1.笔试时需掌握的知识技能

（1）服装工艺与生产流程等专业知识。

（2）英文专业词汇。

（3）邮件回信的文书格式、礼貌用语的运用。

2.面试时应具备的综合素质

（1）着装搭配：端庄得体，不另类。

（2）对企业与专业的熟悉程度。

（3）沟通、应变能力：谈吐自然，不卑不亢，应答如流。

（4）正确的三观：世界、价值观、人生观，如为人处世的态度、积极乐观的性格等。

【实践训练一】面试模拟演练

场景要求：大学毕业生模拟面试

公司名称：海洋服装贸易有限公司

招聘信息：资料跟单员一名

角色分配：考官、求职者、旁白主持人

模拟面试流程：

·方法1：全员参与法

（1）面试前准备：考官分成3~4组，分别准备面试问题；其余所有同学作为求职者各自做好面试准备（双方信息不许互通）。

（2）场景布置。

（3）面试演练。

（4）学生分享心得体会。

（5）教师点评。

·方法2：观察互动法

（1）编写剧本：指派两组面试角色（考官2人、求职3人、旁白主持1人）分别编写剧本，并提前预演。

（2）场景布置。

（3）面试演练。

（4）学生互评。

（5）教师点评。

扫描"教学资源"编号1-3二维码可见"跟单面试模拟剧场"。

【实践训练二】

根据服装企业跟单岗位的需求，结合本章内容，请分别阐述企业对业务跟单员和生产跟单员的素质要求（含职位描述、任职资格、岗位职责、素质要求）。

备注：以上训练可以分成小组完成，也可以个人独立完成。

扫描"教学资源"编号1-4二维码可见"某服装贸易公司采购跟单工作职责描述"。

第二章

业务跟单

服装订单开发是服装跟单的开端工作，也称业务跟单。通常会配合公司下一年的产品计划，向客户提供产品报价与制板服务，并协助客户完成服装产品或面料的市场开发工作。

【开篇引例】

张某丽是一家服装企业的业务跟单员，在新季度开发订单时，她向以往合作的老客户以及一些以前有过咨询的客户以邮件形式发送了该季度产品简介。收到了一些客户回复。其中一位新客户以电话形式咨询她公司主推款的价格，但是客户并没有说明订单量，张某丽多次询问该客户的意向下单量以及其他一些详细事项时，客户总是转移话题，而且仍然是坚持张某丽先出定价。张某丽以委婉的方式拒绝了，并告知该客户，如果需要咨询后续事宜，请以书面形式将详细事项列出来，便于双方做进一步的沟通。

思　　考 | 业务跟单员张敏丽为什么要这样做？

提　　示 | 客户识别与评审；报价流程。

第一节　订单开发

一、订单业务分类

为了有效开展客户开发及服务工作，按照客户对象及特点，可对内部跟单员进行组织与分工，常见的订单开发业务有以下几种分组形式：

1. 依据客户稳定性划分

根据客户合作时间的长短和下单的稳定性，可分为老客户、新客户和潜在客户等业务跟单小组。

（1）老客户：通常交易单量较大、款式变化不大且业务相对稳定，主要是在面料及服装后整理方面有变化的订单。由专门跟单小组负责老客户的业务，驾轻就熟，容易与客户配合，能保证对老客户的服务内容相对稳定，减轻频繁更换跟单员工作的压力，提高工作效率。

老客户的业务量相对稳定，对老客户订单开发的成功率也较高，但业务量的增长速度基本稳定，很难有大幅度的增长。

（2）新客户：通常交易单量都较小、品种多且款式不稳定。贸易公司业务量能否快速增长，很大程度上取决于新客户的开发能力，而新客户的开发能力则取决于营业部业务员的报价服务能力、下单成功率、工厂及供应商的开发能力等的配合。这些工作都存在许多不确定性，面临挑战性高、工作量大的困难，此外由于与新客户的配合还在磨合中，需要重点关注跟进工作，并随时总结与提升服务水平，所以跟进新客户的工作压力相对较大，对业务跟单人员的综合要求也比较高。

（3）潜在客户：是指对本公司业务处于观望态度，还未成功下单的客源。这就需要营业部恰当地为其提供合适的、有针对性的业务服务，以便争取尽快成为新客户。

从公司的发展角度而言，开发新客户工作具有战略意义，因此应在目标市场常驻新客户开发机构，组织并培养实力强的客服开发人员，并给予更多激励。当新客户慢慢发展成为相对稳定的客户后，再指定专门小组负责。当然，业务跟单小组的数量也会随着客源的扩充而逐步增加。

2. 依据产品品种划分

业务跟单可以按品牌、区域分类，也可以按客户下单产品的款式构成分类，如男装、女装、童装等，再根据不同的品种要求或面料类型，指定相应的跟单员跟进报价和做好客服工作。这种分组形式灵活性很高，优点是业务跟单员专业化程度较高，能提高跟单工作效率；缺点是业务跟单员要面对很多客户，对客户的了解程度低，沟通难度较大，难免会出现服务不周全的现象。

企业增设新品种的采购服务时，往往会遇到加工厂资源短缺、面辅料供应不符合要求、跟单员专业技术不过关等问题。因此，在规划新增采购品种的服务时，需要相应增加新品种的专业跟单员，或对现有跟单人员进行新品种的专业知识培训，同时还需开发新的加工厂和物料供应商等资源与之相配合。

3. 按照客户间的关系划分

按照客户之间的不同关系，可分为同城客户业务、竞争客户业务、无关联客户业务等业务跟单组。

（1）**同城客户**：是指某些客户在同一个地区或城市。同城客户间的信息交流相对较容易，但也容易出现竞争业务。为了减少来自同城客户的投诉，提高服务满意度，业务员要加强引导，尽量给他们提供不同的品种业务，以及个性化、差异化的服务，确保差异化服务得以实现。

（2）**竞争客户**：是指客户之间的产品品种具有同质性，属竞争业务。由于其服务内容也有同质性，可降低该小组的跟单服务工作难度。在选择竞争客户时，尽量避免同城，可以有效防止客户的不满与流失。

（3）**无关联客户**：是指客户之间的采购项目有差异，其业务不具有相互竞争的特点。这类业务的跟单小组客户服务内容相差大，服务难度也相应增加，但客户之间缺乏比较，容易达到较高的满意度。同时，这类客户都是在相对独立的区域市场中发展，客户业务的增长潜力较大。

为了有效协调业务跟单部各小组间的协作关系，在划分跟单小组时，要注意各小组间工作量的相对均衡，同一小组内的客户需求如果有相似性，可以方便小组内部人力资源的整合与工作任务的调度。

二、制订接单计划

接单计划是服装企业下一年度客户开发或接单任务的预期目标安排。准确有效的接单计划，能使生产排单更有计划、交货期更准确、订单达成率更高，从而提升企业的管理水平和信誉度。

1. 预测接单计划

（1）**信息收集与分析**。制订年度接单计划前，要广泛搜集各种信息，才能做出有效的预测，需要收集的信息包括：关注客户的市场动态及发展趋势，预测客户下一阶段的经营情况；了解客户近期服装营销的状况，征询客户下单的意向和数量；分析企业以往接单量与完成情况等营销状况；衡量企业现有资源、远期工作目标和生产能力；清楚企业经营策略与发展目标，预测下一阶段本企业的经营、生产情况；设定企业在计划期内将要开发的新客户，以及老客户的目标接单量、服装品种及产地、订单的期量标准（计划交货期与数量）等。

（2）**接单计划的预测**。业务跟单员结合以往接单经验、目前市场动态、客户意向，以及本公司现有资源和生产能力，制订出新年度（或季度）的接单目标和订单总量，由跟单主管汇总形成年度订单目标。对于无法确定具体订单量的客户，由跟单主管通过分析客户市场情况，估算出这些客户的订单数量。

为了避免订单生产过度集中，在制订季度或月份接单任务时，应错峰统筹安排，如淡季下单给予优惠政策等，尽量将订单均衡分配在各个月份，使淡旺季产量均衡。

2. 接单计划的存档

接单计划数据可输入计划管理系统。接单计划数据的存储，是为了能提前做好业务跟单计划的落实与安排，增强各部门工作的主动性与预见性。需要输入的数据和资料详见表2-1。年度接单计划制订完成后，需交给部门主管审核、公司总经理审批，副本由合同控制部或资料部存档备查。

表2-1　接单计划管理表

＿＿＿＿＿＿＿公司＿＿年＿＿季

序号	客户	地址	联系方式	意向订单数	预计交期	订单品种	客供物料	生产地/加工厂

3. 接单计划的发放

审批后的接单计划表，需分发给有关部门，以便各部门做好下一阶段的工作计划与日程安排，具体包括：

（1）业务/营销部：用于制订营销计划，以此跟进客户承诺的订单数量，敦促客户落实订单。

（2）合同控制部：用于制订接单生产报告，统筹生产安排。

（3）物料采购部：根据订单计划收集供应商信息、开发面辅料、制订物料供应计划。

（4）生产计划部：用于统筹公司的生产计划，预估生产位。

（5）生产部：估算生产力，做好年度/季度的生产安排。

（6）人力资源部：根据生产需求制订招聘方案与新手培训计划等。

4. 接单计划的修订

接单计划只是一份初步的计划安排，由于年度接单计划编制周期较长，在实施过程中，容易出现计划与客户需求脱节的情况，所以应根据客户、市场和本企业的现状动态随时调整修订，以增强接单计划的连续性和准确性，防止资料出现偏差而影响相关部门计划的实施。

5. 接单计划的落实

年度接单计划既是服装企业编制季度或月份接单计划的依据，也是业务跟单计划的基础。所有接单计划都要落实到各小组中，由专门跟单员跟进各订单的具体工作。

业务跟单员根据接单计划的安排，应定期主动地联系客户，跟进客户承诺的订单数量，敦促客户落实订单，确保合同顺利签订。

只有客户落实订单以后，真正的订单量才能体现出来，采购部才能正式开展面辅料的订购工作，生产部也才能正式组织生产排单和生产实施等工作。

制订接单计划工作流程见图2-1。

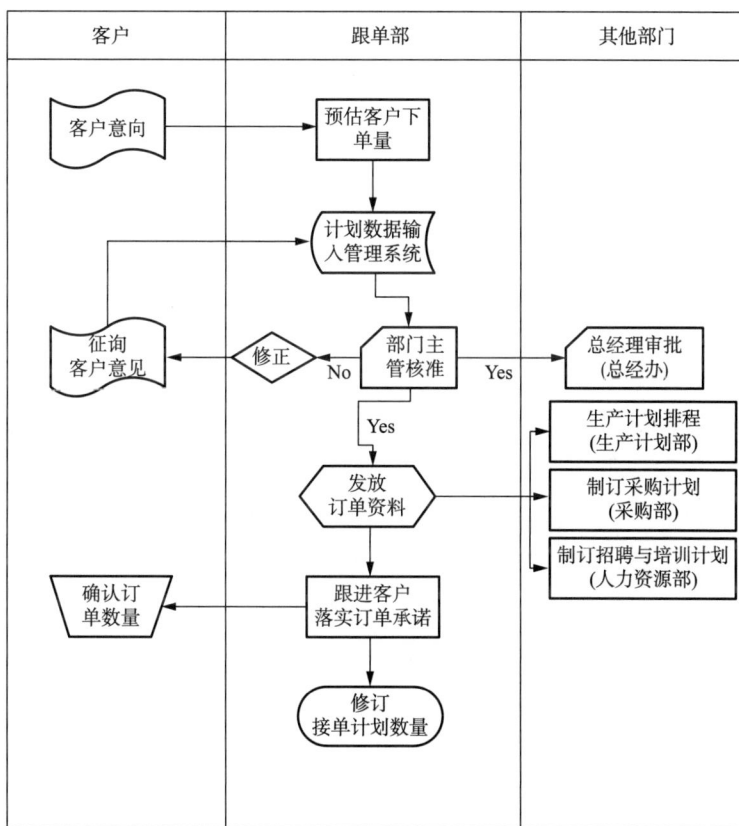

图2-1　接单计划工作流程

三、产品开发

服装企业的产品开发能力越强，获取客户订单的能力也就越强，订单的数量也就会越多、越稳定。因此，越来越多服装企业将产品开发能力作为其核心竞争力加以培育。常见的产品开发有以下几种：

1. 引进型开发

这是最早期的产品开发方式，是指客户直接到市场购买样板提供给服装贸易公司，或服装企业购买样品供客户挑选。业务跟单员再根据客户选定的样板及客户评语，寻找面辅料供应商、加工厂等，通过优化组合这些生产资源，满足客户对产品品种、质量、价格、数量等的生产需求。

此法可以缩短开发时间和资金的投入，避开自身开发弱点，服装企业只负责产品的生产。由于客供板来源非常广泛，所以其工作重点在于寻找与客供板完全一致的面辅料，通常是色泽、手感等后整理难以达到客户要求，为此只能寻找相似的代用料，而这也正是业务跟单员难以把握的难点。

2. 原创型开发

这是指由设计师根据用户需求，创造全新的设计理念，结合新技术、新材料独立开发出来的原创产品，分为客户原创型和公司原创型两种。

（1）**客户原创型**：通常服装企业会参与客户的产品开发，并根据客户开发的设计图稿进行样板试制。虽然样板试制过程会受到客户产品开发概念的限制，但由于客户对最终产品还没形成具体标准，服装企业有一定的主动权选择面辅料等设计元素，以及产品的生产与组织工作。这种方法增加了样板试制与审批环节，订单能否成功下单，取决于服装企业制作样板后的整体效果。

（2）**公司原创型**：是指服装企业根据客户目标市场的特点与消费需求，组织专门的设计人员开发产品，并为客户提供实物选板服务，客户无须开发投入。由于服装企业面对的客户较多，而客户产品的种类及风格又各不相同，要为所有客户提供原创开发的难度会比较大，通常只给一些长期合作、订单稳定且订单量较大的客户提供原创服务。这种方法的样板生产均由服装企业组织完成，因此各种生产资源的调配难度较低，能提高接单的成功率及生产资源的组织效率。

3. 迭代型开发

这种开发是指在原有爆款产品或引进产品的基础上，采用新技术、新结构、新方法或新材料进行改良，使产品外观、性能得到进一步创新。

4. 混合型开发

这是指在新产品的开发过程中，既有直接引进的部分，又有独立开发的部分，将两者有机结合在一起而制造出的新产品。

为了提高样板被客户选中的概率，服装企业通常会结合以上几种方法，开发大量样板供客户选择。

四、客户开发

1. 客户类型

下单客户包括国内外服装批发商、大型百货零售商、品牌公司及连锁店等，通常可以分为两大类：

（1）**市场开发型客户**：这类客户有自己的开发团队，设计开发能力强，通常是有自有品牌，或销售产品风格自成一体的客户企业。

（2）**抄板型客户**：这类客户通常到一线城市或国外搜罗与自己风格相似的爆款样衣，然后下单加工。通常他们只销售畅销款。

从企业长远发展而言，能为市场开发型客户提供服务，可以使企业快速成长，从而为获取客户长期订单奠定基础，是重点发展的客户。

2. 客户开发方式

客户开发是业务跟单工作的起点，是获得客户订单的基础。开发客户的方式主要有以下三种类型：

（1）**主动出击型**：业务跟单员应主动与客户接触，通过电话、信函、邮件等，保持与老客户的联系，了解客户产品最新动态及需求变化，并定期向客户推荐和报盘企业新开发的产品。

此外，还应利用各种媒体宣传新产品，广开渠道寻找新客户，充分利用各种服装专业展览会、博览会及各种专业性报纸、杂志、商业情报等资源，进一步开拓潜在客户的市场。

（2）**守株待兔型**：这是静候新客户主动联系企业的开发方式，这种开发方式适合有一定知名度的服装企业，这类新客户也都是潜在的准客户。业务跟单员应诚挚对待、详细答复新客户的咨询，让客户更全面深入地了解企业。同时尽快安排回访客户，了解客户需求，展示企业的实力，努力获取客户的信任和订单的落实。

（3）**口碑引荐型**：老客户引荐新客户是开发新客户最有效、最直接的方法。每个老客户在其经营领域都有一些合作伙伴，对企业满意度较高的老客户会比较乐意推介新客户。此法能提高新客户的诚信度，成功率较高，业务开发费和交易成本低廉。

为了鼓励老客户引荐新客户，首先应尽力在价格、品质、交货期等方面为老客户提供满意的服务。其次，及时向老客户宣传企业的业务内容、整体实力和发展前景，增强老客户的信心。此外，还应制订一些拓展新业务的鼓励措施，让老客户一起参与公司的业务发展。

3. 客户开发步骤

（1）诚信服务老客户，提高客源质量。主要工作有：

①尽心为老客户做好服务，通过老客户不断迭代开发产品、不断完善企业内部的生产

供应链和管理流程，争取老客户多下单来拓展单源。

②定期向老客户宣传公司的业务构成、发展愿景等，增强老客户对企业的了解和信心。

③制订鼓励措施，与老客分享公司业务发展的成果，年终返利酬宾政策，鼓励老客户介绍新客户。这是最稳妥、最有效的客户开发方法。

（2）寻找并识别潜在客户。例如，设法获取海关、会展中心、商检等企业相关数据；调研品牌商连锁店、网店等零售商的销售情况，网络搜索客户信息，然后主动拜访客户，寻找大宗批发商；也可以参加各种展会，或入驻线上电商平台，展示产品与实力，提高知名度，吸引有需求的客户，但平台上零星采购需求会比较多，需遴选批发商，此外平台的各项限制较多，需加强后台的维护工作。

（3）向客户精准发送宣传资料。例如，给服装零售商发送开发信，也许发出几百上千封邮件可能都没有回信，但只要你发出的开发信足够精准，对方有需求的时候肯定会想起你。不要因为没回信而放弃，坚持才最重要。这就相当于在与同行直接抢客户，能否获得客户的关注，对自身产品的知名度要求会比较高；能否与客户达成合作，则全看制板能力和自身工厂的实力展现。

（4）设法请新客户到公司参观与交流。给新客户直接展示公司的开发、生产情况。

（5）日常交流中，引导客户提出愿景设想与最新需求。

（6）收集客户的产品需求信息与市场营销信息，及时反馈给设计部和营业部，作为新产品开发和提供报价的客户服务方向。

（7）在价格、交货期等容易产生变动的内容需留有余地，由上级做定夺。

五、客户识别与评审

客户既是企业最大的财富来源，也是最大的风险隐患。

1. 企业风险来源

由于服装市场竞争激烈，许多企业在接单时，对客户的选择存在着较大的盲目性，缺少科学、统一的客户识别评审依据。如果服装企业没有形成严格、规范的客户评审机制，将会给企业经营带来较大的风险。实践证明，企业风险损失主要来源于以下几类客户：

（1）**经营实力较弱、偿付能力不足的客户**。服装企业一旦接受这类客户的订单，产生呆账、坏账的可能性会增大很多。

（2）**以往付款记录较差的客户**。这类客户已经形成惯性拖欠，将给企业带来较大的逾期应收账款利息损失，该项损失通常要远远高于坏账损失。

（3）**以大额订单为条件获取更多优惠的大客户**。这类客户在付款时常常不遵守合同约定，一旦拒付货款，将给企业带来严重的损失。有的接单员仅凭客户的订单量，就主观断定其偿付能力，则容易给企业带来巨大的风险损失。

（4）**新客户或一次性客户**。由于对这类客户缺乏了解，如果贸然采取远期信用结算方式，往往给企业带来"欺诈性风险"损失。

2. 优质订单的特点

并非所有订单都能为企业带来利润，有些订单从接单之日起，就意味着亏损的开始。所以，了解接单的关键因素，从细节上把握订单的质量，可以为接到优质订单创造良好的条件。这些因素包括：价格适中，利润空间较大；质量标准合理，工艺要求清晰，不吹毛求疵；批次较少，批量较大；交货期宽松，制造时间较充裕；订单内容稳定，变动少；客户公司蓬勃发展，潜力较大。

3. 客户评审的目的

对客户加以识别、评审，充分了解客户的情况，有以下保障：开发出高质量的客源；提高订单的成功率；获得利润稳定的贸易订单；降低企业的经营风险。

4. 客户评审内容

（1）**客户内部资料**。评审客户的经营资格、业绩、经济实力、产品需求等基本情况。

（2）**宏观环境**。评审客户所在地的法律环境、优惠政策等宏观环境，以及对客户的信用记录、社会信誉度等，均应有充分真实的掌握。

（3）**交叉评审**。还需进一步横向分析的审核项目包括：

①哪些客户对企业成本的影响最大？

②去年最大的客户今年订了多少产品？比去年多还是少？原因是什么？

③是否有客户只在本企业订了一两种产品，却从其他企业订了许多产品？原因是什么？

④上一年度有哪些客户对企业有抱怨或投诉？改善后是否达到客户的满意？

⑤企业本年度最想和哪些企业合作？

在评审客户的同时，可以逐步改善企业的管理漏洞，完善企业的经营系统。

5. 完善客户资信管理

在接单业务中，如果缺少识别客户信用风险程度的统一标准，就会造成信用条件管理上的混乱。如果没有规范化的管理，缺少科学的信用分析，则难以对客户的信用状况做出准确判断。例如，企业究竟允许向哪些客户给予远期信用结算？客户需达到怎样的信用标准才能获得远期付款结算？

针对这些问题，服装企业应建立一套规范化的客户资信方案，从而对客户进行科学、准确的识别和评审。建立客户资信管理方案主要从两个方面入手：

（1）**建立客户信用数据库**。首先，应搜集真实、准确的客户信息。由一线跟单员搜集客户信息是最直接最快捷的方法。其次，企业应建立专门的客户信用信息数据库，规范客户信用管理流程，并由专门的信用管理人员负责。只有这样才能保证客户信息的准确性和完整性，以满足各级管理决策人员的需要。同时，也有助于客户资源集中统一管理，防止客户资源的垄断和流失。

（2）客户信用分析。对客户进行信用分析是企业信用风险管理的基础和核心工作。信用分析对于企业的接单业务和财务管理水平等经营管理质量，具有决定性的影响。通过专业化的信用分析，可以帮助业务人员有效识别和选择客户，在营业利益和风险成本中做出正确的选择。同时，信用分析可使企业的应收账款风险大大降低，节约收账成本。

企业开展客户的信用分析与评估，首先应重视信用分析的组织管理工作。实践证明，简单地由业务跟单员或不了解客户的财务管理员进行该项工作，是很难达到有效的风险控制要求。该项工作应在业务跟单员的配合下，由专门的信用管理人员独立、客观地开展。其次，企业在开展信用分析和评估时，不能仅靠一些经验性的方法，应采用科学的方法，如采用综合性分析客户信用风险为主的"特征分析模型"和分析客户财务能力为主的"营运资产分析模型"等一些国际上通用的信用分析模型，可以进一步规范客户信用信息管理，提高信用分析的质量。

六、客户服务

服务是与人方便、是利他的付出，服务是责任。对营销人员而言，是对产品和用户负责；对内部员工而言，是对下一道工序负责。加强客户服务，可以有效提高订单的成功率。

当市场占有率达到一定程度时，优秀的服务更胜于营销运作。营销策略只是暂时征服了市场，但如果没有服务，则无法巩固市场。所以巩固市场的法宝是真诚的服务，服务第一，营销第二。

要提高客户服务的质量，可从以下几个方面考虑：

1. 确定客服方向

了解客户的市场策略，确定客户服务方向。如果对老客户的服务针对性不强，忙于开发新客户，只会分散服务力度，服务不到位甚至会引起客户不满或投诉。所以只有清楚客户的服务方向后，拓宽客服渠道，精准服务，才能稳住客源，提升客户对企业的忠诚度。

2. 提高核心客户的服务

每个企业核心客户的交易量几乎都占公司业务量的绝大部分。找出核心客户，提高对这类客户的服务投入和服务质量，能大幅提高营业份额。

对核心客户的服务，不能坐等客户下单，而应主动了解客户的市场需求及特点，及时为其提供精准的贴心服务，提高交易的成功率。

3. 加强开发能力

在客户开发新产品前，就为重点客户提供产品组合开发服务，包括产品开发、新型面辅料开发，以及后整理资源的开发等优质服务，使客户的产品开发融入公司提供的概念或元素，加强客户与公司之间的合作关系，从而提高公司与客户之间交易磋商的成功率。而且企业主动推介的产品服务一般都是本企业擅长的产品组合，所以订单的生产资源配置会更轻松，生产周期也会更顺畅、更快捷。

4. 提高制板能力

客户在下单前，会特别注重产品样板的制作能力。企业的制板能力综合反映了该企业生产资源的组织能力及生产过程的控制能力。

为了能及时全面地给客户提供完善的制板服务，可从以下几方面入手：在企业内部设立制板中心，或与专业的制板公司合作，形成稳定的制板团队；充分利用有合作关系的服装加工厂，由他们提供专业的制板服务，可减少样板与大货的偏差；与优质供应商达成战略性合作关系，储备充足的优质面辅料渠道，供板房选用；培训跟单员审核样板的专业技能，提高对样衣板型、款式、工艺的检查和指导能力。

5. 做好日常服务工作

业务跟单员应保持与客户的良好关系，日常工作中注意做好各种服务：定时、主动与大客户联络，把每次与客户的联系都看作是一次企业自我展示的机会；找出每一位客户真正需要的是什么，以利他的心态真诚相助，而不是利己的营销心态；随时检查客户信息资料，并进行有效跟踪和更新；向竞争对手的客户了解情况，比较本企业的服务水平与差距；询问客户希望以怎样的方式、怎样的频率获得本企业的信息资料；给客户发送的邮件要更加人性化，运用各种信息技术使业务来往更方便快捷；重视客户的抱怨，并持续改善处理方案；定期征询交易排名前十位的客户在合作过程中的意见和建议，找出企业可以向这些大客户提供哪些特定的产品或服务。

第二节　订单接洽

订单接洽是对订单中涉及的价格、数量、质量、交货期、结算方式、运输方式、交货地点等条款进行协商，并达成一致的磋商过程。

一、订单接洽流程

1. 资料往来与试样

接洽订单前，首先需向客户提供或接收客户的设计图与样板，然后根据客户客供款式资料与要求，寻找代用料制作实物样板，供客户初审，以此展示企业的生产状况和服装整体效果。

为客户提供制板服务有两种：一是客户有自己的产品开发计划，公司只是为客户提供制板服务，实际上是承担了客户选款前的制板工作；二是一些客户要求公司开发产品，以提供畅销产品的制板服务。

2. 业务理单

客户传递订单意向或款式要求的下单方法有：电子版、邮寄、电话等多种下单形式，每张订单的信息传递方法各不相同，尤其是口头传递的信息，跟单员需做好记录，再汇总整理订单资料，转成书面订单文件，具体理单工作包括：

（1）订单翻译，即尽量使用本企业常用的专业术语翻译。

（2）订单资料的整理与审核，即明确客户要求，遇有不明之处应及时与客户沟通确认。

【案例分析一】

跟单员在翻译尺寸表中"1/2 Bottom（1/2摆围）"的量度方法时，没有标注具体的量度方法，加工厂一直用圆弧形量度摆围法，快出货时才发现摆围的尺寸有误。原来客户的要求是：在下摆的圆弧位开始直线量度。

分析：在理单翻译过程中遇到有疑问时，一定要多询问、多沟通，不明白的千万不要猜测或自以为是。不要因为怕麻烦而忽略任何一个小细节，这也是杜绝后续生产出现隐患的最好方法。不用担心会打扰客户，其实客户也希望订单能按要求完成。

3. 报价与成本分析

试制样板时，需注意记录制板所涉及的各项开支，然后按一定的利润生成法报价，并向客户逐一说明批量生产该款服装的条件。

初步报价形成后，还需对各项价格进行成本分析。成本分析时需具备：对订单资料的收集分析能力；对客户产品和询盘资料的理解能力；对工艺单的专业知识和综合运用能力；对成本影响因素的掌控能力。

通过成本分析，可验证报价的合理性。

4. 交易前的评估

在与客户交易前，必须评估加工厂的基本情况，衡量现有资源能否符合客户的需求：

（1）**人力资源评估**：评估满足客户订单过程中所涉及的生产人数、技术水平、管理能力、培训计划等能否满足客户需要，是否适合即将接洽的订单等。

（2）**生产资源评估**：针对本公司现存档案中已认可的外协加工厂，评估各加工厂在生产能力、产品品质、交货期的准确性、加工费用、以往制板与批量生产的效果差异、软性服务、文件留痕规范性，以及合作供应商等各方面信息。如果某些条件无法满足客户需求或存在明显问题，则需向该厂反映，并与公司总经理商讨，促进该厂改善，或开发其他更合适的加工厂。

5. 交易磋商

当客户对报价有反应时，订单进入实质性的磋商阶段，具体内容包括：产品价格、款式调整、生产数量、产品质量标准、结算方式、运输方式、交货方式等。

6. 接单计划检讨及改进

每月应定期召开一次"业务跟单例会"，会议内容包括：

（1）**检讨与总结**：检讨接单计划达成率未完成原因，总结客户需求变化、市场动向、外围经济环境等对签单的影响程度，查找存在问题。

（2）**改善执行**：针对可改善的空间，制订改善措施并落实执行，促使计划合理完成，确保服务满足客户需求。

（3）**资料保存**：保存总结资料，以便制订新计划时参考。

二、订单洽谈形式

订单洽谈可以采取面谈磋商和信函确认两种磋商方式。无论哪种方式，最终只有双方达成协议并签订合同，才是洽谈成功的标志。

1. 面谈磋商

面谈磋商既是与客户进行初次交易的交流方式，也是大宗服装贸易经常采用的交流方式。通常客户是有备而来的，会选择符合要求的服装企业进行交易磋商的方式，有时客户甚至会选择多个企业逐个进行磋商，从中选出最优的服装企业签订协议。因此，服装企业应先做好充分准备，尤其要详细掌握竞争对手的情况。信息掌握得越充足，磋商谈判时对自己就越有利。

2. 信函确认

信函确认是指交易双方通过信函或电函沟通进行贸易谈判，达成文字协议的磋商方式，适用于长期稳定、合作关系良好的贸易双方。双方通过多次或长时间的合作，已建立了彼此信任的良好合作关系，形成较稳定的原则性合作框架，有时也预先确定框架协议。双方在这个框架内以信函交往，针对不同的服装产品确定具体的交易条件，无须面对面磋商即可确定订单合同。这种方式快捷方便，在服装交易中采用得越来越多。

三、订单磋商环节

在服装企业接单中，洽谈磋商的过程，包括询盘、报盘、还盘、成交四个阶段。其中报盘和成交是必不可少的交易磋商环节。

1. 询盘（Enquirie）

询盘又称询价，是买方为了购买某项产品，向卖方询问价格等交易条件，或卖方向买方发出征询购买意向。询盘可采用口头、书面或电子邮件的形式，询盘信息包括规格、价格、质量、数量、交货期、包装、物流、支付等交易情况。

询盘是双方试探性接触的过程，双方通过询盘可试探对方交易的诚意，了解其对交易条件的意见和虚实情况，询盘人可同时向若干个交易对象发出询盘，从而选择有利的交易商，争取最佳的交易条件。如果交易双方彼此都了解情况，或有长期合作关系，则无须询盘。

询盘虽无法律约束力，但也要避免只询盘无购买诚意或趁机抬价的做法，否则容易丧失信誉。

2. 报盘（Offer）

报盘又称发盘或报价，是卖方对客户询盘做出的答复，通常以广告、传单或信件的方式回应询盘。报盘不仅提供产品价格，还应将企业的生产能力、设备能力、质量水平等情况传递给客户。尤其是初次交往的客户，对企业进行有效的宣传，既可以使客户对企业有一定的了解，同时也使客户树立对企业的下单信心。

报盘分实盘和虚盘两种方式。虚盘，是指发盘人有保留地报出交易条件，还有协商的余地。不受发盘内容约束，不作任何承诺，通常会标注表示"须经我方最后确认方有效""以原料价格变动为准""仅供参考""以事先售出为准"（The offer is subject to our final confirmation/prior sale）等意以示保留，不规定报盘的有效日期，无约束力。

实盘是指卖方提出最低限度的要求。实盘通常明确规定交易的条件，同时应标注实盘的有效期限，并明确发盘为"实盘"，以供客户做出是否接受的选择。实盘一经报盘，就不得撤回或变更，除非征得接盘人的同意。

对于初次接洽的客户，或同时有多家客户来询价时，可采用虚盘，既可以使自己占据主动地位，也可使客户灵活掌握，不受约束。但需双方进一步的磋商，有时也容易错过商机。实盘会使新客户产生生硬感，甚至会引起新客的反感。对于多次合作的老客户，报虚盘反而显得不够干脆利落。

报盘时应如何回复客户，能否成功发展客户的工作关键点有：

（1）确定客户类型。收到询盘后，先确定是老客户、同事的客户、还是新客户，以此确定是报虚盘还是实盘。

（2）分析客户。找到客户的网站、邮箱，分析客户及客户所在区域的市场情况。比如：搜索客户企业的工资情况，了解客户的商业范围和营销的活跃度，预算出该客户对我们产品的需求量和意向价格。

（3）报盘工作复杂、涉及面广，须充分准备，才能赢得订单。完整的报盘应包括：品名、规格、数量、价格、支付方式、装运期等交易条件，同时应细致准备好以下资料：

①价格：详细列好FOB、CIF等各种价格。

②数量：明确什么时间内能提供什么样的批次数量。

③质量：告知能达到怎样的质量保证，以及在生产过程中会采取的措施等。

④包装：展示内外包装方式和规格，告知20/GP能装多少、40/GP能装多少等。

⑤款式图：备有各种产品的款式图，供客户查询。

⑥样衣：准备好各种马上能寄出的样衣，满足客户的需求。

（4）及时回复。任何客户都会喜欢及时反馈的报盘资料，工作再忙都不能拖延对客户询盘的回复。

（5）重视每一个客户。尊敬所有客户，真正做到大小客户、新老客户、远近客户都平等对待的原则。

（6）尽量采用多种沟通方式，如邮件、电话、传真、即时通讯软件等，以防一种方式中断则无法联系。

（7）定期主动联络对方。即使对方不回复，也应主动联络对方，如利用各地的节假日、重大事件等联系对方，拉近距离，培养感情。

（8）不虚高报价。对于新客户或询盘对象比较多时，过高的虚盘报价往往会使自己失去合作机会，所以随意抬高虚盘的价格需谨慎。只有合理的利润空间，才能合作共赢，长远发展。

3. 还盘（Counter-offer）

还盘是接盘人对企业报盘的回应。通常客户会对报盘的内容提出更改行为，如服装价格、生产周期、结算方式等，用口头或书面形式提出自己的要求和更改意见，即对原报盘内容的拒绝，而提出自己的新还盘。一经还盘，原报盘即失效。

对于企业而言，接到客户还盘通常就意味着有继续交易的希望。有时需要经过多个回合的磋商，反复还盘以陈述需变更或增添的条件，才能达成协议，此时业务跟单员应保持足够的耐心和诚意。

4. 成交（Make a Bargain）

成交是双方通过磋商，双方完全接受所有条款，并愿意按这些条款达成交易的谈判结果。通常双方会在协议或合同中明确规定双方的责任与义务，以保证协议的顺利执行。双方达成交易后，不能再对成交协议或合同进行修改。如果一方出现反悔，可以在合同执行之前撤销合同，但必须承担协议或合同中规定的责任。

四、订单洽谈内容

洽谈磋商是双方围绕要进行交易的条款展开谈判，分清双方的责任、义务和利益的过程。双方在谈判过程中进行磋商的内容主要包括以下几点：

1. 品名与尺码

产品名称通常以客户提出的称谓为准，以便双方在订单实施过程中顺畅沟通。确定产品名称后，每款服装可编制一个款号，使订单跟进过程中表达清晰、容易记忆，以免产生错误。

此外，客户还会提供服装尺码、颜色及数量的搭配比例。服装规格直接影响服装生产用料的成本和报价。因此，服装企业在磋商时应充分考虑这一因素，才能准确定价。

2. 品质标准

服装产品的质量标准难以用语言文字清楚表达，可用实物样品说明。无论是客户提供的样板，还是服装企业制作的样板，一经确定后，即作为服装产品检查验收的质量标准，双方应妥善保管。在磋商时应明确规定服装的质量"以客户确认板为准"，以便出现质量问题纠纷时有据可查。

如果客户对服装款式、品质有特殊要求，如增加大面积的绣花、特殊的装饰物或纽扣等，会导致生产成本大幅上升时，业务跟单员应认真审阅，确定实施的可能性，在不影响服装外观风格和品质的前提下提出更改建议，以达到降低成本的目的。如果现有技术条件的限制无法实现时切勿随便应承，应及时提出，避免产生不必要的损失。

3. 价格

价格是洽谈磋商中最重要的内容，直接影响双方的利益，是双方关注的焦点，也是最难确定的内容。往往双方会在这里陷入僵局，甚至会取消交易。因此在洽谈过程中，在保证利益的前提下，双方应视具体情况做出合理的让步，促使协议顺利达成。

对于有特殊装饰的订单，如绣花、印花需要制板，特殊的纽扣、拉链需要制作新模具，前期的一次性投入就比较多，如果订货量又很少时，分摊的生产成本单价就会大幅增加。因此，磋商时要向客户特别说明报价偏高的原因，获得对方的理解。

4. 数量

订单数量是由客户提出并最终成交的数量，直接影响订单的报价，出口产品还会涉及关税、绿色壁垒等问题。磋商时应明确规定所使用的计量单位，常用的服装产品计量单位有：件、套、打、打套（12套）等。

服装企业应充分考虑自身资金周转、生产能力、生产效率和交货时间等因素，确定可承担的生产量。如果不能正常完成订单，会加大交易风险，造成违约金赔付和信誉下降等问题，因此企业接单时应量力而行。

服装成交的数量越大，则预期利润越高。对于订服装颜色多样、款式复杂、量少的订单，生产成本就会有所上升。此时可尝试向客户提出修改款式或增加数量的建议，以降低服装的生产成本。

5. 运输方式

运输方式有陆运、水运、空运，可根据订货数量及紧急程度来确定运输方式。通常会采用费用较低廉的陆运、水运以节省运输成本。空运费用较高，只用于运输特急和小批量的订单货物。磋商时，双方应明确运输方式和相关费用。

6. 交货期

确定交货期时，要充分预留样板制作、修改、复核时间；面辅料饰品的采购时间；生产加工与运输时间；质检审查时间，有特殊款式要求的订单还需考虑专门定制的外发时间。同时，还应充分了解如果延迟交货会带来怎样的后果。

企业须综合权衡各方面的因素，尽量多争取些生产时间，提出自己对交货期的意见。如果订货量较大、品种款式较多，建议采用分期、分批交货的方式，增加交货的灵活性和弹性，确保如期交货，避免产生不必要的损失。

7. 验收

服装验收是生产贸易中最易产生纠纷的阶段。双方对产品质量验收标准的理解产生误差时，就会产生争议。因此，磋商时就应明确产品的验收标准、验收时间、验收人员及验收确认方式等做出明确的规定。验收时应尽量采用客户确认板作为实物对照的标准进行成品查验，既直观简便又不容易出现纠纷。

8. 结算

结算是货币收付的程序和方法，是洽谈磋商的关键内容。根据结算形式的不同，可分为票据结算和支付结算两大类。

国内结算方式根据结算地点的不同，可分为同城结算、异地结算和通用结算三大类，具体结算方式如图2-2所示。境外主要是信用证，也有汇付和托收、银行保证函等结算方式的结合使用。承接订单时，可以根据实际情况与客户洽谈双方均合适的结算形式。

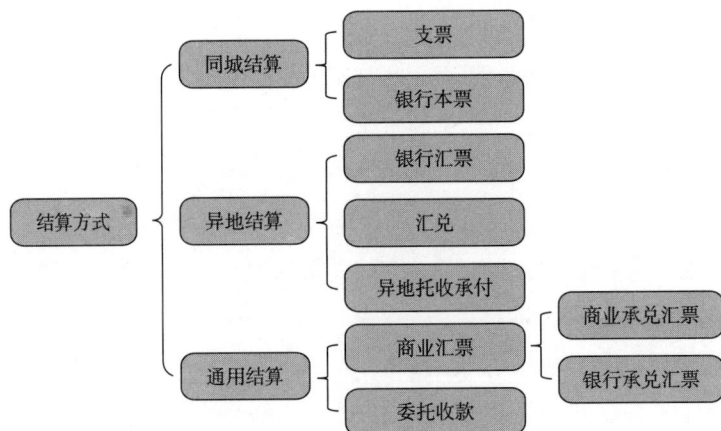

图 2-2　常用结算方式及分类

服装企业既要充分考虑客户的信誉、实力、合作关系等多方面因素，又要综合权衡企业本身的材料采购、资金周转等内部情况，向客户明确要求采用哪种结算方式，以防范经营风险，维持企业正常运作。

第三节　报价

报价是指卖方在权衡自身产品的成本、利润、市场竞争等因素后，公开报出的可行性商品售价。

一、价格构成因子

在交易磋商的过程中，对商品进行定价需要考虑很多因素，包括成本、顾客、竞争对手和其他外部因素等。从企业内部角度而言，产品价格主要由以下几个方面构成：

1. 直接成本

直接成本包括面料、辅料、物料、计件和人工等，可以根据订单的生产技术资料及有关原材料的市场行情进行估算。这些总成本会随着业务量的增减成正比变化的成本，又称为变动成本。

2. 间接成本

间接成本包括厂房设备的购买折旧费、房屋租金、计时工的薪资、福利费、行政管理费、新产品开发费、广告费、培训费等，通常由直接成本的定额比例进行经验估算而得。

这些在一定时期内不受业务量增减影响而保持不变的成本，又称为固定成本。但是超过一定业务量时，会导致每月的固定折旧成本发生变化，如需增加生产设备的投资等。

3. 交易成本

交易成本包括结算费、运输费、银行费等，可根据合同中规定的交易方式进行计算的成本，其中运输费属于可变。国际贸易中，要准确理解价格术语，在协议或合同中做出明确规定，如果采用FOB❶、CFR❷或CPT❸价格术语，则卖方只需负责运输费即可，如果采用CIP❹或CIF❺价格成交，则卖方的货价还应增加保险费。对于国外客户的订单，还要考虑汇率、风险等问题。

4. 目标利润

目标利润可以根据目标成本利润率进行估算。在成本基价的基础上，上浮多少利润，需根据市场供需、竞争对手等情况而定，通常在12%~30%浮动。

5. 税金

在商品报价时，应考虑是否含税。对于出口贸易有出口退税的鼓励政策者，报价可以不考虑税金，从而提高报价的竞争力。

服装企业在确定价格时，既要仔细了解客户订单规格（如尺码大的服装用料多）、颜色配比（如白色料成本较低，染色料成本高）、数量多寡（如有特殊要求或成交数量少的产品成本较高）等因素，又要充分考虑面辅料市场行情的需求变化和价格波动，确定既能实现企业目标利润，又具有较强竞争力的价格。

二、定价方法

业务跟单员在报价前，必须先对销售产品进行合理的定价。确定价格的方法可以分为：成本导向、需求导向和竞争导向三大类。

---

❶ FOB是离岸价（装运港），也称"船上交货价"，货价包含成本费和运到装运港的费用，在装运港船上交货，买方负责派船接运货物和保险费。货物上船后，风险即由卖方转移至买方。

❷ CFR是离岸价（目的港），也称C&F或CNF，成本加运费，指定目的港，货物风险在交货时转移，另外卖方需办理货物的出口结关手续。《2000年通则》规定：CFR只适用于水上运输，其他运输方式应采用CPT。

❸ CPT也是离岸价，卖方将货物交给承运人后，风险和其他费用转由买方承担，但卖方需负责到目的地的运费和出口清关手续。CPT适用于各种运输方式，包括多式联运。

❹ CIP是到岸价，成本加运费加保险费，适用于各种运输方式，交货地点由双方根据不同的运输方式约定。风险在承运人控制货物时转移。

❺ CIF是到岸价，成本加运费加保险费，指定目的港，只适用于水上运输，交货点在装运港，风险划分以装运港船舷为界。保险加成率通常为CIF或CIP价加10%。

1. 成本导向法

以营销产品的成本为主要依据，制订价格的方法称为成本导向法，这是最简单、应用最广泛的一种定价方法。

（1）**总成本定价法**：常见的有成本加成定价法、进价加成定价法和目标利润定价法。

①成本加成定价法：是按产品单位成本加上一定比例的毛利定出的销售价。计算公式为：

$$商品单价＝商品单位总成本 × （1＋加成率 ❶）$$

其中：单位总成本＝单位变动成本＋平均分摊的固定成本

加成率＝（售价－进价）/进货成本 × 100%

成本加成率又称毛利率，是企业一定百分比的毛利润，影响企业单位产品的定价。加成率与商品需求弹性和公司的预期盈利有关。需求弹性大的商品，加成率宜低，以求薄利多销；需求弹性小的商品，加成率不宜太低。通常同行之间会形成一个客户接受的共同加成率。

加成定价法计算简单、简便易行，可使公司获取预期盈利。但是加成率的确定往往只从公司角度考虑，难以准确对应市场销售量，分摊合理的固定成本费用，忽视市场竞争和供求状况的影响，缺乏灵活性，无法适应市场竞争的变化形势。

②进价加成定价法：是零售业常用的定价方法。计算公式为：

$$产品售价＝进货价/（1－加成率）$$

其中：加成率＝（售价－进价）/售价 × 100%

③目标利润定价法：是根据企业总成本和预计销售量，确定一个目标利润率后形成的定价标准。此法适用于市场占有率比较高，具有一定垄断性的企业。这种定价方法需要运用收支平衡图。计算公式为：

$$商品单价＝（总成本＋目标利润）/预计销量$$

其中：总成本＝固定成本＋变动成本

目标利润＝投资额 × 投资收益率

成本加成定价法中的成本只是制造成本，不包括期间费用。目标利润定价法中的成本包括制造成本和期间费用。

（2）**边际成本定价法**：是以变动成本为定价基础，依据市场需求曲线和厂商边际成本曲线的交点来确定产品价格，以达到市场均衡的定价法。一般分为短期边际成本和长期边际成本，企业的短期利润基本趋于零，当定价高于变动成本时，企业才能获得边际收益，用以抵补固定成本，剩余即为盈利。各种成本的关系如图2-3所示。

---

❶ 加成率又称外加毛利率，是以配料定额成本为基数，先确定每种制品的加成率，然后用外加方式计算售价的一种方法。

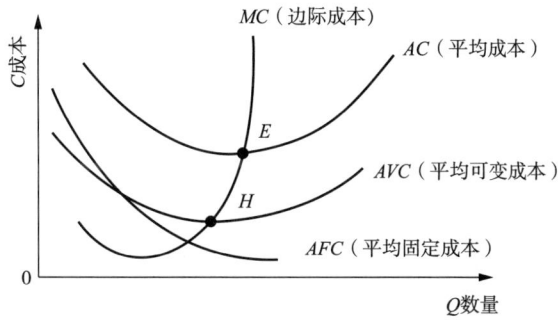

图2-3 成本关系图

边际成本定价既保证了厂商获得最大收益，又保证了买方能获得低价。但是，在自然垄断行业，厂商在平均成本下降阶段进行生产时，边际成本定价就会小于平均成本，从而导致厂商亏损。

（3）**盈亏平衡定价法**：也叫保本定价法或收支平衡法，运用损益平衡原理确定的一种保本定价法。由于销售额变化后，成本也随之发生变化，产品价格必须达到一定的销量才能盈亏平衡。企业的销量低于这个平衡点时，则亏损；超过这个销量时，则获得盈利。计算公式为：

单价＝（单位变动成本＋固定成本）/销售量

保本价格＝固定成本/盈亏平衡点售量＋单位变动成本

盈亏平衡点销售量＝固定成本/（产品销售单价－变动成本）

盈亏平衡点又称零利润点、保本点，如图2-4所示，是指总销售额等于总成本时不盈不亏的平衡点A，此点对应的销量Q为平衡点产量。销售额R为平衡点销售额。其中总成本由固定成本和可变成本构成。当销售收入高于盈亏平衡点时企业盈利，反之企业就亏损。

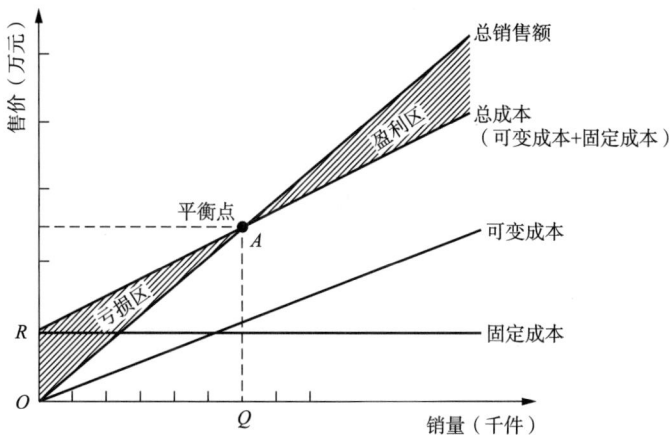

图2-4 成本与销售的关系

2. 需求导向法

需求导向法是根据买方对产品价值的理解和需求来确定价格，包括以下三种：

（1）**认知导向定价法**：以买方对企业产品价值的主观判断为依据，根据为客户所能创造的价值或客户主观认为该商品的价值来定价，而不是按商品实际价值来定价的方法。例如，一双普通运动鞋的价格是80元，品牌运动鞋的价格可从200元到1000元不等。可见，价格差别不单单是由成本和质量，而是由买方对产品的理解、认可和需求来确定。

另有一家企业专注于降低生产成本，产品报价为35元，竞争者的产品报价为120元，结果买方误以为低价产品是低档货而不愿购买。所以，商品定价不是越便宜越好。当然，也不能太高而流失客户，影响公司的销量。这种定价法的关键是，清楚客户的真实想法，找到准确的市场认知价位。

（2）**逆向定价法**：依据买方能接受的价格，逆向推算出中间商的批发价、生产企业的出厂价及正常利润后定出的价格。计算公式为：

$$出厂价 = 市场预售价 \times （1-批零利润率）\times （1-进销利润率）$$

例如，服装厂生产一套职业女套装，每套市场售价为450元，若零售商利润为25%，贸易差利润为15%，则出厂价 $=450 \times （1-25\%）\times （1-15\%）\approx 286$ 元。

3. 竞争导向法

竞争导向法是以竞争者的产品价格为参照依据，研究对手的生产条件、服务状况、价格水平等，参考成本和供求状况来定价，包括随行就市定价法、产品差别定价法和密封投标定价法。

（1）**随行就市定价法**：以行业中主要竞争者的价格为企业定价依据。企业无须了解买方对不同价差的反应，也不用担心会引起价格波动，只需准确了解竞争对手的市场情况，分析竞争对手的定价策略来确定自己的价格。

例如同款大衣，竞争对手们的价格在130～160元，那么定价保持在145元的市场平均水平，就可避免价格竞争带来的损失而获得平均报酬。而定价在120元就具有较强的竞争力，减少竞争中的风险。

（2）**产品差别定价法**：是指企业评估同类产品在买方心目中的形象，根据自身特点定出低于或高于竞争者的价格。这种定价有一定的进攻性。

（3）**密封投标定价法**：买方公开招标，多个卖方以密封递价的形式竞争投标。招标方处于垄断地位，投标方处于竞争地位，适合大宗、大型的采购项目。

我们可用Excel表做出详细的原材料估价表，输入单件耗量、生产周期等各项参数，由Excel表自动生成产品价格。此外，还可以根据加工厂的历史资料，算出原材料的质量成本❶、技术支持成本❷等数据。

三、面辅料用量预算

梭织成衣面辅料的用料预算以面积为准，针织成衣则是将面积转换为平方米克重，以定重制体现单耗。

1. 梭织成衣面料预算

（1）单件样衣用料预算。将一款样衣的所有纸样放在一定幅宽的面料上进行排料，所耗用的面料长度为单件样衣的面料用量。排料方法有手工排料和CAD系统排料两种方法。

同一个款成衣如果用不同幅宽的面料进行排料，则耗料长度会有所不同。排料时可进行各种排料方式的尝试，制订出最省料的排料方法。表2-2是各款成衣使用不同幅宽面料的单件耗用量参考表。

表2-2 单件成衣用料预算   单位：cm

序号	成衣种类	幅宽90	幅宽115	幅宽145
1	男装长袖衬衣（领/胸围≤120）	衣长×2＋袖长	衣长×2＋30	衣长＋袖长
2	A型小摆裙	裙长×2	裙长＋15	裙长＋5
3	A型宽摆裙	裙长×2	裙长×2	裙长＋5
4	西裤（臀围≤120）	裤长×2	裤长×2	裤长＋10
5	夹克	衣长×3	衣长×2＋袖长	衣长＋袖长＋25
6	西服	衣长×3＋袖长	衣长×3	衣长×2＋15
7	背心	衣长×2	衣长×2	衣长＋5
8	旗袍	裙长×2	裙长＋袖长＋10	裙长＋袖长

（2）批量生产用料预算。

批量生产用料YPD❸＝单件基码成衣用量预算×12×（1＋批量生产损耗率）

为了使批量生产用料预算更准确，应先定出用于排料的尺码，如选取订单中成衣数量最多的中码为用料预算的基码。也可根据订单数量，计算各个尺码所占的比例，取比值大

---

❶ 质量成本：是企业为了保证和提高产品质量服务的总费用，包括预防成本、检查监测成本、返修成本、保修赔付成本等。

❷ 技术支持成本：是指技术咨询与运营成本，包括售前技术支援（解决销售无法解答的问题）和售后技术支援（解决客户使用产品时出现的问题）。

❸ YPD：Yard Per Dozen，每打（12件）衣服的用布量，单位长度：码（1码＝3英尺＝0.9144米）。

的尺码作为用料预算的基码。例如，欧美人的体型普遍比较高大，所以订单中大码数量多于小码数量，此时应选取比值较大的一个码（如 L 码）或两个码的平均值（如 M 和 L 码或 L 和 X L 码）作为基码。

定出基码后，通过成衣排料确定需订购面料的幅宽和码长。也可参考以往同类订单的用布量进行预算。

（3）**批量生产损耗**。在批量生产过程中会出现一定数量的原材料损耗，用料预算时应增加一定的损耗比率。具体损耗包括：

①面料特性导致的损耗。

·面料回缩损耗：在面料后定型或卷布包装时，都需要一定的外力作用才能完成。尤其是组织疏松或弹性面料，卷布时会被拉长，经松布一段时间后，面料会自然回缩。

·面料缩率损耗：面料纤维受热或吸水后，纱线横向膨胀、屈曲增大，导致织物长度缩短、厚度增大，且干燥后无法恢复的收缩损耗。经洗熨测试后，可以计算出准确的缩率损耗。不同面料的缩率损耗，以及不同洗染方式的面料缩率损耗可参考表2-3、表2-4。

表2-3　不同面料的缩率损耗

面料类型	相同洗水方式下的缩率（%）
棉料	4～10
棉涤料	3.5～5.5
化纤料	4～8
人造棉料	10
府绸料	3～4.5
哔叽料	3～4
卡叽华达呢	4～5.5
斜纹布	4
劳动布/粗帆布	10
弹力牛仔料	2～4（经）；16～22（纬）

表2-4　不同洗染方式的面料缩率损耗

洗染类型	面料缩率（%）
无须洗水	0.5
普洗	1～2
重石洗	1～2
砂洗	1.5

洗染类型	面料缩率（%）
漂洗	2
漂石洗	2～3
化学洗	2～3
酵素洗	2
磨损洗	2～3
成衣染	4～5
颜料染	4～5

· 织疵避裁损耗：面料在织造过程中，由于技术、机件的原因，容易造成纱线断头、跳花、跳纱等织疵，成衣排料时需避裁所造成的损耗。一般等级越低的面料织疵越多，避裁损耗也越大。

②制衣生产导致的损耗。

· 断料预留损耗：铺布断料时，每层布的左右两端需预留布匹头尾的余料，以及落剪不齐所产生的损耗。每层每边预留不宜超过2厘米。

· 次品损耗：由于生产不当产生次品，需要重新配片造成的补裁损耗。实际生产中的次品损耗应控制在2.5%左右。

· 放量损耗：有单向花色或有顺逆毛向的面料，为防止倒毛、倒花或色差等问题，所有衣片需要单向排料，所以每件成衣需加8厘米的放量损耗；需要对花型的印花、提花料需增加5%～10%；横条色纱间的对格损耗为3%～5%；格条面料的每个衣长耗料需预留2个循环格的对格损耗；夹棉或羽绒类服装需增加5%的绗缩损耗。

· 试样损耗：订单签订期间，都需试制许多成衣样板、面辅料卡、面料性能测试、成衣后整理检验等给客户批复。正式投产以后，还需向客户提交产前板、船头板等生产样板，这些都需要损耗一定量的面料。通常可以根据每个订单需要制板和测试的数量，计算出损耗量。

与批量生产相关的排料房、裁剪房、缝纫车间、洗水房等部门应充分预计面料的损耗量，并提交面料损耗报告。跟单员根据各部门的损耗报告，套入批量生产用料预算公式，计算出批量生产中每打成衣用量。常见成衣面料用量预算见表2-5。

表2-5　常见成衣面料用量预算

类型	款式	幅宽115（cm/打）	幅宽145（cm/打）
短裤	普通款式（内侧缝12以内）	900	700

续表

类型	款式	幅宽115（cm/打）	幅宽145（cm/打）
长裤	普通款式（内侧缝80以内）	2250	1900
	复杂款式（内侧缝80以上或反裤脚）	2700	2250
衬衫	传统款式（衣长75，胸围110以内）	2700	2050
A型小摆裙	普通款式（裙长65以内）	1250	1050
A型宽摆裙	普通款式（裙长65以内）	1900	1400
夹克衫	普通款式（衣长75，胸围125以内）	3400	2600
西服	传统款式（衣长75以内）	3550	2550
背心	传统款式（衣长60以内）	1200	950

2. 针织成衣面料预算

针织成衣面料预算主要有纱线克重❶计算法和排料预算法两种方法。

（1）纱线克重计算法：是通过单件衣物中纱线的重量与纱线的单价进行预算，通常有两种计算方法。

方法一：用克重仪称出直径为11.3cm的圆形布片的重量，然后乘以100，得到克重。此法简便精确，但需要专门的克重称量器。

方法二：剪一块1m长的面料，测量幅宽（m），然后称布重（g/m），套入公式，即：克重＝布重÷幅宽

常见织物克重可参考表2-6。

表2-6 常见织物克重参考值

面料类型	克重范围（g/m²）
薄型棉织物	70~150
厚重型棉织物	160~250
薄型丝织物	20~80
凡立丁（精梳）毛织物	185
厚花呢（粗梳）毛织物	280

注 坯布克重是考核针织织物与毛型织物物理性能和品质的重要指标。其中精梳毛织物、毛型化纤织物每平方米克重偏轻值不超过5%为一等品，在5%~7%为二等品。

❶ 克重：是指织物单位面积的重量，一般以每平方米的克数表示（g/m²）。

针织成衣面料耗用毛坯重量（不含罗纹织物长度）计算公式：

$$单件成衣用量 = \frac{门幅 \times 段长 \times 坯布干重}{每段长成品件数} \times （1+毛坯回潮率）\times$$

$$（1+裁剪段耗率）\times （1+染整损耗率）$$

其中：毛坯回潮率为原料坯布纱线的公定回潮率，指标准状态下织物组成纱线各成分原料含水量的约定值，即每种原料的标准回潮乘以其百分比含量。而实际回潮则表示纱线的实际含水率，大于公定回潮率表示含过量的水，低于回潮率则表示纱线偏干。各种织物纱线公定回潮率扫描"教学资源"编号2-1二维码可见。

在常用面料和一般织染整工艺的条件下，坯布克重与成品克重的换算公式：

坯重＝成品重×坯重系数[1]

影响针织成衣克重的因素如下：

·原料纤维、织物构造方法不同，成衣的克重会有所变化。例如，普梳纱杂质多，故同种线密度的普梳纱会比精梳纱轻。

·染色工艺、染料特性不同，成衣的克重也会有所变化，因为针织坯布经过染色煮练以后，原坯纱线与溶液中的染料产生一系列化学反应而吸湿膨化，一般会增重$15 \sim 20g/m^2$。

·纱线密度与针织面料的克重呈正比。在同种结构的坯布中，纱线密度越小，纱线越细，其克重就越轻。

·相同纱线密度、相同结构的面料，如果织造密度不同，面料染色前后的克重值也会有所不同。

裁剪段耗率是指裁剪时按样板互套开裁时，所挖掉的边角料重量与衣片重量的占比。

染整损耗率是面料在染整过程中，由于面料、纱线、纤维上的油剂、蜡质、果胶、棉籽壳等成分在漂染中去除所致，以及面料、纱线上游离纤维的断裂、脱落，包括后整理中的起绒、剪绒等所致。面料染整损耗公式：

面料染整损耗＝（毛坯面料重量－成品面料重量）/毛坯面料重量×100%

多种面料染整损耗＝布料1×损耗率+布料2×损耗率+……+布料n×损耗率

常见染整织物及染整加工工艺所致的织物损耗率详见表2-7。

表2-7 常见织物染整损耗率

序号	染整织物	染色损耗率（%）	加工工序	损耗率（%）
1	化纤类（长纤维）	4～5	下水定型	3～4
2	化纤类（短纤维）	4.5～5.5	酶处理	2.5

[1] 坯重系数：平纹92%、拉架平纹100%、单位衣89%、双位衣89%、单珠93%、双珠88%、毛巾106%、罗纹83%、拉架罗纹91%、灯蕊87%、拉架灯蕊92%。

续表

序号	染整织物	染色损耗率（%）	加工工序	损耗率（%）
3	涤棉（T/C：65/35）	4.5~5.5	切边	0.2
4	涤棉（CVC）	6~6.5（深色）	刷毛	1~2.5
		6.5~7（中色）		
		7~8（浅色/漂白）		
5	全棉	7~7.5（深色）	磨毛	1~2.5
		7.5~8（中色）		
		8~9（浅色/漂白）		
6	天鹅绒（CVC）	11.5~13	修毛	1~3
7	花灰/色织天鹅绒	6~10	上树脂	/
8	普通摇粒绒	11~14		
9	超细摇粒绒	15~19		
10	花灰摇粒绒	10~12		
11	双刷双摇粒绒	上述加4~6		

注　1.普纱纱线的损耗比精梳大。

　　2.纱线越粗，损耗越大。

　　3.色织类织物的颜色越多，损耗越大。

　　4.不同原料交织的原料数量越多，损耗越大。

　　5.订单越小，损耗越大（如每个订单都需3m面料调机，纱重耗量约1kg）。

　　6.不重视现场管理和精益改善的企业，损耗越大。

（2）**排料预算法**：通过排料预算出耗用的面料长度。针织面料确定幅宽和码长的方法和步骤如下：

①定尺码。根据订单数量和分码情况，计算出各个尺码所占的比例，再根据占比确定排料估算用的尺码。

②确定排料方法和面料幅宽。根据定出的基准码，确定排料方法是用混码排料还是分码排料，然后按照排料方法计算面料幅宽。计算公式为：

面料幅宽=（基准码胸宽+缝份）×幅宽排衫个数+（中间码袖阔+缝份）×幅宽排袖个数+布边

其中：缝份为0.5cm（即四线包缝的缝份）；布边般为5cm。不同种类的针织面料，布边的情况会有所不同，有些可以少加布边量，甚至无须加放布边量。

③计算面料用量。根据针织料幅宽，以最省料的排料方法确定用料长度。然后确定每打成衣的用料预算。

【案例分析二】针织成衣用量预算实操要点

1.针织成衣的用量损耗比机织成衣小，尤其是由横机织制的一次性成型产品，边角料一般只损耗总用量的2%～4%，普通机织坯布裁剪损耗的边角料则高达25%～27%。

2.关于纱支与克重配对的关系，纱支支数越大，面料的克重越轻；反之，纱支支数越小，面料越重。当然，纱支越细，质量也越好，面料成本也越高。

3.由于针织布都是按千克计重来染色或印花，如果计算不准确，就容易造成面料的浪费，而且也不容易做补单处理，所以要尽量计算准确。

4.针织布的克重代表了面料的厚薄，如果客户一再要求加厚，跟单员可以调整面料克重，同时别忘重新报价，再重新送样给客户批复价。也可以适当调整面料的手感，稍微偏硬的面料会感觉比较厚实，有助于调整客户的手感。

5.针织面料的克重通常都由客户决定需要的重量/厚度，供货商只需按客户要求提供样布。要注意的是，由于染色/印花后的克重会有10g左右的增重，成品面料回仓后长时间放置，针织布由于回缩受潮也会出现增重的现象。关于面料克重的检测标准，客人会给出自己可接受的公差范围。比如客户给出±5g的允差值，客人要求面料克重180g/m²的订单，所以我们订购白坯克重控制在155～160g/m²以上即可，经染色或印花后的成品就基本上可以达到175g/m²以上的客户可接受范围。

6.白坯的缩率要清楚，如果需要自己订白坯再做染色/印花，一定要问清楚：白坯的炼损、脱胶率、正常的染色/印花缩率损耗等数据，只有计算清楚后才能订坯下投料单。

7.成衣的加工数量也要计算准确，数量少的订单可以适当加大加裁率，但数量大的单一定要控制好加裁率，要思考多裁出来的衣服能否走货。所以应尽量调低加裁率，以免浪费面料。

3.缝纫线用量预算

（1）缝纫线计算方法。

①公式法：是观察线迹结构的形状特征，计算出一个单元线迹的用线量，再据此推算出服装整体线迹长度和实际用线量。公式法推算分为三步：

步骤1：根据线迹的形状特征，将线迹的每个缝圈假设为长方形或椭圆形。

步骤2：根据几何形状计算出单元线迹的用线量，包括一个线圈的用线量与每个线圈与相邻线圈相接处量。

步骤3：根据单元线迹的用线量公式及线迹密度等条件，推算出适于实际应用的计算一米长线迹所需用线量公式。

【案例分析三】以301平缝线迹为例说明

平缝线迹假设为长方形时，车缝1m长的面料所需缝纫线长度（m）的计算公式：

$$L_1=2+0.2Dt+0.26D/N_m\times\delta$$

平缝线迹假设为椭圆形时，车缝1m长的面料所需缝纫线长度（m）的计算公式：

$$L_2=1.57+0.16Dt+0.36D/N_m\times\delta$$

以上公式中：D 为线迹密度数 /2cm；t 为面料厚度（mm）；N_m 为缝纫线的公制支数；δ 为缝纫线的比重（纯棉线 δ 约为 $0.8\sim0.9\text{g/cm}^3$，涤棉线 δ 约为 $0.85\sim0.95\text{g/cm}^3$）。

例：已知平缝线迹（图2-5）的线迹密度$D=9$针 /2cm，面料厚度$t=1.2$mm，缝纫线为60s/3涤棉线，则 $N_m=1.693N_e=1.693\times60/3=33.86$；车缝总长度为6.5m，计算其用线量。

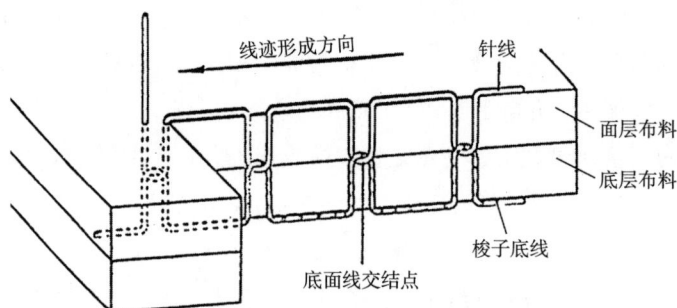

图2-5　301平缝线迹结构图

假设线迹形状为长方形：

$$L_1=2+0.2Dt+0.26D/N_m\times\delta$$

$$=2+0.2\times9\times1.2+0.26\times9/33.86\times0.9=4.58\text{m}$$

缝线总长 $=L_1\times6.5=4.58\times6.5=29.77$m

假设线迹形状为椭圆形：

$$L_2=1.57+0.16Dt+0.36D/N_m\times\delta$$

$$=1.57+0.16\times9\times1.2+0.36\times9/33.86\times0.9=3.88\text{m}$$

缝线总长 $=L_2\times66.5=25.22$m

由于面料和线都具有柔软性，缝纫后线会陷入面料中，所以按椭圆形线迹计算的结果会更接近实际用量。

如果整张订单由一个人完成，可以直接用公式法计算；如果订单投入的人手或设备比较多，则损耗需增加5%~30%。公式法预算相对比较精确，但由于各种线迹在单位长度中的用线量不同，公式估算法必须分开，用不同的公式计算不同线迹的用线量，而且由于成衣规格、款式、缝制工艺、缝料的厚薄、缝线的支数、线迹密度等参数各异，算法较为复杂，企业很少使用。

②实测法：是根据实际生产情况，测定出车缝线迹长度与消耗缝线长度的比值。测定的方法有缝线定长法和缝迹定长法两种。

缝线定长法：实验前，先确定缝纫设备、线迹类型、线迹密度、面料厚度和缝线的粗细等条件，并记录上述参数；接着在塔线上量度一定长度的缝线 L（如1m），做好颜色标记，同时线的头尾各留出0.5m的甩头；将线穿到缝纫设备上，并将标有记号的一段线缝在面料上，测出这段线所形成的线迹长度 C，从而推算该线迹的线长比：$E=L/C$。

缝迹定长法：实验前，先确定缝纫设备、线迹类型、线迹密度、面料厚度和缝线的粗细等条件，并记录上述参数；缝纫线迹后，剪取其中成形较好的一段线迹并量度线迹长度 C，把这一段缝线细心地拆解出来，量其耗用长度 L，从而换算出用线量比：$E=L/C$。

实测法需反复测试同一种线迹三次或以上，求取平均值。对于底面线迹结构相同的301平缝线迹、304人字线迹，只需测算上线用量，总用线量为上线用量的两倍即可。其他上下线结构不同的线迹，则需分别测算底线、面线的用线比率，再求出总的用线量比。

③比率估算法：是通过CAD软件测量缝迹线的长度，或凭经验估算，对缝边的总长度乘以一个比率系数。经验估算法无法精确得到缝纫线的准确用量，不建议采用。

无论是实测法，还是比率估算法，都是要确定一个合理的线长消耗比率，然后再利用比值算出相应产品的用线量，再加一定的损耗参数：

用线量 L = 缝线消耗比率 E × 车缝线迹长度 C + 生产损耗

用比率法计算各款订单的缝纫线用量会比较简单，所以很多企业会结合实测法，获得不同线迹的线长消耗比率后，再用比率法计算用线量，这样计算的结果也相对比较准确，被广泛使用。但由于各个企业的管理水平和获取用线比的条件不同，所以得到的比值也会有所差别。表2-8是某企业各种设备缝制出的用线量消耗比率，仅供参考。

表2-8　各种缝制线迹的线长消耗比率

设备类型	用线量（倍）	设备类型	用线量（倍）
单针平缝机	3y+（5%~10%）	埋夹车（单针）	6y
家用缝纫机	4.8y（底面各2.4y）	打1/4″ 枣	1.12y
单针链式机	4y+（5%~10%）	打1/2″ 枣	2.2y
双针绷缝机	12y+（5%~10%）	打3/4″ 枣	3.2y
三针五线绷缝机	18y+（5%~10%）	打1″ 枣	4.1y
三针人字车	5.5y	凤眼线（603）	2y
三线锁密珠	47y	凤眼芯（209）	0.35y
狗牙花边机	18y	1/2″ 纽门	1.1y
拉裤头机（单针）	6y	3/4″ 纽门	1.8y
拉裤耳机	14y	1″ 纽门	2.2y
三线锁边机	18y+（5%~10%）	钉纽（四孔纽）	0.5y/个

设备类型	用线量（倍）	设备类型	用线量（倍）
四线锁边机	20y+（5%~10%）（12针/3cm，锁边线宽0.5cm）		
	22y+（5%~10%）（18针/3cm，锁边线宽0.7cm）		
五线锁边机	26y+（5%~10%）（18针/3cm，锁边线宽0.95cm）		

注　1.用线量=缝纫长度y×用线倍数+生产损耗。

　　2.生产损耗包括：线头线尾甩头（约20cm）、断线拆线耗量……

　　3.单件服装缝纫线消耗量=服装所有部位缝线消耗量之和×（1+损耗率）。

（2）影响缝线用量的因素。

①弹性：面料与线的弹性越大，用线量的计算越难精确，此时需找出面料或缝线的拉伸长度，作为修正系数。

②厚薄度：面料的组织结构、面料的厚度直接影响缝线用量，过厚过薄的面料、特殊组织结构的面料和特殊材料的缝纫线都需找出其特殊性，加入修正系数调整，才能使计算结果更准确。

③学习曲线：在生产数量较大的情况下，由于工人熟练程度的不断提高，缝纫线的损耗比率会相对减少。

④缩水率：试制样板时，如果出现成衣后整理、水洗或熨烫等面料或缝线收缩的现象，缝线预算时需适当调整用量。

⑤操作规范性：工人在缝纫过程中，由于不同的操作习惯，或技术不娴熟会导致人为的损耗误差，此时需根据该企业的技术状况和实际经验加强规范操作的指导培训与管理，可以减少该项损耗。

⑥管理水平：服装企业的生产规模、现场管理水平和员工素质会影响正常的缝线损耗，丰富的实践经验能提高生产管理的可控性，从而降低缝线的生产损耗。

⑦其他：缝纫线消耗量的多少，还与缝型长度、缝纫线的粗细、缝纫线的捻度、线迹密度等有关系。

4. 其他辅料用量预算

在时尚服饰订单中，辅料成本可占物料总成本的63%或以上。

在纸样师傅做纸样图稿的同时，采购跟单员就可以通过准备样衣辅料的过程，仔细检查并核对所有辅料用料的预算数据，作为成本核算的基本资料。辅料中的拉链、纽扣、肩垫等物件，只需按单件实际用量乘以实际生产数量即可算出该订单的辅料总用量。衬布、里料和袋布的用量预算可以参考面料排料预算的方法。

计算服装斜纹捆条用料时，追加损耗后，需再加一个面料幅宽的量。

5. 用料预算注意事项

（1）针织成衣应将外衣和内衣分开进行用量预算。由于针织排料方法不同，用料预算也会有所差异，所以预算前必须先确定排料方法。内衣类针织成衣用圆筒针织面料排料时，通常不做剖幅裁开，而是利用两边的双层布边进行排料，常见的排料方法有镶套法、平套法、互套法、斜套法等。外衣类针织服装在排料时，会将圆筒针织面料裁幅，采用单层面料排料的方法。为方便排料时开幅，针织机在排针生产时，会在需要剖幅的位置进行织针抽针处理，以便确定剖幅布边的位置。所以外衣类针织成衣在预算时需加大布边的损耗量。

（2）不同幅宽要分开预算用量。排料时要首先确定幅宽，针对不同的幅宽设计不同的排料方法，并分别预算用料。针织类面料分花色和净色匹染两大类，由于生产方法上的差异，在纱线、组织、织机条件相同的情况下，花色坯布幅宽比净色匹染坯布幅宽略小2～3英寸（5～7.5cm）。如果花色坯布按净色匹染坯布排料法，则幅宽会不够用。

【案例分析四】准确计算针织衫的纱线用量

一件重300g的腈纶针织衫，假设腈纶纱线1kg的价格为25元，生产损耗约为6%，如何通过克重计算面料价格？

第一步：算出1m布的经纱用量和纬纱用量，算出布重（g/m）。

第二步：算出纱价。

第三步：按照面料价格公式算出坯布价格。

面料价格＝克重×纱价＋织造价格＋染价＋其他价格（包括印花、开幅定形、后道各工序等）

那么，这件衣服的原材料为：0.3×（1+6%）×25÷1000=7.95（元）。

加上织造价格、后整理和营运加工费等开支，这件衣服的报价一般不会超过30元。

四、报价流程

在订单的各阶段都会有报价工作，如贸易订单报价、加工费报价、物料采购报价、运输费报价等。无论是哪个阶段的报价，其工作流程具体有以下几个步骤。

1. 接收客户询价资料

业务部收到客户的询价资料后，需检查客供资料是否齐全，一份完整的询价资料包括：客户基本情况、产品种类、目前市场售价等；产品/面料，包括名称、成分、颜色、组织、处理方式等资料；辅料/包装物料，种类、规格、处理方式等；款式图或生产图；尺码表；洗水/印花/绣花方法与要求；产地要求等。

2. 分析客户询价资料

业务跟单员接着应审核所有款式资料、尺寸、面料、辅料、制作工艺以及洗水等，分析的内容包括产品类型、交货期、预购数量、目标价格、品质要求、付款方式；特别要求如指定产地、客户产品特点、市场销售情况、特殊工艺等，同时还应清楚有无相似的订单资料作参考、本企业可调用的生产资源能否实现客户订单等，以确保订单的顺利实现。

3. 安排打样

按照客户的款式及尺码要求，书面列出打样工艺单（表2-9），然后尽快安排板房打样衣和工程部开样排料，以便确定款式搭配、面料最佳幅宽、工艺方法与工价等信息。

表2-9　打样工艺单

××××公司出口服装工艺单（范例）

公司名称：	地址：　　　　　电话： 传真：　　　　　电邮：						
交货期	组别	订单号	合同号	款号	客户编号	生产数量

款式：	目的地：	色牢度：

面料成分/颜色： （贴面料小样）	里料名称/成分： （贴里料小样）	洗水要求： （贴洗水样）

颜色搭配与款式描述：

制作工艺描述：

样衣要求：

1.尺寸检验：

2.外观检验：

3.做工检验：

4.整烫检验：

5.物料检查：

6.包装检查：

制表人：	主管签字：	制表日期：

打样工艺单参照大货订单的格式，详细列出：货号、原料、颜色搭配和工艺做法四大内容，并交由业务部经理签字后，方能安排打样。如果需要新开模具，应请示业务部经理。如果打样需要新采购原料，则应书面通知采购部尽快购买。采购起订量太少时，可由经理指派专人负责采购。

样品完成后，应仔细审核样品，并拍照存入计算机档案。对于新客户，是否向客户收样品费和快递费，每个企业都有自己的规定。通常打样数量少，则样品免费，运费到付；如果打样数量较多，则需提前告知样品收费标准，运费到付。

4. 发出询价资料

（1）**向供应商询价**。根据订单需要采购的面辅料和包装物料，可向供应商发出询价需求。供应商询价不仅仅是获取相关的价格资料，准确报价，还能帮助客户寻找或开发新型的面辅料。对于由加工厂负责采购面辅料的订单，完成供应商询价后，可将事先寻找到的合格供应商、询价资料、板单等一起转给加工厂，以此指导加工厂采购面辅料，确保大货采购的物料能达到客户的要求。

（2）**向加工厂询价**。选择合适的加工厂，根据客户要求，开列板单资料，向加工厂发出生产询价资料，主要包括：客户工艺单。交货期与订购数量。面料供应商资料。辅料供应商资料。报价术语（交货/运输方式）；交货地点。

工厂拿到询价资料后，会尽快完成厂内的初板，并在两日内完成生产报价。贸易公司为了获得合理的报价，可同时向多个加工厂提供询价资料，进行比价后再确定合适的加工厂。要注意的是，不是只关注最低的报价，而是要找到能确保订单交易100%达成客户需求，同时加工厂与贸易公司双方都能获得合理利润的价格。

5. 生成报价表

报价表的生成，首先要对订单进行用料预算（表2-10），主要包括以下几方面：根据初板信息，预算面辅料的用量，再根据样衣耗材数据填写报价单，计算物料用量时，要加上合理的损耗量，当然，如果生产过程中能合理控制损耗量，则能节省物料成本，从而节流增利；根据面料供应商提供的报价，进行面料价格估算；根据辅料供货商提供的报价，进行辅料价格估算；根据排料的用布量、面料价格、辅料价格以及以往类似订单的加工价，初步计算每打服装的目标价格。

业务跟单员要看清楚报价单中利润和销售利润率的计算方法是否正确，同时还需确定美元或欧元卖价。计算公式：

$$利润 = 实际收汇 \times 汇率 - 成本 - 所有费用 + 退税$$
$$销售利润率 = 利润 \div （实际收汇 \times 汇率） \times 100\%$$

表2-10 报价表

客户：__KJ__ 款号：__X-K-281__ 款式：__女式牛仔长裤__ 日期：_____

面料成本（元）				
面料名称	规格/颜色	用量（m）	单价（元）	金额（件）
C/T271	棉弹/蓝	1.20	18	21.60
面料成本合计（含税）：				21.60
辅料成本（元）				
辅料名称	规格/颜色	用量（件）	单价（元）	金额（件）
拉链	YKK	1	1.00	1.00
袋布	本白	0.30	3	0.90
工字纽	环保	1	0.30	0.30
撞钉	环保	8	0.12	0.96
吊牌含绳	12cm×4.5cm	1	0.18	0.18
主标		1	0.12	0.12
尺码标		1	0.03	0.03
洗水标		1	0.08	0.08
拷贝纸		1	0.01	0.01
防潮珠	袋	2	0.01	0.02
包装袋	PE料	1	0.4	0.40
中包袋	PE5C	1/4	0.8	0.20
纸箱	环保	1/20	7.00	0.30
辅料成本合计（含税）：				4.50

款式图

加工成本（元）	
车花加工费	0.30
车间加工费	6.50
洗水加工费	4.50
后整加工费	1.50
印花加工费	0
绣花加工费	0
加工成本合计（含税）：	12.8

交易成本（元）		总成本/元	
厂租设备折旧与损耗	2.00	面料成本（1）	21.60
商检+运费+关税	1（FOB）	辅料成本（2）	4.50
利润15%	5.80	加工成本（3）	12.80
税金5%	2.00	交易成本（4）	10.80
交易成本合计（含税）：	10.80	总报价（元）	49.70

注 厂租设备折旧与损耗大约为5%。

6. 成本估价分析

报价单完成后，业务员应逐字逐行进行审核，检查有无差错或不合理的价格。然后将目标报价与工厂报价作比较，衡量各工厂的报价差距，分析其利润空间是否合理。综合各加工厂的报价，确定一个合理的价格。如果差距较大，可与工厂协商，使价格接近公司的目标价。

7. 批签报价表

确定最终的报价表，再交给总经理审核批签后，方能对外报价。

境外一般要显示双方货币的成本价，如人民币换算成美元或欧元。报价表后需注明："以上价格未计利润""税前价格"或"以上报价未计珠石贴边"等细节资料。

扫描"教学资源"编号2-2二维码可见"报价表及合同范本（英文版）"。

8. 报盘与商议

向客户提供发出报盘资料，主要流程如下：

（1）**发出报价、样衣等订单资料**：资料寄给客户后，应查阅物流情况，确认客户收到样品后，应立即主动联系客户，非常有礼貌地询问客户对样品的评价，以及下单的意愿。

（2）**接收客户反馈信息**：细致翻阅客户的最新要求和真实想法，寻求成功下单的对策。

（3）**复盘协商与调整价格**：一张新订单的成功开发，一般需要经过2～4轮的报盘协商。与客户反复协商产品价格，直至成功签订。如果客户仍然觉得价格太高，可设法降低经营成本或物料成本，调整价格，促成订单的签署。

（4）**签订销售合同**。

报价工作流程如图2-6所示。

9. 报价注意事项

（1）报价时，需根据产品款式、数量及不同的客户标准进行报价。

（2）签订合同时，必须付款方确定是预付款还是月结账户。

（3）收到客户的付款方式确认批准后，才开始验厂。

（4）清晰列明订单报价的明细和验厂时要用多少天的依据，可以方便沟通。

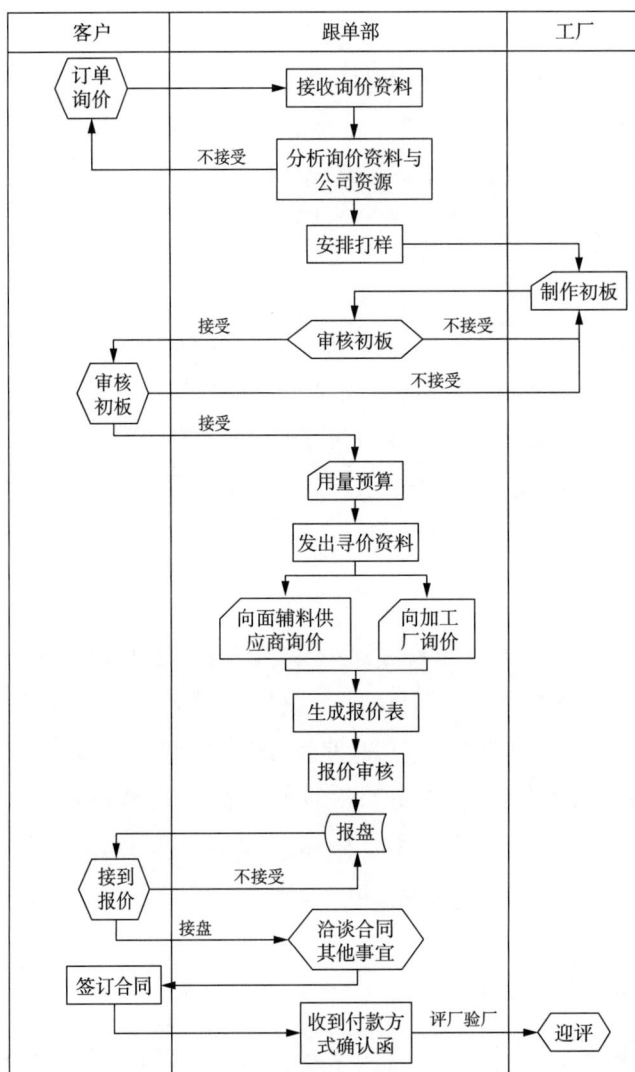

图2-6　报价工作流程

五、价格调整方法

　　卖方合理的报价是提高接单成功率的关键。而买卖双方都会有自己的目标价格，卖方会争取更高的收益，买方则力求低价成交，希望获得性价比更高的产品。若卖方的目标价格定得太高，容易失去成交的机会；定得太低，则经营效益无法保障。因此报价时，企业应充分考虑市场的实际情况，根据客户的需求和可接受的心理价格，秉着互惠互利、合作共赢的目标，给出合理的报价。

　　为了能在保持利润不变的前提下降低产品报价，提高产品价格的竞争力，可从以下几个项目调整价格。

1. 降低物料价格

（1）**争取低价采购物料**：与供应商长期合作，保证物料供应价格优惠和稳定；集中物料批量采购，以便获取更高的采购折扣；面料产地、面料成分的选择都会影响报价，联络足够数量的供应商，货比三家，以便"磋商"有力、降价"合理"，尽量选用成本较低的面料；开发产品时，尽量选用同一种辅料，降低配料的采购成本。

（2）**尽量节省物料的用量**：运用纸样工程，改变款式或规格，调整尺码表，从而节省面料；使用计算机排版，尽量降低裁剪损耗；精确物料预算，减少生产损耗；加强产前品质控制，减少次品，降低返修的物料损耗；剩余物料及时返仓回收，方便急单再利用，或转为它用或集中变卖，以防浪费。

2. 降低加工费

（1）评核加工厂，尽量选择人工成本较低且质量有保障的加工厂。

（2）通过流程优化、工艺分析与动作操作，指导加工厂简化工序流程，降低生产工艺难度，从而提高生产效益。

（3）根据服装的款式特点，尽量使用模板等辅助工具，既能提高效率又能确保品质。

（4）外发偏远地区，降低加工费，但需衡量额外增加的运费和时间能否接受。

3. 降低厂租及运营费

（1）培训业务员专业综合能力，提高接单能力，增加订单数量，从而降低厂租。

（2）激励士气，增产提效，从而降低运营费。

（3）加速设备运转率，提高产出，降低设备折旧费。

4. 提高利润

（1）单量大的订单给予更优惠的折扣，以此吸引客户多下单，提高利润。

（2）平衡生产能力，敢于接款式难、品质要求高的订单。但要考虑能否达到客户的品质要求。

（3）接单成功后，由工程部或IE（Industrial Engineer，工业工程）部细致分析工艺特点，尽量降低款式难度。如果修改部分涉及外观效果，必须获得客户的确认。

（4）由于客供料的订单利润比较低，所以应设法洽谈包工包料的订单。

（5）解释报价项目细则，说服客户提高购买价。

（6）鼓励淡季下单者提供优惠政策，可以维持厂租及日常运作、减少工人流失，同时还能减少旺季的生产压力，降低旺季加班的额外开支。

5. 其他

（1）按时交货，以此缩短付款期，降低尾款收取风险。

（2）客户要求不一样的订单，尽量固定排给不同的生产线负责，减少产前的磨合期。

（3）如果由于特殊的款式而需要购买特种设备，可与客户合资购买，此法既可减低成本，又能吸引客户长期下单。

（4）出口贸易中，要注意客人对产地及绿色壁垒的限制条件，尽量选择关税配额限制少的面料，如麻、棉面料，以免增加后续的成本。

（5）如果价格实在无法再作让步，可以增加服装商品的交易价值，如给客户提供充分的品质保证、免费的运输或其他服务，满足客人的特殊需求。

六、报价技巧

在商业洽谈中，价格、交货期、付款方式及保证条件是谈判的主要内容，而谈判的焦点是价格因素，所以报价是其中不可或缺的环节。合作性谈判，达到共赢是最理想的结果。但是谈判时，天平依然会偏向另一方。要想获得天平的倾斜又能顺利拿到订单，就需懂一些报价的技巧。

（1）报价前，一方面要考虑客户的盈利空间，另一方面需熟悉自己产品的生产成本和在市场中的质量档次。如果市场行情低迷，为了抢下订单，就需报出最低价。

（2）报价要快而准。报价一定要快速，回复客户也要尽快完成。尤其是对刚接触的潜在客户，一旦报价速度慢了，机会可能就会拱手让人。同时要注意邮件的措辞和报价的质量。不能报价后发现算错了再去更改报价单，这只会让客户觉得你不可靠、不专业。

（3）报价表即价格清单，主要用于供应商给客户的报价。有特殊情况时，需在报价单中备注说明，如有需要报关的进口物料，可标注"12个工作日""需7天报关"等。

（4）与新客户打交道时，让客户了解清楚自己的情况非常重要，如请他们看样衣、参观加工厂等，让他们了解我们的运作程序，以及货期、质量的保障系统，以提高客户下单的信心和决心。

（5）价格术语是报价的核心内容。采用哪种价格术语实际上就决定了买卖双方的责权与利润的划分，所以报价单前，要充分了解各种价格术语的真正内涵并认真选择，然后根据客户的要求，选择合适的价格术语进行报价。

（6）如果和一个竞争型的人洽谈，合作型的人会处于劣势，所以必须表现得比他更有竞争意识、更强硬。

（7）一般由商业磋商的发起者先报价，投标者与招标者之间应由投标者先报，卖方与买方之间应由卖方先报。先报价是把谈判限定在一定的框架内，能先行影响、制约对方，但会使对方与心中的价格作比较和调整。如果已准备充分，而且知己知彼，就要争取先报价。切勿出现"对方先出价，我们再还价"的被动局面。如果对方是谈判高手，就要沉住气，不要先报价，要从对方的报价中获取信息，及时修正自己的报价。如果对方是外行，你要争取先报价，力争牵制对方（但先报价者不能漫天要价，否则对方会不屑于谈判）。如果对方是新人，可试探对方心目中的价格，因为对方有可能会报出比期望值还高的价格。

（8）对于还不清楚价格行情的新客户，或是习惯讨价还价的老客户，可报出稍高的价格，预留出一定的砍价空间。对于非常清楚产品价格并能从其他渠道购买的老客户，则应在不亏本的前提下，以尽量低的价格促成交易。

（9）设法让客户接受高价的技巧。

①最好先协商其他交易条件，沟通充分后再报价。一旦报价就可以直接转入签约，减少了讨价还价的因素和时间。而且前期沟通中，客户需求已明确，产品优缺点也都非常清楚后再报价，则这些因素都不会再成为降价的理由。

②客户觉得价格高是难以达成交易的重要原因之一。洽谈前，可以先谈尺寸、谈包装需要注意的问题，并重点列出产品与同行相比的优势性能，尽量避免介绍大众化的功能。同时与报价比我们低的产品相比较，包括客户的使用情况、使用后的客户反映，以及博览会上专家对我们产品的高度评价等，以此突出自己产品的优势。这样可以淡化单纯的价格论，转移焦点，也为后面的提价做铺垫。这种既宣传了自己的产品，回避了正面被点破的危险，又从侧面说明了报价偏高的理由，潜移默化地说服客户接受产品的高价。

③分解费用，报出均摊单位耗用量的价格。先强调产品与众不同的款式、质量效果、超长的使用寿命或超值的售后服务，再将价格均摊在每天、每周、每小时，这样报价可使对方更易接受，避免与客户争论价格。

④报零头价不报整数价。一是价格越具体，越容易让客户相信定价的精确性；二是可以将零头作为"让利"筹码，给客户讨价还价的空间。

⑤尽量报单件的价格，而不是一批的价格。因为一批的价格数较大，容易给人留下高价的印象。而且不易换算成单价，增添对方的麻烦。

总之，价格磋商是一个战略性沟通的过程，必须很好地控制报价的"度"，有效地解决冲突，而不是无止境地压价导致谈判崩溃。

扫描"教学资源"编号2-3二维码可见"服装供货合同范本（中文版）"。

【案例分析五】巧妙报价赢得订单

一家外贸服装公司接到一个客户要报FOB价，但没有给出订单的数量。负责任的跟单员想假设一个订单数给客户作FOB报价，但是老板坚持不让报FOB价，他说："如果客户实际订单量比假设的数量少，公司就会亏损。不是所有客户的要求我们都要回应。"

思考：请问此时跟单员应如何处理？

分析与建议：

1.在沟通中获取信息。可询问客户"计划一年采购多少本司的产品？""贵司一年的产值是多少？""您会参加国外会展吗？""有没有在中国拿过货？""主要在哪里拿货？"……从侧面了解客户公司的规模、实力以及喜好等，以便有针对性地向客户提供必要的服务。

2.老板不肯报FOB价，那可以报EXW❶或CIP价，并告知客户相关的报关手续和费用事宜。

3.报价方法。

（1）先按最小起订量报价，注明是EXW还是CIP价格。客户如果索要优惠，则可以要求增加订单数量。

（2）分区间、分数量，按区间报浮动价格区间。

七、报价注意事项

报价工作的质量评价标准，是工厂满意、客户接受、公司目标利润得到保证，并最终能实现按质、按量、准时交货。为使报价工作有效及时，报价时应注意以下几点：

1. 报价需共赢

通过分析客户、竞争对手、自身等综合因素，在合理成本的基础上，加上合理的利润，确定出合理的报价。

要提高报价工作的效率与成功率，必须考虑客户、加工厂和贸易公司都具有合理利润空间的报价。过高的报价对客户没有吸引力，也不可为了争取客户而报价过低，影响企业的收益。因此，要结合自身的成本控制情况，充分掌握生产和销售的市场行情，分析潜在竞争对手的优势，在合理利润的基础上准确报价，达到三方共赢。

2. 低价需合理

合理低价并不是让企业无限制地进行低价竞争，因为无序的竞争势必会极大地降低企业的信誉度，致使社会对企业的综合实力产生怀疑。所以与同行的竞标价格并不是越低越好，而应根据自身优势，科学合理地测算出适当的低价。

3. 完善合同保障条款

清楚罗列有保护作用的磋商条件，规范合同范本，对于不按合同履行付款等合同条款者，可通过合理索赔，取得合法权益保护。例如，客户如果逾期提取货物者，需向企业偿付保管费和违约金；如果超过合同规定日期付款，需向企业偿付利息和违约金。

4. 报价后的跟进

报价后要及时跟进客户的反应。报价后，客户短时间内做出反应，说明报价已引起客

---

❶ EXW是离仓价，卖方在自己所在地或指定的工场、仓库交货，不办理出口清关手续，也不负责货物运输。风险转移给买方，出口税由买方承担。EXW=产品出厂单价（其余均不包含）。

户的关注，业务跟单员应及时跟进。如果客户长时间没有反应，应主动联系客户，针对客户需求尽快调整方案，争取尽快下单。如果客户流失，应总结分析，找出原因并加以改进，以提高竞争力。

5. 特殊要求

如果个别客户提出佣金要求，业务跟单员切勿擅自主张，以免自毁前程，应尽快向部门经理如实汇报，由经理决定。

【案例分析六】弹性报价才能获得商机

在一公开招标项目中，参与应标的企业有两次报价机会。DP企业的业务员遵照公司惯常20%的盈利空间，按"单价＝成本＋利润"的形式，根据该款成衣15元/件的成本，第一次报价时报出了18元/件的价格，即报价＝15+15×20%=18（元）。在竞争对手报出16.5元的价格后，该业务员第二次报价时竟然不知所措，致使这个项目流标。

分析：固定利润的报价方式，不利于招投标的弹性报价，容易导致流标。有时，减少盈利空间获得订单比无所事事更重要。

如果该业务员在第一次报价了解到竞争对手的报价后，以专业角度审查成本能否降至最低，即以"利润＝报价–成本"的形式，在利润可接受范围内进行报价：

当成本降至14元，利润降至17元时：

报价＝成本＋利润＝14+14×17%=16.38（元）

当成本降至13.5元，利润降至16.5元时：

报价＝成本＋利润＝13.5+13.5×16.5%=15.73（元）

灵活、有弹性的报价策略是与客户打交道的首要原则。例如，对进口服装商报价和向大卖场服装商报价也应有所不同。只有适时审度，随机应变，才能获得商机。

【案例分析七】签合同后的加价策略

某贸易公司跟某客户邮件往来多次后，确定了设计稿。公司总经理给出报价后，很快就确定了PI发票❶，一个星期后收到客户的定金。该订单总额2万多美元，能这么快速付款的客户并不多，而且听说这个客户在当地机场有几家中等规模的店面，是个不错的买家。

此后，业务跟单员开始着手做生产排单和工艺单，然后给生产部经理和总经理签字。总经理细看才发觉有一款产品的码数太小，感觉不是客户要的类型。业务跟单员只能重新跟客户确认尺寸。而在PI上，这款恰好没有写清楚尺码。

这款尺码改大后，价格变动，客户要多付人民币1100元。经与客户协商，加价成功。

---

❶ PI发票：Proforma Invoice，又称形式发票、估价发票、试算发票、备考货单，可告知客户所购买的产品特点、数量、单价以及总值；客户可用于办理申请开立信用证或其他付款方式的单据。

业务跟单员马上修改生产排单和工艺单后传给各部门。

第二天，采购员发来消息："尺码变大，产品要加价，否则做不了。"

跟单员重新翻看了给客户的 PI 发票和设计稿，马上找总经理汇报。总经理说："我当时没有细看尺寸。现在我马上重新算一下价格。"其实，当时怕算错价格，跟单员还专门发了带有尺寸的设计稿给老板。结果因为总经理的疏忽，又要变动价格。跟单员心想："这该如何跟客户解释？改了又改，也显得我太不专业了，以后客户还怎么信任我。"

若客户因二次加价说要考虑取消订单怎么办？这个问题确实很棘手，处理不好，单子签不下来，客户也会流失。

思考：有哪些办法可以处理这次事件？

分析与建议：

方法1：为了维护客户，这款价格不变动，争取客户回单，下次挣回来，仔细算来还不会亏，只是少挣点。

方法2：对摊。由于自己公司的失误，公司与客户对摊一半的费用，毕竟形式发票已经确认了，也付了定金。

方法3：取消这款型号的产品。

方法4：巧妙谈判，照常加价。

（1）分析客户心理：第一次涨价客户爽快答应，如果第二次邮件也没有强烈反对，就可断定加价对方反应不大；同类产品我们最优，其他商家无法比拟；定金已经在本司手中，占有主动权；短时间内找不到满意的商家洽谈。

（2）良性沟通：获取同情；赞美对方；列明加价明细，把要增加的费用列清楚，事先与总经理商量，不可自己做主张；分析市场行情，与其他商家同类产品的价格、质量做对比，给客户分析本公司产品的优势所在。

以上信息分析完毕后给客户发封邮件，实话实说，告知客户是报价部门的疏忽（忘记看尺寸），报错了价格。诚意抱歉的同时，请求再加一次价格。

第四节　加工厂评审

贸易公司选择和评审服装加工厂的生产技术、生产质量和生产能力，不仅要衡量加工成本对总体报价的影响，还要评估工厂的产能是否能按客户的款式、质量、交期等要求完成订单生产。客户也会对工厂进行评审，目的是判断服装贸易公司所组织的生产资源能否达到订单标准。

一、评审认证体系

评厂验厂的标准已经成为社会责任国际认证体系。通过不断完善各种体系认证，可以监督和促进生产企业的社会责任。常见的认证体系有：

1. BSCI认证

BSCI（Business Social Compliance Initiative），商业社会行为规范标准。BSCI总部设在比利时布鲁塞尔，是由欧洲对外贸易协会（FTA）发起，是为欧洲商界遵守社会责任计划制定出的执行措施和程序，制定了以劳工公约为基础的行为守则和监督体系，目的是运用BSCI监督系统解决发展中国家生产企业的人权状况，改善生产企业工作条件的社会责任标准。

自愿加入BSCI组织的企业，须自觉遵守《BSCI行为守则》，并通过不断完善发展，来监控和促进生产企业的社会责任表现。通过BSCI认证审核的企业，BSCI认证委员会提供一份具有法律效力的授权书，并要求至少三年复审一次。目前许多欧洲品牌及零售商均认可BSCI认证。我国出口到欧洲的服装企业都会做BSCI认证。

BSCI认可的审核机构有SGS、ITS、BV、STR、HKQAA、DNV、TUV等。

2. WRAP认证

WRAP（Worldwide Responsible Apparel Production），负责任的全球成衣制造。WRAP是由环球服装生产社会责任组织制定，目的是改善世界各地服装生产企业的工作场所和人权状况，保证产品在合法、人性化和符合伦理的条件下生产。支持的买家大多是美国服装品牌商和采购商。我国出口到美国的服装企业均会做WRAP验厂。

WRAP认可的第三方机构有BV、ALGI、UL、SGS、CTI、BCI等。

3. SA8000认证

SA8000（Social Accountability 8000），社会责任标准。SA8000是根据《国际劳工公约》《世界人权宣言》和联合国《儿童权益公约》制定的全球首个道德规范国际标准，宗旨是确保供应商所供应的产品符合社会责任标准，保护人类基本权益。

SA8000只有一个国际统一认证机构，即SAI（Social Accountability International，社会责任国际）。

二、评审项目

评审加工厂主要包括保障人权与守法状况、品质与生产管理状况两大内容。

1. 保障人权与守法状况

保障人权与守法状况，是评审加工厂遵守所在国家和地区法律、法规、保障人权的情况。评估项目包括劳动法、劳动保护、环境保护、工会和结社自由、反歧视等。

（1）**劳动法。**

①禁止强迫性劳动：需提交工卡，检查员工每周/每天的工作时间。

②禁止雇佣童工：需提交所有员工的人事记录（包括相片及身份证复印件），尤其是年龄最小的职工资料。

③禁止各种形式的骚扰、虐待和体罚。

④雇员工资应高于当地最低生活保障：需提交职工的最低工资。

⑤加班天数应在国家法律规定以内，并按国家法律规定支付加班费。需提供近3个月所有员工的工资记录、所有员工的工卡记录。

⑥禁止各种形式的歧视，包括性别歧视、孕期歧视、年龄歧视、地域歧视等；

⑦供应商必须遵守所在国家的劳动法规。

（2）**劳动保护。**

劳动保护包括安全防范与卫生健康，加工企业必须遵守所在国的劳动保护法规以外，还需评审观测以下内容：

①水电设施评审：供电和供水是否有困难；工厂有无用电保护；车间内的温湿度可否调节等。

②消防安全设施评审：有效的消防设备及逃生防护设备；灭火器有效期及配置数量；车间烟雾探测报警器；紧急疏散指示灯及应急照明灯；每层楼都有不上锁的紧急逃生出口；有清晰的紧急疏散指引或告示；易燃易爆品存放安全，有警告标示与安全操作规程；通道保持畅通；锅炉等危险设备定期检测与维修；定期的消防训练，需提交最近6个月的消防演习记录；受标准培训的消防员人数；受急救训练的人数，每100人配备2名；最近12个月消防部门颁发的消防审核登记书或检查意见书等。

③工作环境评审：工厂建筑结构及面积，必要及合适的工作空间；工厂噪声，需低于90分贝，否则需向工人免费提供护耳罩等防护设备；干净及通风的工作环境；工厂清洁卫生；必要的灯光；人均厕所数量，每25～35人一个；必要的医务人员；急救药箱，每个楼层备有1个；最近6个月的工伤意外记录等。

④生活环境评审：职工住宿条件；集体宿舍环境；通风及保温；生活空间，每人4.6平方米；人均厕所数量，每10～12人一个；独立淋浴间，每10～12人一个；房间烟雾探测报警器；灭火器，符合当地消防规定；每层楼两端的紧急逃生出口等内容。

（3）**环境保护：**包括环保法规，加工企业除了必须遵守所在国家和地区的环境保护法规以外，还需评审：生产及排污是否符合当地环保法规要求；有环境保护的措施和制度，包括噪音、粉尘等处理措施；有效的污水处理设施和排污处理方法；有毒废物的有效处理方法；有效避免或降低有毒气体等。

2. 品质与生产管理状况

品质与生产管理状况包括工厂的生产、技术、质量、培训等八个方面的内容。

（1）**工作环境的安全防范与卫生健康**：安全的工作环境状况，如有无疏散通道、安全门、消防等；工人健康和保证品质的工作环境状况：有无工作区域的照明、水电等。

（2）**产品类型**：工厂适合或习惯生产何种类型的产品。

（3）**面料的控制和裁剪**：评估工厂对面辅料的品质管理水平，及裁剪品质管理水平。

（4）**品质管理**。

①质量管理计划评审：需提供企业行政组织架构、生产质量管理条例、生产质量检验标准与方法、质量不良事故记录、疵点百分率记录、随机抽样检验工作制度等。

②质量控制评审：需提供各缸差记录、色卡记录、抽查报告、中查/尾查质量报告、洗水报告、质量总监与QC❶人员的占比、尺寸测量记录、新手训练计划、质量管理培训计划、疵点回修记录、整烫外观及起皱的检验、缩率与色牢度测试报告、QC激励措施等。

③面料质量管理评审：包括铺布前的面料抽查比例、色差抽检比例、工厂对色差的限定程度、对色差面料的裁剪控制方法、检测色差的灯箱及光源、面料仓储设施条件等。

④裁剪质量管理评审：包括物料抽查报告、裁片/织片抽查报告、铺布方法、裁床数量及长度、铺布设备、纸样质量检查等。

⑤车缝质量管理评审：包括车缝设备、车间人数（包括车位人数、熟练/不熟练工人数、QC人数、技术指导人数、机修人数、检验员人数）、车间照明（车缝区域500 lx、检验区域750lx、整理和包装区域500lx）、机器干净无油污、每天车缝张力和针距检查、应用辅助小工具记录、现场机修工人数配比、缝纫管理制度、断针回收及记录、车缝设备对批量生产的适应性、生产进度检查、半制品周转箱使用情况、现场随机抽样检验实物质量状况等。

（5）**设备与维护**。

①设备配置评审：需提供所有设备的文件清单、各种缝制设备的数量、自动剪线/特种设备的比例等。

②设备维护评审：需提供机械维护保养计划书、缝纫机等设备定期检测、故障维修记录、配件更换记录、设备平均使用年限、设备对产品生产的适应性等。

（6）**生产计划与控制**。

①生产计划评审：需提供生产排期表（未来6个月的接单明细表）、未来1个月的生产计划预排表（显示车间/组别/开机/缝合/整烫/包装等主要部门的计划完成日期）。

②生产控制评审：需提供各部门的生产日报表、有显示货期的每周生产进度统计表、

---

❶ QC：品质控制（Quality Control），是为达到品质要求所采取的作业技术和活动。

生产新款时的生产前会议记录等控制文件。

（7）**产地来源**：通过各种生产文件，检查某些特定工序是否在当地完成，以此判断订单产品的产地来源（C/O，Certificate of Original）。需要提交的文件有：

①最近3个月外发加工的有关记录文件：外发加工单（OPA，Outward Processing Arrangement）、出口证和入口证、运输单、生产通知单。

②产品工序表/生产工艺制作单、工人工序记录单、生产日报表、工人工资表、工人上下班记录卡。

③原产地或单一产地声明书、业务文件（发票、装箱单、配额证书、产地来源证书、提货单及出口证）、厂牌及各设备表、客户订单合同及银行信用证等。

（8）**厂房安保**。

①物料出入仓记录、成品出入仓记录、危险品出入仓记录、货物出入仓的重量详细记录、出入仓货品不符时的报告制度、厂内入集装箱的清单。

②访客出入记录、员工离职时上交钥匙或密码的记录、员工面试记录。

③保安每日巡厂安检记录、违法行为的举报制度、警报器的每月测试记录。

④工厂保安制度及常规培训、专项培训记录等。

三、认证对工厂的好处

一个对社会负责任的工厂，可以在商业经营中获益。认证体系对企业的好处包括：

减少不同的客户在不同时间来验厂的次数，避免重复审核的成本、时间及管理；提升企业内部的管理系统；改善与员工的关系，员工的忠诚度及工作效率也得到提高；提高企业的生产力，从而提高利润；降低潜在的商业风险比如工伤、工亡；防止订单流失；减少法律诉讼；吸引更多高素质人才；使消费者对产品建立正面情感；稳固与采购商的合作；拓宽新市场，为长期的发展奠定坚实的基础；赢得公众的信赖，提升企业的形象及声誉，从而获得市场优势。

四、迎评准备

（1）了解查厂验厂的项目，清楚评审的机构（贸易公司、客户或第三方认证机构）与要求。

（2）总结以往查厂的经验与技巧，对标最新评审标准，查找自身问题，一一整改。

（3）评审有无相关的政策法规备案时，需提供新版本的地方或国家劳动法规文本、最新版本的地方或国家健康卫生及工业安全条例、最新版本的地方或国家环保法规文本。评审有无执行相关的政策法规时，需提交完整的工时及工资记录。

（4）召开全员动员会，让所有人都清楚认证的重要性，加强配合，并做好访谈的准备工作；做好接待的礼仪培训，以及所有会务准备、接洽前的准备工作。

五、认证流程

向相关认证机构递交申请表格和交付费用；认证机构向工厂提供自我评鉴及监察手册；选择一间指定的评审机构做评审；评审机构实地评鉴；向认证机构提交评鉴结果摘要；认证机构依据评审报告判定工厂是否合格；给合格工厂颁发证书。

扫描"教学资源"编号2-4二维码可见"工厂评审报告（英文版）"。

【实践训练一】申请BSCI认证，需准备哪些文件

（1）公司性质、公司名称、公司成立年份的正式文件副本。

（2）有效的营业执照以及进行操作、运行机器的所有必要的正式批准。

（3）客户记录单和生产部门记录单。

（4）有关公司员工结构的数字列表。

（5）公司的财政数字。

（6）管理体系和社会/行为守则审核的有效认证列表，代表的其他组织，这些体系和审核在公司中已经进行，审核报告副本列表。

（7）高级管理人员在公司中职责的文件证据，实施BSCI行为守则符合性以及检查的操作标准的文件证据。

（8）计算遵守最低社会要求所必需的财力、人力情况。

（9）书面形式的费用计算。

（10）书面形式的计划生产能力。

（11）对员工进行BSCI行为守则培训的文件证据。

（12）记录对可能会出现的危险来源的检查结果，以及所采取的纠正行动（安全评估）。

（13）所有员工的个人资料档案。

（14）分包商列表，包括生产部门名称和地址。

（15）对分包商遵守BSCI行为守则作出承诺的书面声明。

（16）分包商工厂中社会绩效持续改进的证明。

（17）书面形式的公司社会方针。

（18）书面形式的工作规则。

（19）证明水是饮用水的文件。

（20）工作时间记录系统。

（21）关于员工所有津贴的文件证据，附带备注说明这些津贴是国家强制性的还是自愿

性的。

（22）行业中规定的工作时间以及此信息来源的文件证据。

（23）公司规定正常工作时间、轮班、多班工作、休息以及假期的文件证据。

（24）法定/行业最低工资水平以及此信息来源的文件证据。

（25）员工工资条以及工资支付证明。

（26）证明社会保险金交税的支付文件。

（27）工资单以及工资计算情况，包括计件工人输出记录，包括工资和扣除的所有方面。

（28）孕妇和产妇津贴的发放记录。

（29）固定计件费率的计算文件（计时工资不需提供）。

（30）每个计件工人的生产数量记录（计时工资不需提供）。

（31）违反工作规则以及采取的纪律措施的文件证据。

（32）雇用合同/保安人员的服务合同（如果聘用了保安人员）。

（33）会议时间以及与员工代表达成的书面协议。

（34）员工投诉记录以及处理投诉所采取的措施及方式。

（35）员工宿舍的安全证明文件（防护、卫生等）。

（36）室温、噪音以及照明的检查文件。

（37）急救培训学员列表，包括学员姓名、职位以及培训日期。

（38）事故次数记录，包括事故发生原因、事故类型、发生日期、损失情况并说明受伤人员。

（39）进行安全卫生培训的文件证明（疏散训练和消防训练）包括学员姓名以及培训日期。

（40）化学物品收条、使用、退回以及处理记录（包括出示物质安全数据单——MSDS）。

（41）工作对象为电力装置员工的上岗合格证明。

（42）电梯、危险机器、电力设备的检查报告以及维护记录。

（43）机器、工作场所以及高压设备（如果有）的操作说明书和安全说明书。

（44）消防设备的检查报告以及维护记录（如消防设备上的检查标签）。

（45）医疗人员资格证书。

【实践训练二】

以4人为一小组，分组讨论：判断客户询盘真诚度的方法有哪些？

扫描"教学资源"编号2-5二维码可见。

【实践训练三】

某企业投资额为300万元，预期收益率为15%，预计产量为20万件，企业年固定成本消耗为50万元，单位变动成本为12元。请问单位产品售价报出多少才能实现预期投资收益？

【实践训练四】

请根据下面的询价内容，草拟一份英文报价的回信。商务报价与磋商（英文版）

Dear Mr. Green,

We lean from VLA Corporation that you are producing and exporting Women Fashion. We are going buy large quantities of garments in all type. We will appreciate if you could supply some samples and your price list to us.

We used to purchase these products from other exporters. Since we know that you could supply larger quantities at more attractive prices, we tend to buy from your company. Besides, we have confidence in the quality of your products.

We look forward to your reply.

Sincerely yours,

Amy

Import Manager

Fashion Company

亲爱的格林先生：

我们从VLA公司获悉，贵公司生产并出口女士时装。本公司有意大量购买各型号的成衣。如果贵方能够提供一些样品和报价单，我们将不胜感激。

本公司一向从其他出口商那里购买此等商品，自从得知贵公司能够以更加吸引人的价格提供大批量货物，我方欲从贵公司购买这批商品。此外，我方对贵公司的货品质量很有信心。

期待您的回复。

您真诚的

机械公司

进口部经理艾米　谨上

更多"商务报价与磋商"可扫描"教学资源"编号2-6二维码了解。

【实践训练五】

请以一款单量1000件的衬衫为例，参考表2-2、表2-9等资料，给该成衣做详细的生产用量预算和生产报价。

第三章

订单资料跟单

订单资料包括合同资料、客户资料、订单采购、加工与货运物流等资料，是订单跟进工作的重要依据，其准确性和详细程度直接影响到跟单工作的成效。做好订单资料的管理，能有效防范订单的经营风险，减少生产问题的发生，确保订单生产顺利完成。

【开篇引例】

一天，××服装贸易公司的资料跟单员小范收到AH客户要求更改订单资料的通知。由于该单货期比较长，小范将更改通知搁在办公桌上，继续忙碌其他紧急的订单处理工作。三天后翻查跟单记录时，猛然想起那份不知在何处的传真文件。而此时他的办公桌上堆满了密密麻麻的文件夹、资料袋以及面辅料色卡等各种各样的资料。为了找到这份传真，他把整个办公桌翻了个底朝天，急得满头大汗。

思　　考｜资料跟单员要养成怎样的工作习惯，才能更好地做好订单的跟进工作？

提　　示｜资料跟单注意事项

第一节　合同资料管理

合同，是订单资料中唯一一份具有法律约束力的正规文件，是服装企业开展生产经营的重要依据，关系到企业的经济效益和社会信誉。认真做好订单合同资料的收集、评审、修订、存档与发放工作，能确保订单生产顺利进行，保障和提高企业经营效益，促进企业经营管理水平不断提高。主要工作内容如下：

一、合同资料的收集

1. 资料的收集

企业与客户签订合同后，跟单员应尽快收齐所有合同资料，主要包括：合同的正本、副本、补充协议、报盘还盘资料、修订要求等。

2. 分类与编号

合同资料收集完毕，需对合同资料进行整理、分类和编号，然后录入"合同信息管理系统"中，以便后续翻阅查找。

此外，还需按照合同编号编制出核准板编号和生产通知单编号，以便编排裁剪工票号码。追加的翻单通常沿用以前的订单编号。

二、合同资料的评审

合同资料评审是服装企业在订单生产开始前，对合同中所有工艺细节的操作可行性、生产难度、生产周期，以及市场变化对订单生产、交易成本的影响等做进一步的审核，遇到差异较大的条款或疑问须及时与客户沟通，达成一致协定，减少后续生产问题的产生。

合同资料的评审与修订须在一周内完成，具体工作内容如下：

1. 下载合同资料

资料跟单员根据合同编号，从合同信息管理系统中下载合同评审表及相关数据，用于合同的评审工作。

2. 确定物料清单

合同评审前，必须先确认物料清单（BOM）❶里的所有数据资料，才能最终确定服装价格、生产排期和交货期。

为防止在物料清单确定前就开展合同评审，可以在计算机系统中设定：若物料清单没确定，则无法输入服装代码进行合同评审。如果系统中修改了物料清单内的资料，则服装代码会被取消而处于未确认的状态，直至物料清单被再次确认，才能进入下一阶段的合同评审工作。

3. 合同评审

根据订单合同评审表和相关数据，对合同资料做全面审核。合同资料评审中要特别注意以下五项内容：

---

❶ 物料清单（Bill of Materials，简称BOM）：以数据格式描述产品主要原料、辅助材料及其配方和所需。

（1）**生产能力**：衡量工厂现有资源与能力负荷是否足够，能否满足客户的需求和订单生产的需要。工厂资源包括人力资源、生产硬件资源和生产软件资源。人力资源是指满足订单执行过程所涉及的操作工人人数、技术力量、管理水平；生产硬件资源包括厂房、设备等；生产软件资源包括企业的生产力水平、质量、交货期、价格、可提供的品种类别及服务等。

（2）**生产难度**：审核客供资料和工厂自制样板有无差异、生产工艺的可行性与技术水平有无差异，核查缝道、褶皱、钉珠、绣花、洗水、熨烫、包装等生产方法、工艺操作的可行性、规格要求等，判断加工厂能否达成订单生产的质量要求，防止生产资料有偏差而影响生产。

（3）**订单数量**：复查合同的下单数量，以及订单分色分码情况，以便后续部门能正确预算成本、计算面辅料及包装物料的采购量，准确编排生产计划与船期表。

（4）**交易成本**：订单成本预算由物料部、生产部、成本会计、物流部共同完成。根据原材料市场价格和生产成本的变化，复查服装订单的发盘价❶与合同价格的差异，疑点列入报价手册中。计算公式：

发盘价＝直接成本（面辅料及其他物料）＋加工成本（缝制、外发绣花、洗水、熨烫、包装等）＋固定成本（水、电、气、设备折旧等）＋管理成本（管理人员、跟单人员等）＋税费（含特种面料出口消费税）＋预期利润＋物流运输保险费

如果不同的颜色或不同的尺码有不同的价格，则取平均价格，计算公式：

平均价格＝（价格A×数量A＋价格B×数量B＋价格C×数量C）／（数量A＋数量B＋数量C）

价格是合同评审中需要综合考虑的因素。订单价格的复查由物料供应部、生产部、成本会计部、运输物流部共同做出预算，形成订单成本预算表（表3-1），计算出订单生产与交易的成本。审核后的发盘价：若发盘价低于合同价格，但不超过5%，属可接受范围，可维持合同定价；若发盘价低于合同价格5%～8%，属价格偏低，企业利润会受到影响；若发盘价低于合同价格8%以上，则低于公司的基本线，属不可接受的价格，需与客户或销售部门重新商议修订，以获取更合理的价格。难以接受的条款或疑问：及时与客户协商，达成一致协定。

（5）**交货期限与地点**：根据面辅料和其他物料的供应情况、样板确认情况、生产能力负荷情况、外协加工情况，以及水、电、气等供应情况，预测生产作业的进度，审查能否按期交货。同时，还需核对运输方式、船期、交货地点的安排是否有误，并计算运抵交货地点所需的时间，确保准时、准确地交货。

---

❶ 发盘价（offer price），是卖方以贸易价格向对方发盘的产品价格，无法律约束力，通常以12件／打为计量单位。报价是指确定贸易业务的货物成交价格，具有法律约束力。

表3-1 订单成本预算表

_____公司（____季）   日期：_____

订单号		客户名称		款 号			
客供号		订单数量		后整理方式			
签单日		交货期		出口地			
面料名称	价格	数量	供应商	物 料	价格	数量	供应商
主面料				拉 链			
拼接料A				针/线			
拼接料B				商 标			
袋 布				包装物料			
里 料				衬 布			
罗 纹				肩 垫			
小 计	元			小 计	元		
后整理	价 格	数 量	外协厂	其 他	金额		
绣 花				车 工			
印 花				厂 租			
洗 水				运输费			
染 色				手续费			
钉 珠							
小 计	元			小 计	元		
损 耗	%		样板费	%			
其 他			CFR/FOB				
客 价			CMT				
小 计	元		小 计	元			
币 种			汇 率		日 期		
美 元	☐						
欧 元	☐						
澳 元	☐						
加 元	☐						
日 元	☐						
港 元	☐						
总 计							

注 CMT：是来料加工的一种合作方式，即Cutting+Making+Trimming=加工费＋辅料费，由客人提供面料。

填 表：_____   复 核：_____   审核主管：_____

三、合同资料的修订

1. 合同条款的修订

评审合同时，应根据合同资料中的具体细目条款与客户磋商，及时跟进合同资料的修订。难以接受的条款或疑问：及时与客户协商，达成一致协定。

常见需要修订的合同内容主要有：订购的产品数量、发盘价、船期时间安排与物流方式、款式修改情况、成衣发货日期等项目。

（1）企业/加工厂提出修订要求：如果企业或加工厂提出更改工艺细节、提高订单价格时，应耐心咨询客户，解释清楚更改的理由，争取得到客户的理解和支持。例如，经审核发现生产时间不足，可与客户协商延长交货期，或分批交货，以维护企业信誉。

如果客户不同意修订合同资料，跟单部主管需向企业决策层报告，提出自己的意见和建议，至于能否完全按客户要求履行合同还是取消订单则交由决策层做决定。

（2）客户提出修订要求：资料跟单员应先咨询加工厂的实际生产状况能否接受修订要求，再与客户确定可修订的内容，并明确告知修改后需增加的金额和实际变更情况。

如果加工厂难以接受修订的条款，资料跟单员应尽快计算出临时变更后的交期延误情况、新增运费成本，以及变更后的外观影响等，以便与客户做进一步协商。

双方同意修订合同资料后，应由双方签订备忘录或补充协议，作为合同修订的依据，附在合同后面。

2. 修订后的审核

合同资料修订后，需再次审核修订后的所有资料，遇到表述不清或修订前后矛盾的资料时，应立即咨询客户或相关部门。例如，修订合同后的面料用量与计划订购量不符，资料跟单员应确认发盘价的修订，同时还应落实工厂或采购部有无发出采购清单。

四、合同资料的归档

1. 合同资料存档

合同资料评审完毕，资料跟单员需综合客户磋商结果与各部门的意见，整理评审结果，交给本部门主管审批。同时，需将合同信息记录表交给生产计划控制部经理签字确认。

（1）合同内容可分成两类处理：可公开的资料（如生产数量、交货期、尺码表、工艺要求、包装要求等）录入合同信息管理系统，或转成企业内部订单资料，以便随时查阅下载。合同内的客户资料、具体价格等资料需加密保存。

（2）合同资料原件须由专人归档管理，确保合同资料原件齐整、不丢失，使企业在发生经济纠纷的情况下，能拿出有效的法律依据，维护企业的合法权益。

（3）合同复印件可提供给财务、总经办、营业跟单部收款结算用。

2. 合同资料的发放

合同资料分类汇编后，及时发放合同里的订单信息给各相关部门，使相关部门的工作更有计划性，以便及早组织订单生产。例如，给生产计划控制部发送订单生产量与交货期，安排生产计划；给船务部或物流部发送订单数量、包装方式、交货期、交货地点等：安排货物运输排期表。合同价格、客户联系方式等属保密资料，切勿外传，应加密管理。同时，应控制合同内容在企业内部的扩散范围。

3. 补发修订通告

如果发放合同资料后，有订单资料需要变更，资料跟单员应将最新的修订资料交给生产计划控制部，以便尽快调整生产计划。然后及时发出正式通告给各相关部门，使订单生产按最新要求进行。

合同评审工作流程如图3-1所示。

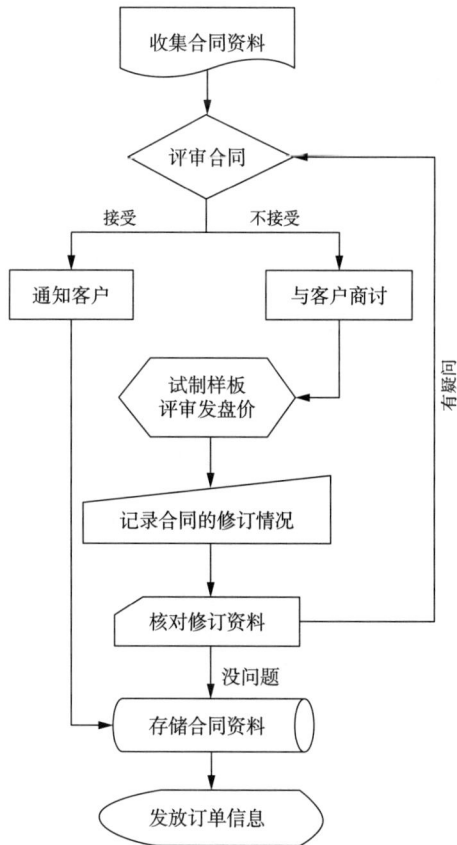

图3-1　合同评审工作流程

五、合同评审注意事项

（1）评审过程中有疑问时，须向相关部门咨询，并详细记录评审结果和相关部门的意见。

（2）如果评审发现加工厂无法满足合同要求时，应尽快敦促该加工厂改善，提高生产资源及生产能力，确保订单生产。如果工厂改善条件受限制，无法调配更多资源改善现有生产力，资料跟单员需及时向部门主管反映，或与总经理协商，重新选择合适的加工厂。

（3）经审核后的发盘价和合同资料，需交财务主管审批。

（4）如果预测到生产时间内难以完成生产任务，则需与客户协商延长交货期限，或采取分批交货的办法，维护企业的信誉。

（5）成本有变动的订单，应发一份借贷支票给客户，追加产品的发盘价。

（6）发放合同资料时严格执行签收制度，可跟踪合同资料的流向。

（7）合同原件须存档，复印件可用于日常工作。

第二节　订单资料理单

除合同资料以外，服装订单生产中涉及的服装样板、款式、尺寸、面辅料样板、工艺要求等其他资料统称为订单加工资料。订单加工资料是订单生产的唯一依据，完整准确的订单加工资料，能确保订单保质保量按时完成。

一、订单资料分类

1. 依据来源划分

根据不同的来源，订单资料可分为：

（1）外来资料，包括客供资料、外协印花/绣花资料、洗水厂资料等。

（2）内部资料，包括开拓部资料、采购部资料、生产部资料、物流部资料等。

2. 依据作用划分

根据不同的作用，订单资料可分为：

（1）确认资料，包括报价资料、确认样板等。

（2）生产资料，包括物料资料、款式资料、工艺资料等。

（3）交易资料，包括船期资料、货运资料等。

其中生产资料又分为：面料、辅料及其他物料资料（如包装材料）等；款式资料、生产样板以及工艺方法、规格要求、熨烫、折叠、包装、运输等生产与发货用资料；洗水、染色、绣花、印花等前后对比标准样板（包括颜色、规格、手感以及最终效果等样板）等后整理用资料。

3. 依据资料生成的部门划分

针对每一份订单在不同的生产阶段，从不同的部门陆续生成与订单有关的资料，主要包括：

（1）**客户或开发部提供的资料**：订单合同、款式设计图、委托加工厂或供应商信息、尺码规格、生产工艺与品质要求、面辅料报价表、色卡标准、服装样板、布板、辅料板、客户确认板与样板批注、销售委托书、信用证、客户联系方式等。

（2）**营业跟单部生成的文件**：报价资料、订单成本预算表、外协加工厂资料，批量生产面辅料及其他物料的颜色、材质、规格、型号等资料，批量生产的工艺方法、款式图样或文字描述等生产资料，后整理（洗水、染色、绣花、印花）工艺要求，熨烫、折叠、包装等要求，船期表、出口报关、报验、结算等资料。

（3）**面辅料部转入的资料**：小色板、纱样、布板或缸差板、辅料实物卡等，面辅料、包装物料供应商资料、物料报价表、面辅料用量明细表。

（4）**加工厂或驻厂QC转入的资料**：生产排期表，包装清单，报价确认单，质检方法与标准，后整理加工厂信息，洗水、染色、绣花、印花板等前后对比标准样板（包括颜色、规格、手感以及最终效果等样板），检查报告，入库汇总表，出货汇总表等。

（5）**船务部提供的文件**：货物运输安排表、多国申报单、商务发票或发货单等。

二、订单资料理单流程

订单资料跟单员又称"理单员"，隶属于资料跟单部。理单员接收到所有订单资料后，必须进行分类和整理，为订单生产提供清晰的指引。具体理单工作包括：

1. 合同资料的交接

合同签订以后，业务跟单员会将所有订单资料，包括生产文件及样板实物等，一起转交给资料跟单员。小型企业通常会交由生产跟单员负责。订单交接需提供的资料主要包括：客供原板或确认板；面料板、辅料卡、工厂报价；面辅料采购信息及采购合同；工艺要求与尺码表；指定的加工厂、面辅料供应商信息；加工合同、采购合同；需客户进一步确认的大货面料色板、手感板、辅料板等资料；客户对生产工艺的修改意见等信息。

2. 订单号的编制

理单员接到订单的第一份资料后，应及时编写一个订单编号，以简化查档工作。不同的服装企业都有各自的编制方法。例如，NB-06Q1-M-T订单编码中，NB是客户的英文或拼音简称，06是客户下订单次数，Q1是年度中第一季度的订单，也可用季度的简称表示，M（或W）是指订单款式是男装（Man）或女装（Woman），T（或B）则表示订单是上装（Top）或下装（Bottom）。

3. 客供资料的跟进

签订合同后，资料跟单员还需不断敦促客户尽快提供所有订单加工资料，包括：款式资料、面辅料资料、实物样板、后整理标准等。

客户提供的订单资料一般都较为零散，需资料跟单员细心整理，并注意工作要点：

（1）所有客户提供的资料都要注明"客供"字样和收到的时间，以便溯源。

（2）需及时跟催客供料的到货时间，以免影响后续的生产时间。

（3）查验客供资料是否齐全，包括数量、尺码分配、尺寸表、颜色、包装方法及物料。

（4）仔细查验客供原板的制作工艺和面辅料的质量，查找特别之处，并做好记录，同时在生产资料上标注客户的特殊要求，以便后续生产的侧重跟进。

（5）提前向客户明确表示，如果因客供料供应问题造成的交货期延误，由客户承担责任。

（6）如果客户提供的面辅料数量或品质与客户发来的报表有出入，应及时通知客户，并报告主管。

4. 订单资料的审核

资料跟单员收齐订单资料后，需要对订单资料进行以下三个方面的审核：

（1）分清订单是加工单还是半成品单（俗称OP单，即Outside Processing Arrangement），以此界定原材料的来源和需跟进的工作内容。

（2）审核所有资料的准确性，尤其是颜色分类、生产数量等，是否存在数据遗漏、表述不清晰或前后矛盾等信息。

（3）审查企业生产水平能否满足客户需求。每张订单的款式、面料、工艺、设备要求等都会有所差异，所以一定要细致审查企业目前的生产水平能否达到客户的需求，这点非常关键。若不能满足客户要求，要及时向高层反映情况，尽快寻找解决办法。

5. 资料翻译与工艺分析

资料跟单员根据收到的订单资料，进行翻译和整理，并转汇成可以生产的工艺单，具体工作包括以下几点：

（1）**绘制生产款式图**：用简单的线条绘制服装的款式工艺图，可使用绘图软件绘制，并用简短的文字描述服装的款式特点，如图3-2所示。

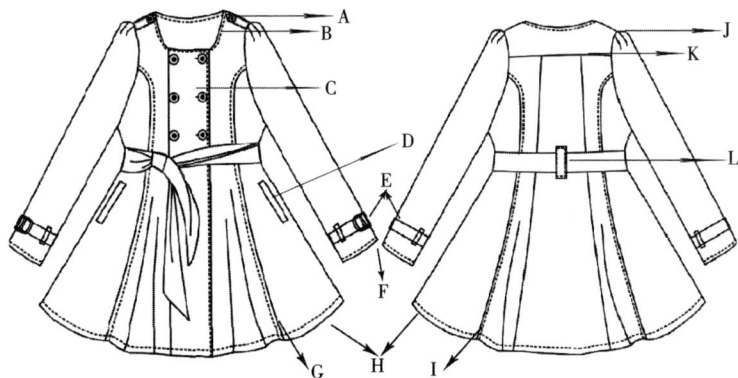

图3-2 绘制生产款式图

（2）**翻译及工艺剖析**：对客户确认的实物样板进行各部位的工艺分析，关键部位用图示表示，并标示清晰的文字说明和尺寸提示（表3-2）。

表3-2 客供工艺单

A	Added military shoulder straps（肩部：左右各有一个肩章，1粒装饰扣）
B	A square neckline and run top stitching with 0.5cm（领型：方型领，缉0.5cm宽的明线）
C	Center front opening is from top to bottom double breasted with 3 buttons running parallel to 3 buttons. It has 3 button holes（前中开口：双排扣，3粒真扣，3粒装饰扣）
D	The side pockets are slant welt pocket（侧插袋：两侧斜贴边开线袋）
E	On both wrists with small attached belts and 2 belt loops（袖口：左右各有1条小皮带、2个串带襻和1个皮带扣环）
F	Sleeve opening run top stitching with 1cm（袖口边：缉1cm宽的明线）
G	Run top stitching with 0.6cm（前公主线：缉0.6cm宽的明线）
H	Hem run top stitching with 2.5cm（底边：缉2.5cm宽的明线）
I	Run top stitching with 0.6cm（后公主线：缉0.6cm宽的明线）
J	Sleeve cap have four pleats（袖头：有4个活褶）
K	The back has been made with a yoke（后背：拼接过肩）
L	Around the waist is a tied belt. There is a single belt loop in center back（腰间：系1条腰带，后中腰部有1个串带襻）

（3）**尺码转换**：将不同的国家或地区的客户尺码代号转换成本企业通用的尺码代号，减少与相关部门的沟通障碍，确保后续生产的顺利进行。同时向客户获取各部位尺寸的误差控制值（表3-3、表3-4）。

表3-3 客供尺码表（英文） 单位：cm

		6	8	10	12	14	allowence/±
A	Back lenght	56	58	60	62	64	1
B	1/2 Chest	42	44	46	48	50	1
C	1/2 Bottom	46	48	50	52	54	1
D	Shoulder breadth	36	37	38	39	40	0.5

表3-4 客供尺码表（转换与翻译） 单位：cm

		XS	S	M	L	XL	允差值/±
A	后衣长	56	58	60	62	64	1
B	半胸围	42	44	46	48	50	1
C	半摆围	46	48	50	52	54	1
D	肩宽	36	37	38	39	40	0.5

6. 订单资料的录入

订单资料审核和翻译完毕，资料跟单员要将所有信息资料按款号进行分类存档或录入订单管理系统，以便后续生产过程中的查阅和管理。

扫描"教学资源"编号3-1二维码可见"订单资料管理表"。

7. 生产资料的编制与审核

为了确保订单生产顺利进行，资料跟单员会根据订单生产中各部门的实际运作程序，分类编制系列生产文件，如提供给采购部的面辅料信息、提供给加工厂的后整理与包装信息等，作为该订单生产与交易的指令分发给各个相关部门。例如，发出订单生产数量给面料部定购面料；给辅料部发出辅料卡，以便核对辅料规格标准；汇编绣花、印花等工艺要求，提供给外协加工厂；汇编生产制单，跟踪生产情况；对各方营利进行平衡损益分析等。

只有对加工厂各部门的生产运作非常熟悉，同时了解该厂常用的专业术语，才能编制出实用的订单加工资料，指导生产和包装全过程。

汇编好的订单资料还需做好审核工作，如核实生产周期或船期表与客户交货期是否吻合。有疑问或不清晰之处，要及时咨询客户、开发部或加工厂，确保订单资料准确无误，并注意存档保管。

8. 资料的发放

订单资料汇编完成后，从系统中导出资料，复印一定的数量并派发给相关部门，以便各部门安排新的生产计划。具体文件及分发部门详见表3-5。

表3-5　理单文件与分发部门

文件名称	分发部门
面辅料采购信息*	采购部
色码分配表*	外协加工厂、物料采购部
服装生产合同*	外协加工厂、总经办、船务部、财务部
生产制单*	外协加工厂、驻厂品管员（QC）
订单成本预算表	开发部、总经办、船务部、财务部
营利损益平衡表*	开发部、总经办、船务部、财务部
订单交货期安排表	生产跟单部（编制跟单周期、生产周期与船期表）
船期安排表	开发部、总经办、船务部、财务部
订单合同编号登记表	总公司业务部
业务通告编号登记表	总公司业务部
物料计划控制表*	物料部、裁剪部、生产部或外协加工厂、包装部
客供面辅料卡	工厂生产车间，工厂物料部
包装物料明细表*	加工厂
货运通知单*	开发部、总经办、船务部、财务部
年度订单登记表	开发部、总经办、船务部、财务部

注　加*表示可扫描"教学资源"编号3-2二维码见表单详情。

9. 开单打样

打样的目的是了解公司的生产水平能否达到客户的要求，同时也是批量生产的依据。打样前，需先编制板单。板单上要把客户的要求写清楚，并向仓库了解生产原材料是否足够本单样板的生产，用料不足时需尽快安排采购。所有面辅料、板单一起交给样板部后，需及时跟进样板制作能否按时按质完成。样板经客户批复没有修改意见后，才能正式开始批量采购和做大货。

10. 修改订单资料

如果订单内容需要修改，资料跟单员应与客户确认修改的资料后，再重新开单并交给生产部。如果客户要求取消订单，则应及时向加工厂或生产跟单员收回之前下发的所有订单资料。

【案例分析一】不能遗漏任何资料

某订单的客户要求用白色衬布。资料跟单员在汇编制单时备注"用白色衬布"。

结果：物料房有三种白色衬布：本白、漂白和米白。该订单本应用漂白衬，却用了本白色的衬布，压烫在衣片上以后，衬料颜色透出布面，导致成衣与样板有色差。

分析与建议：非常细微的一个小问题，却会影响整批货。跟单工作要求资料跟单员时刻保持清醒的头脑、严密的思维和详尽的跟进计划，并反复检查客供资料，养成随时向自己问问题的良好习惯。

同时，资料跟单员编写制单时，所有面辅料的颜色都应标上色号，最好能附上实物样卡。同时要求发料员、领料员每次在领料、发料前都应细致核对样板和物料样卡，以免用错物料。

三、订单资料跟单管理方法

订单资料种类繁多，只要订单还没出货，关于这个订单的表格、通知单都会像雪片般地传递。所以做好订单资料的管理工作尤为重要。

1. 电子文档管理方法

电子文档的管理，要求达到"路径清晰，方便查找，定期备份，易于溯源"的管理标准。具体管理方法如下：

（1）文档分类管理。

①按业务进行分类，按项目进行文件夹命名，而不是按文件格式进行存储。

②创建文件名时，应与文件夹的名称相关联，以便日后查找。

③保存文件时，直接保存到相关的文件夹里面。

④为缩短查找时间，建立文件名时使用英文，日后打开分类文档时，只需输入第一个字母即可找到对应的文档。

（2）文件命名及保存。

①文件一旦建立后，应立即命名和保存，以防丢失。

②文件名须与文件内容相一致，以免难以查找。

③文件应统一分类编码，并分类存档。

④分清文件的保密级别，保密文件必须马上加密。

⑤复制相同格式的文件编辑时，必须立即更改文件名并另存，以免覆盖原文件而丢失以前的资料。

⑥文件需要提交给相关人员审核时，应补充完整审核签署和意见。

⑦超过一页的文件，应设置页码，以便识别。

⑧日期的"年月日"输入应完整，从菜单"工具"—"插入"—"日期和时间"直接输入，可防止输入错误。

（3）文件打印前的准备工作。

①检查文件内容是否完整。

②检查拼写、符号和语法是否正确。

③检查文件排版是否美观，表格有无跨页。

④打印前必须进行打印预览。

（4）其他注意事项。

①创建一个能访问所有文件的万能端——云存储。

②文档的页眉或页脚可输入页码、日期和时间。

③图片等文件资料都标上标签，可方便日后查找。

④每隔一段时间，都要把所有重要文件备份到外部存储器。

⑤确定文件的管理规范，以管理流程的形式标注文件的管理人、监督人和审查人。

⑥要做到多维度的文档管理，可借助一些管理软件，以提高效率、设置访问控制权限和查看历史修改记录，同时便于多方协同办公和快速共享信息。

⑦同一文件出现多个版本时，可用不同的版本名和分支名进行区分，或者在文件名的开头加上时间，以最新的时间作为最新版的文件。

⑧定期整理文件：对于长期不用的文件、备份的文件、经常被引用的文件、目前一直在用的文件，存储方式应有所区别，这样可以提高文件的使用效率。

2. 纸质资料管理方法

纸质资料的管理，可采用5S的文件管理方法，要求达到"任何人都能在30秒内找到所需文件"的管理标准。具体实施办法如下：

（1）文件的分类与存放：

①不同类型的文件资料，用不同颜色的文件夹，如管理类文件用黑色文件夹，客户类文件用蓝色文件夹，亟待处理文件用红色文件夹等。

②实物样板（包括面料卡、辅料卡、布板等）可以装订成册，另立文件夹归档管理。文件夹的编号须与相应的客户分类和订单编号相一致。

③同颜色的文件夹应归类放置，并在文件夹外面划上斜线，以便使用后归位（图3-3）。

④文件夹内的第一页为目录清单，上面注明夹子里各文件的类型、名称、所属部门和所处的页码位置。

⑤订单量比较大的长期客户，或者是一些比较重要的客户文件，包括客户的邮寄地、合同、价格、交货期等资料，必须分开文件夹独立存档，并加密处理。

图3-3　斜线标识文件夹

（2）文件的传递与跟踪。

①派发文件时，必须在分发记录表上注明已派发的文件名、发往部门、签收人等信息，以便控制文件的传递过程和跟踪资料的发放情况。扫描"教学资源"编号3-3二维码可见详情。

②对于暂时无法备齐或仍需修改的资料，为了不耽误工期，可以先发送已确定的部分资料，同时在备注栏标注"待定"或"缺失资料"等字样，后续及时补发。

③文件传递过程中，如果出现沟通偏差或生产问题时，及时与客户或主管沟通，查找问题的根源，尽快更正资料后，及时发放更正通告。

（3）文件保存期限与清理。

①订单落实以后，与订单有关的文件根据其重要性和可追溯性，确定不同的保存期限，通常完成订单交易后2~3年为期限。

②每个季度整理一次桌面的订单加工资料并装箱封存，封存箱上注明跟单组别、客户名称、订单编号、文件种类、资料名称与归属部门等。

③已封存的文件每两年开箱整理一次，以免影响资料查找的效率，同时也避免过期文件占用空间。

④已过期的重要性文件必须销毁后才能丢弃，非重要性文件可以留作复印或草稿之用，既节约又环保。

订单资料管理流程如图3-4所示。

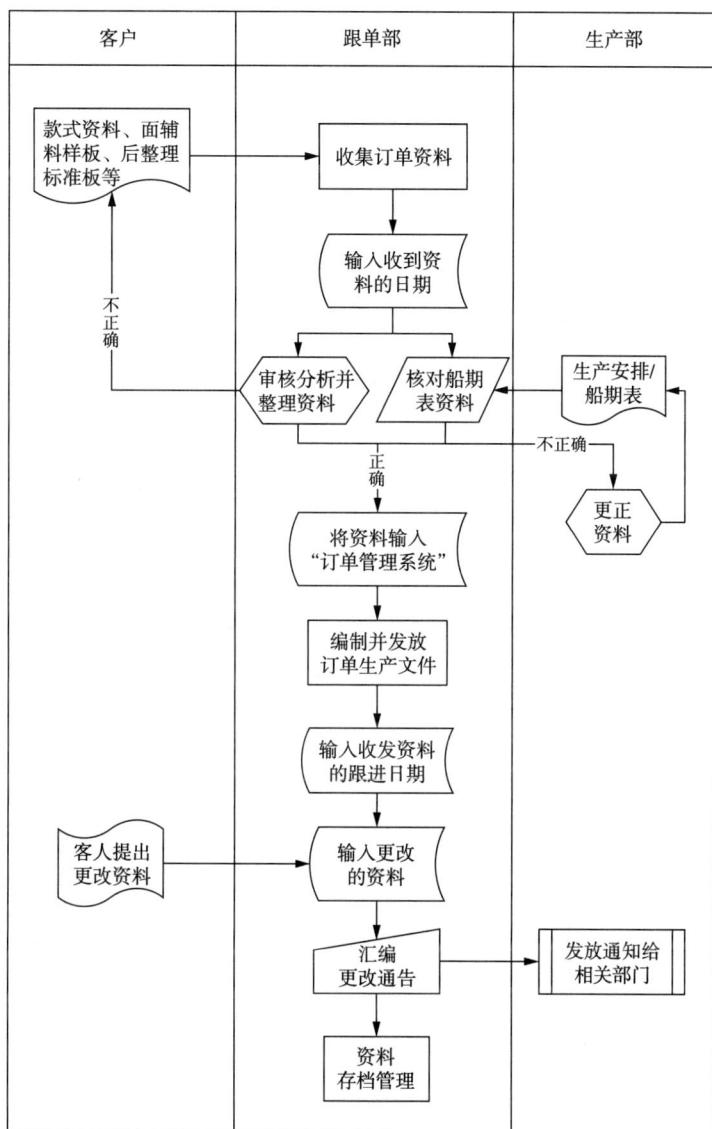

图3-4　订单资料管理流程

四、资料跟单注意事项

1. 及时录入资料

资料跟单员应养成良好的工作习惯，一旦收到客户提供的资料，无论多少，均应及时输入电子文档系统中，包括文件名、客户、产品、地址等，方便下载、分发、查阅、修改或编印生产制单、产地来源证等资料。订单管理系统（图3-5）能自动生成各种订单表格，减少人为失误；能及时预警跟单期限，提高管理准确度；能共享，方便快捷，节约经营成本，并提高订单管理水平和工作效率。

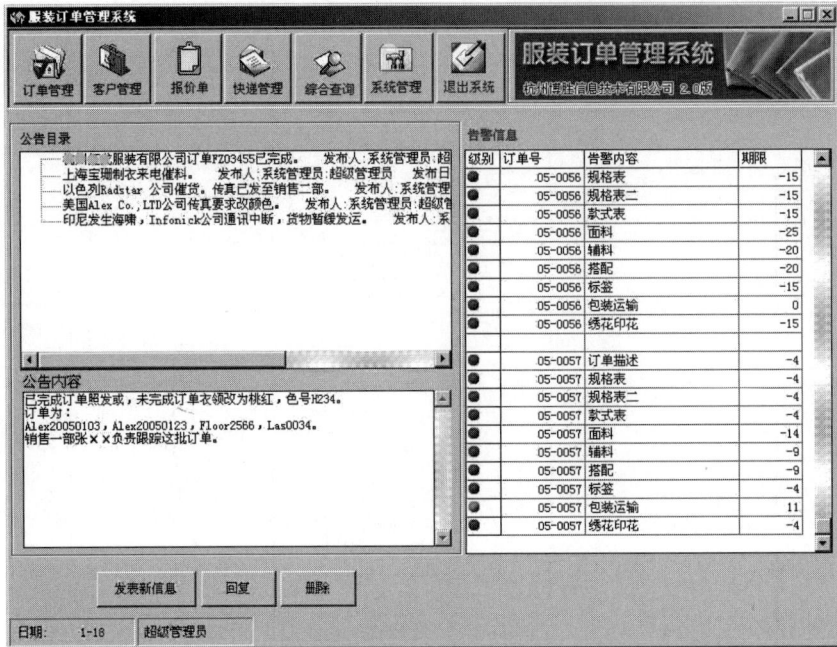

图 3-5　服装订单管理系统

（图片来源：杭州博胜信息技术有限公司）

2. 详细记录收发日期

为了更好地跟进订单的生产进度和交货期，资料跟单员无论收到或发放任何订单资料，都应把收到日期及分发日期详细记录在订单资料跟进表中，包括订单签订日期以及客户批复样板时间。这些日期能及时提醒自己各订单的进展情况，以便跟催到位，同时还能减少客户疑虑，以及防止部门间推卸责任的现象发生。

3. 准确提供各种资料

资料跟单员应将汇编好的订单资料，包括尺寸表、品质要求、生产规格、包装分配，以及物料供应情况、客供到货期限、需批复的样板、修改确认资料、生产进度与质量标准、交货期与船期安排等，尽快提供给加工厂及相关的部门，以便安排生产。此外，还应当面向厂方负责人解释客户的特殊需求和工艺标准，协助加工厂顺利完成订单的生产。

4. 及时跟催到位

资料跟单员应及时跟催客户和相关部门的所有订单资料。根据客户提供的资料和数据，以前紧后松的模式合理编排订单各阶段的生产期限，以免各部门随意浪费生产时间而延后交货。

设立一个专门的"临时文件夹"，根据各阶段的样板制作进度、复板期限、生产进度与船期运输进度等，按时间顺序整理传真和临时通知，方便查找，并随时提醒急需解决的事情。

5. 控制文件传递

重要的客户文件要分类审核后，生产部经理再次审核，并单独存档管理。同时要注意控制文件的传递过程，所有传递的文件都要标注文件名、发往部门、签收人、签收时间等信息。

6. 养成"当日事当日毕"的工作习惯

每天下班前十分钟整理桌面，清理没用的物品，整理各类文件。每天下班前，及时总结当天的工作情况，记录好第二天要处理的重要文件，放于"临时文件夹"，以便第二天优先处理。

【案例分析二】客观判断客供资料

宁波一服装加工厂有个订单中的面料采用反面作服装款式的正面。跟单员也没细看，直接将面料样卡资料交到裁床。裁床师傅细看了面料样卡后说道："这个单的布板正反面贴错了。"因为按常规，会将平整光滑的一面作正面，粗糙的一面作反面。跟单员第一反应是："我待会儿向客户咨询一下。"裁床师傅说："不用了。肯定是光亮面为正面，我以二十多年的工作经验担保，不会错的。况且交期逼近，还是及早开裁为好。"跟单员回办公室后，为保险起见，立马致电客户。客户答复："布板没有错，这款成衣就是要追求一种与众不同的粗犷风格。"跟单员庆幸自己的多疑，即刻通知裁床。

分析与建议：服装设计与成衣生产并无常规可循，有时客户为了追求新意，往往会打破传统的理念和常规做法。对于订单而言，往往一个小小的疑问就是潜伏着大问题的导索线。跟单工作只有客户的需求，没有自以为是的结论。跟单员应秉着谦虚客观的工作态度，勤学多问，模棱两可之处切勿以个人经验武断地下定论。

第三节　资料变更跟单

由于服装订单生产中存在许多不确定的因素，如面辅料采购价格、外协加工的工艺细节变化等，因此早期签订合同只是对订单交易的意向协定，关于订单生产的细目条款则由双方根据实际情况，在生产开始前须再做进一步的磋商确定。客户会根据市场行情，对已下单的订单随时提出新的变更要求。有时，加工厂或供应商也会因客观原因临时提出更改要求。

只要订单还没有大批量采购物料，或者还没有进入批量生产阶段，均可进行面辅料或工艺细节的变更处理。款式变更则在前期试制样板期间直到大货产前板审核前，都可以作相应的变更修改。

一、可变更的内容

1. 款式变更

（1）**款式细节及颜色的变更**：包括增加绣花、短裤改为中筒裤、塑胶纽改为金属扣、袋口尺寸增大、明贴袋改成嵌线袋、蓝色明线改为橘红色明线等。

（2）**制作工艺与生产要求的变更**：包括袋口缉单线改缉双线、接缝位由平缝改为翻缝、五线锁边改成包缝等。

（3）**后整理工艺的更改**：包括洗水、漂染、印花、绣花等工艺方式的调整。

（4）**熨烫与包装的更改**：包括熨烫手法、折叠方式、装箱规格等变更。

2. 面辅料变更

（1）**面料变更**：包括纤维含量、织造工艺、颜色、图案、染色牢度等变更。

（2）**辅料变更**：包括纽扣、拉链、衬布、商标等辅料材质、规格、颜色与品种的变更。

3. 数量与尺码变更

（1）**订单数量的变更**：增加或减少订单的数量。

（2）**色/码分配比例的变更**：尺码、颜色与数量间的比例调整，入箱数量的变更。

4. 交货期变更

（1）**交货地点的变更**：如收货地点的临时变更、批量发货点的增加或减少等。

（2）**交货期的变更**。

①交期推后的变更：客户根据其市场运作策略，提出延迟接收货品的更改。

②交期提前的变更：客户要求提前交货的变更；或订单生产提前完成，跟单员征求客户能否提前交货的变更。

5. 其他变更

此外，不可抗力导致的不可预计的变更；因质量问题、交期延误等引起的交易条款的变更；客户拒绝收货而取消订单等变更。

二、允许变更的条件

资料跟单员收到临时变更时，要衡量能否接受变更的要求。因为并不是所有需要调整的内容，都能提供变更服务。变更前，需要考量以下条件：

1. 生产进度是否允许

国外客户在国内采购服装时，订单从接单到交付，跨度时间比较长，一般在半年到一年左右。客户提出订单更改时，跟单员必须考虑该订单处于哪一阶段，以此衡量能否满足客户的需求。

（1）**订单初期**：接单初期，由于还没有正式安排生产，无论是款式工艺，还是面辅料的变更，对生产没有太大的影响，应尽量满足客户的要求，配合做好订单的更改。但必须跟进变更的有关事项，如生产工艺变更需与加工厂协调合同条款的变更；款式的变更需要再次试制、测试和复核样板；面辅料的变更需要复核新的标准样卡，并跟进采购合同条款的变更事宜。

如果客户提出：订单数量的增减、色码分配比例调整、交货期变更等对生产计划的影响比较大的变更，必须细致考量工厂的订单容纳量、生产计划的弹性等，再明确回复客户能否调整变更。

（2）**订单中期**：订单生产中期接到客户更改要求时，必须考虑变更的可操作性和生产的难易程度，与客户、加工厂、供应商等多方进行协商，再权衡各方利益与意见，根据订单的进度进行变更。如果此时已完成面辅料的批复和核准板的确认，准备开始进入生产阶段，此时所有订单的款式、工艺、面辅料等都不允许再作更改。对于难以实现的变更，如客户要求减少订单数量，这不仅会扰乱产能，还会导致面辅料剩余过多，一般不允许变更，跟单员需与客户好好沟通，并表态坚持依照原合同条款执行。

（3）**订单后期**：进入订单生产后期，产品基本完成生产，款式与用料等已不能再更改，只允许客户在折叠方法、运输方式、交货地点和交货期等方面提出更改要求。

如果客户提出延期交货，跟单员应向客户提出，成品的仓储费用、运输订金等由客户承担，并协商具体的交货日期。同时，跟单员还应与加工厂协商，做好产品的仓储、保管工作，如果产品已经出厂，则需安排在物流机构或港口的仓库暂时储存。

如果客户要求提前交货，跟单员需咨询工厂能否赶工完成订单生产，提前交货的加班费用由客户支付。同时，需与客户商讨物流方式、接货地点和新的交货期。

2. 生产成本是否允许

客户提出变更时，必须分析客户的变更要求对加工成本有无影响，如面辅料、款式的复杂性等变更，会影响用料成本与加工成本，必须与加工厂核算出相关费用后，再跟客户协商更改合同的单价，或由客户另行支付费用，才能接受变更事项。

3. 制作工艺是否允许

客户提出生产工艺、款式细节、洗水后整理方式等的变更时，需了解工厂能否接受变更要求。在订单初期，如果工厂反复试板后，仍不能满足客户的变更要求，可以考虑另选加工厂。如果已经进入订单的中后期，可以由工厂提供复板测试，再回复客户能否更改。

为了便于安排生产，一般会要求客户在批量生产前一周内不允许再修订合同内的款式资料。

【案例分析三】善巧引导客户的变更

一批男装裤的尺码为30~46码，加工厂只用一种规格的纸箱包装。订单分三批出货。第一批货品抵达美国以后，客户发现大码的裤子起皱严重，故要求后续订单的产品分用两种尺寸的纸箱来装箱。

分析：为了争取客户的长期订单，应尽量满足客户要求，更改纸箱的规格，分别订购大、小两种规格的纸箱装货。但是这样会增加订箱的费用，而且入箱时由于纸箱规格差异不大，容易导致人为出错。

有时候，并不是客户要求什么就照着做什么。跟单员要充分考虑到：任何的变更都会导致生产难度增大、成本增加、效率降低等问题。所以，应全面衡量客户变更的合理性，并将客户善巧地引向自己的工作目标中。

建议：说服客户仍然用一种规格的纸箱，大码衣物缩小折叠规格，使包装尺寸与箱体规格相符，同时折叠衣物时增加夹子的固定，以减少衣物挪移和起皱的现象。因为用一种规格的纸箱装运产品，订购规格统一，可以减少纸箱的订购费用和减少预留纸箱的损耗，降低包装成本，同时还能防止因装箱规格过多而装错产品尺码的问题发生。

三、资料变更的处理步骤

步骤1：资料跟单员收到客户的更改通知以后，确认更改的细节与要求，最好能向客户口头复述一遍需更改的内容，以免理解有偏差。

步骤2：细致评估更改的生产难度，并咨询相关部门或工厂对变更内容的更改意见。无法当场确定的款式更改，可由板房或工厂重新试制样板，重新计算出更改后产生的额外费用，再定夺能否接受客户的更改要求。

步骤3：向客户提供更改评估报告，并要求客户确认需额外承担的费用。

步骤4：获得客户的反馈信息。如果客户接受更改，要求客户提交合同补充协议，明确付款方式，或由客户发出正式的书面更改通知，作为后续工作的凭据。

步骤5：所有订单资料的修改，都必须做好更改记录（表3-6），并及时存档或录入系统，方便溯源跟踪，以免因更改资料引发混淆和生产错误。

在样板试制阶段，订单内容经常会因多次打样确认而重复更改，所以还要做好变更款号的修改，如头板款号为00-123，批板款号会出现00-123A、00-123B……

步骤6：发出业务通告，简称MEMO（表3-7），通知各部门作相应的修改，以确保后续生产的顺利进行。

表3-6　订单资料更改记录表

合同编号		客户名称		签单日期	
订单编号		订单数量		交货期	
制单编号		款式描述			
资料名称	收到日期	1次更改内容/日期	2次更改内容/日期	3次更改内容/日期	4次更改内容/日期
合同细则					
款式要求					
布　板					
尺寸表					
生产规格与容差值					
辅料样品					
……					
客批资料	1次更改内容/日期	2次更改内容/日期	3次更改内容/日期	4次更改内容/日期	最终核准日期
初　板					
报　价					
合同签订					
面料小色板					
大货布板					
辅料卡					
试身/放码板					
核准板					
……					

资料跟单员：_____

表3-7　更改业务通告表

订单编号		客户	
款号		更改日期	

更改项目与细节要求:

1.

2.

3.

更改前效果图	更改后效果图

跟单员:＿＿＿＿＿＿

【案例分析四】变更业务通知须及时发放

　　广东一家老牌服装贸易公司在新季度的订单业务中,有位美国客户要求追加原单牛仔裤的生产,服装款式没有修改,仅要求将裤外缝所用的金色铆钉扣改为银色铆钉扣,扣子的规格与款式均不改变。

　　本订单的跟单员仍是原跟单员,看到款式没有修改,所以只是发出翻单的生产通告,并未修改原订单资料重新发放。

　　结果:整批大货都按原款式生产而使用了金色扣配件,导致整批货物直接经济损失达30万元。

　　分析与建议:跟单员切勿粗心大意或凭着模糊印象决定细节。如果按照自我经验对待工作,只会为自己及企业带来损失。跟单员应时时刻刻都保持细致谨慎的工作态度,每次接到新单后都要反复查阅、核实生产资料,有疑问之处必须及时与客户核对。

　　谨记:张张订单是新单,件件事情从头跟。

第四节　客户资料管理

客户资源是企业发展的生命线。随着市场竞争日益激烈，客户资源也越来越受到企业的重视。做好客户资料管理，充分利用客户网络资源，建立客户档案并与客户交流，可以从中获得大量针对性强、内容具体、有价值的市场信息，为企业各种经营决策提供重要依据。

开展多方位的客户资料管理工作，建立与客户长期良好的沟通，可以赢得客户的高满意度。从企业的长远利益来讲，保持与客户的信任关系，可以使逐项磋商的零散交易发展成例行程序化的长期交易，从而节约交易成本和时间。

一、客户资料管理流程

1. 收集客户信息

资料跟单员平时应注意收集老客户的所有信息资料。同时还可以通过服装博览会、订货会、新闻媒介、各地服装协会、老客户介绍等途径，广泛收集有发展空间的潜在客户信息，了解客户的具体要求和特殊需要，使企业拓展更大的销售市场。

要注意所获取的信息必须保证真实、准确、适时、齐全。

2. 分类整理

整理客户资料时，可根据不同的客户类型，对客户进行科学分类：按客户性质可以分为特殊客户、普通客户；按订单时间序列和签订次数可以分为老客户、新客户和潜在客户；按交易数量、成交金额和市场地位优势可以分为主力客户、一般客户和零散客户；也可以按客户所在国家和地区、订单成衣类型、下单季节进行分类。

3. 编写客户代码

可以根据客户的分类进行客户代码的编写。通过客户代码可以随时查阅客户资料、修订和跟踪。客户代码编写方法如图3-6、图3-7所示。

$$\underset{\text{国家和地区}}{\underline{\text{HK}}} - \underset{\text{客户名}}{\underline{\text{U2}}} \qquad \underset{\text{国家和地区}}{\underline{\text{HK}}} - \underset{\text{客户名}}{\underline{\text{U2}}} - \underset{\text{女上装}}{\underline{\text{WT}}} - \underset{\text{冬装}}{\underline{\text{W}}}$$

图3-6　简单代码　　　　　　　　　　图3-7　详细代码

4. 建立客户档案

为了使客户资料更有条理，需对收集的客户资料进行整理，并建立客户管理数据库。具体内容包括客户联络表、客户交易情况汇总表、客户信息一览表、客户管理登记汇总表等客户资料档案（表3-8～表3-11）。

表3-8　客户联络表

客户代码	客户名称	国家/地区	公司全称	法人代表	销售产品/类型	详细地址	邮编	联系人	职位	联系电话/传真	邮址/QQ

制表/日期：

审核/日期：

表3-9　客户交易情况汇总表

　　　年　　月至　　　年　　月

客户代码	客户	国家/地区	已签订单编号	订单数量	产品类型（颜色数量/款式数量/尺码数量）	成交金额	交易总金额	排名

表3-10　客户信息一览表

客户代码		客户名称		法人代表	
联系地址		联系电话		联系人	
经营产品	休闲装：□　女式时装：□　牛仔装：□　童　装：□　职业装：□　运动装：□ 男装衬衫：□　西　裤：□　西　服：□　皮　革：□　毛针织：□　棉针织：□				
销售对象	0～6岁：□　　7～12岁：□　　13～18岁：□　　19～28岁：□ 29～38岁：□　39～50岁：□　50岁以上：□				
	消费者收入：＿＿＿＿＿＿元／年；　用于购衣消费：＿＿＿＿＿＿元／年				
经营组织	独资：□　　　　合伙：□　　　　股份制：□　　　有限公司：□				
经营方式	出口：□　　　　内销：□　　　连锁专卖：□　　　邮购：□ 批发：□　　　　加盟：□　　　商场零售：□　　　网购：□				
职员人数		完税情况		通过认证		同行评价	
获奖情况					

与我司年签单情况	序号	成交金额	订单产品	订单数量	加工部门	交货期	付款方式	资金到位情况

与竞品年签单情况	序号	成交金额	订单产品	订单数量	签单公司	交货期	付款方式	资金到位情况

客户业务状况	淡季销售 （＿＿月至＿＿月）	旺季销售金额 （＿＿月至＿＿月）	月均/季均销售额	近三年年均销售额
	＿＿＿＿元	＿＿＿＿元	＿＿＿＿元／月 ＿＿＿＿元／季	＿＿＿＿元／年

表3-11 客户管理登记汇总表

客户名称：_____服饰有限公司   客户代码：_____
地址：_____   邮编：_____   联系人：_____
联系电话：_____   银行账号：_____

订单编号	成衣种类	款号	产品类型	生产数量/款式数量	颜色数量	尺码数量	下单日期	要求交货期	实际交货期	交货地	货款结算情况

填表人/时间：_____   审核人/时间：_____

客户资料整理完成后，需上交跟单部主管审核后存档保管。

【案例分析五】工作习惯好成就订单

临近年关，一位跟单员习惯性地整理今年联系过的所有合作客户和潜在客户，同时把潜在客户进行分类，针对不同国家和地区以往所交谈的内容进行归类。归类完毕，整理一些本公司价格上有优势的产品，重新向这些客户发送邮件。

第三天，跟单员就收到一个潜在客户的回复邮件，让其马上报价。30分钟后，来电让其做合同，订单价值近5万美元。

分析与建议：客户档案的整理对我们非常有必要。有可能整理邮件，就能发掘出一个大客户。因为每个公司制度动态变化，产品价格也会根据市场变化有所升降。这次生意不成没关系，起码让客户了解了本公司的产品和报价信息。

二、客户满意度调查

客户满意度是客户对产品交易过程的感知效果与期望值相比较后，所形成愉悦或失望的心理程度。当客户期望过高而得不到满足时，就产生不满情绪。定期调查客户满意度，能查找企业管理漏洞，加深对客户需求的了解，有利于新产品的开发，从而加强客户对企业的忠诚度。

1. 开展调查工作

跟单部应于每年年底定期向所有客户发出"客户满意度调查问卷"（表3-12）。问卷可从企业产品、服务及人员素质三方面进行调查，了解客户的意见、建议以及与同行竞争对手间的差距。

2. 处理调查意见

对调查收集到的客户意见，要认真对待，妥善处理。处理客户意见的步骤和方法如下：

（1）收回客户满意度调查问卷后，分析、总结客户提出的意见和建议。

（2）将客户调查结果提交给质量部门进行统计分析。

（3）回收统计分析结果，编写客户满意度调查总结报告。

（4）在总结评审会议上做问卷调查分析和工作检讨，同时制订出相应的改进措施。

（5）回函告知客户，目前企业准备实施的改进方案，以获得客户的认同和监督。

（6）指定专人跟进改进措施的落实情况，并填写改进效果确认书。

表3-12 客户满意度调查问卷

调查时间：_____年___月至_____年___月

客户/品牌：_____ 联系人：_____ 电话：_____

本年度总订单量：_____份，共_____件；

与我司年签单量：_____份，共_____件。

我司下单产品销售情况：□脱销　　□良好　　□一般　　□囤积

我司下单产品情况调查：

产品品质：

   □无品质问题，质量达标　　　　□个别产品存在品质问题

   □部分产品存在品质问题，需返工处理

   □大量产品存在品质问题，返工后质量仍欠佳

交货期：

   □准时交货　　　　　　　　　　□货期偶有延误（可以接受）

   □较常延误货期（勉强接受）　　□严重延误货期（难以接受）

交货数量：

   □能按订单量交货　　　　　　　□数量存在误差（可以接受）

   □数量缺失较多（勉强接受）　　□数量严重缺失（难以接受）

合同履行情况：

   □能按合同履行相关事宜　　　　□能履行大部分承诺事宜

   □部分合同事宜无法兑现　　　　□无法兑现合同承诺事宜

产品样板开发情况：

   □样板丰富，紧跟市场潮流，可选性强

   □样板可选性良好，基本能跟上市场动态

   □样板可选性一般，经修改基本符合顾客要求

   □样板可选性弱，款式单一，难以满足顾客需求

公司服务与灵活应变情况：

   □服务到位，信息反馈渠道完善，迅速满足客户修改要求

   □个别服务环节欠佳，信息反馈基本到位

   □服务态度较差，信息反馈慢，较难满足客户修改要求

   □售后服务、后期跟踪不到位，无法满足客户提出的要求

购衣顾客投诉与抱怨情况：

   □板型欠佳（□板型过大　□板型太小　□松垮　□缩水　□其他：_____）

   □质量欠佳（□缝道起皱　□线迹松脱　□领尖变形　□其他：_____）

   □其他：_____

存在问题与不足：_____

建议：_____

敬请贵司将填好的问卷尽快传回本司。　　　　顺祝商琪！

本司电话：　　　　　　传真：　　　　　　E-mail：

三、客户投诉处理

客户不满内容一般包括：产品（质量达不到要求、与样板款式有偏差、交货期延误）与服务（态度欠佳、客户问题得不到及时解决）两大方面。

对客户的投诉如果处理不当，小事会变大，甚至殃及服装企业的生存；处理得当，客

户的不满会变成商机，客户的忠诚度也会得到进一步提升。只有想客户所想，急客户所急，才能把客户的不满转化成满意。

1. 客户投诉处理步骤

（1）用心聆听，缓解矛盾。

①态度谦逊恭敬，用细微的言行举止平息客户的怒火，防止事态进一步扩大。

②诚意道歉，切勿争执。

③耐心倾听，记录下投诉重点，让客户感到企业对其意见的重视程度。

④了解问题出现的原因，判断客户投诉的动机，杜绝恶意投诉。

⑤承诺会尽快解决问题和尽快给予答复，以此平息客户的怒火。

⑥恳请客户提供投诉资料，包括问题样板、投诉报告、索赔要求及款项等。

（2）收集资料，仔细调查。

①收集投诉资料，包括客户收货单、质检报告、合同、样板、客户投诉书面报告、接单成本等。

②调查客供投诉资料（包括服装样板、报告）的真实性。

③调查公司留存的服装样板有无客户所说的现象，查找并分析原因。

④调查存档订单资料的品质描述：面辅料样品、常规测试结果、客户确认板、客方已验收的客户签收货单等。

⑤检测库存面辅料的质量，也可将辅料送往第三方机构测试，获取客观的报告评价。

⑥向供应商获取该辅料出厂质检报告。

⑦向加工厂发出业务通告，复查厂方质检报告与客户所投诉事项是否相符。

⑧调查合同有无注明投诉与退货的期限。

⑨调查接单成本，确定赔付底线。

（3）制订赔偿方案。

①将所有调查结果提交给部门主管和总经理。

②确认责任方，准确判断不满的真实性，避免损失。

③召开客户投诉处理工作会议，评估自身能力，制订初步赔偿方案。

（4）与客户谈判赔偿方案。

①谈判前，整理所有客户投诉的资料，作为与客户谈判时的有力凭据，做到有理有据，以免被动。

②与客户协商或谈判，力求合理的解决办法，将损失减至最低。

③向经理反馈最终谈判结果与解决方案，获得最终确认并组织实施。

（5）方案实施与跟踪。

①落实并督促完成谈判方案。

②收集客户对善后处理结果的意见反馈。

③定期检讨、改善与监督企业内部工作，防止同类问题的产生。

客户投诉处理记录见表3-13。

表3-13 客户投诉处理记录表

客　户		订单编号		款　号	
制单编号		订单数量		生产部门	
跟单员		跟单主管		生产主管	
客户投诉形式		投诉收件人		处理期限	
投诉内容					
客户要求					
情况核实与原因分析					
责任归属	负责人：　　　　　　　　　　　时间：				
会议纪要及相关部门意见	负责人：　　　　　　　　　　　时间：				
处理方案	负责人：　　　　　　　　　　　时间：				
客户对处理方案意见	负责人：　　　　　　　　　　　时间：				
处理方案跟踪	负责人：　　　　　　　　　　　时间：				
处理结果记录	负责人：　　　　　　　　　　　时间：				
整改措施	负责人：　　　　　　　　　　　时间：				

2. 客户投诉处理技巧

（1）**兑现承诺**。企业做宣传广告时，要符合实际，服饰图与实物要相符，尺码表与成衣尺寸要一致。不切实际的承诺会给客户留下深刻的印象，尤其在处理客户投诉时，对客户的承诺一定要兑现，避免客户期望再次落空而导致新的不满。

（2）**消除隐性不满**。客户的利益受到损失时，其态度急躁是不可避免的，甚至会有一些过分的要求，所以在处理客户投诉时，首先要有设身处地、换位思考的意识，同时要坦然承受客户施加的压力和过激语言。客户的不满通常表现为显性不满和隐性不满。据调查，隐性不满往往占客户不满意度的70%。因此跟单员要注意观察客户表情、神态、行为举止，洞察客户的隐性不满并设法尽快化解或做补偿处理。

（3）**耐心倾听**。客户一般感受到利益受损时才会投诉，所以当客户表现不满时，应以诚恳、专注的态度听取客户对产品、服务的意见，要让客户感到企业对他们意见的重视程度。从细微的言行举止上平息客户的怒火，切勿与客户争执。

（4）**积极应对**。倾听客户投诉时，要换位思考，站在客户的立场考虑事情，认真了解事情的真实情况和客户的真实想法，尽量减少偏差。个别客户会故意夸大不满，博取"同情"来达到自己的目的。此时要准确判断，迅速查出引起客户不满的真实原因，有针对性地妥善处理。面对恶意不满要迅速应对，控制局面，驳斥挑衅，避免损失。做到既不恃强凌弱，也不软弱可欺，防止节外生枝、事态扩大。而对善意不满则要多加安抚，提供更优质的服务来满足客户的要求。

（5）**掌握事态的节奏**。客户正在生气时难以进行良好沟通，一般不宜处理；但处理过慢，事态易扩大，客户容易流失。因此，要根据客户的具体情况选择合适的处理时机。

（6）**提供附加值平息不满**。当客户的不满是因为跟单工作的失误造成时，跟单员要诚恳地向客户道歉并迅速解决问题，同时提供更多的便利和附加值服务，尽快平息客户的不满。

（7）**善用客户的不满**。

①完善服务：客户的意见往往是企业管理的漏洞。企业要多收集客户的投诉意见，努力寻找产生投诉的管理漏洞，积极改善服务，弥补差距。

②创新产品：客户对产品的不满往往蕴含着潜在的需求和商机。故应正确分析客户的不满信息，从中发现新的市场需求，抓住商机，导入创新开发系统，开发新产品。

（8）**为防止恶意投诉**，接洽订单时必须注意掌握以下几点经验：

①每次订单投产前，要将测试结果寄给客户批复，并记录和保存好客户确认的样品颜色及质量要求。

②保存好已通过客户验收的客户签收货单。

③合同上要注明投诉/退货期限。

④出货前要求付清货款，防止拖欠货款。

（9）寻找共赢的赔偿方案。

①纠纷出现后要用积极的态度去处理，不应回避。有理有据地迁让，尽量让处理结果在确保企业利益的前提下，超出客户的预期。一定要将长期合作、共赢、共存作为前提。

②如果客户要求退货，首先应设法补救返修，尽量让客户接受。

③严重的疵点应尽快安排补单，重新生产后再给客户送货；也可以采用相互让步的折扣法。

④如果客户不肯让步，就只能按客户的要求进行赔偿处理。最重要的是确保企业与客户互惠互利。

四、客户资料管理要点

在客户资料的管理和使用过程中，需要注意以下事项：

1. 动态管理

客户资料档案管理建立后，要进行动态管理。因为客户的情况在不断变化，所以客户资料也要不断地更新、调整，对客户的变化进行跟踪，剔除过时或已变化的资料，及时补充新的资料，对客户资料进行动态管理。

2. 突出重点

不同类型的客户资料很多，跟单员要通过这些资料找出重点客户。重点客户不仅包括现有客户，还应包括潜在客户。这样不仅为企业选择新客户、开拓新市场提供资料，也为企业进一步发展创造良机。

3. 灵活运用

客户资料的收集管理目的是在交易过程中加以运用。所以，建立客户资料档案后，不能置之不理，应以灵活的方式及时全面地提供给业务人员，使他们能进行更详细的分析与利用，提高客户管理的效用。

4. 注重保密

许多客户资料只能供内部使用，不宜流出企业。所以，客户资料管理必须重视保密工作，由专人负责，建立健全客户资料档案的保管和查阅使用的制度规定，切实加强安全的保密管理。

【案例分析六】恰当处理客户投诉

一批4000多件休闲女装裤的订单已完成所有交易。一段时间后收到客户投诉：拉链拉合不顺滑，顾客购买后退货现象严重，客户只能打五折清货，所有损失要求服装企业承担。

处理步骤：

1.翻查合同，确认交易后的投诉/退货期限是否已过期。如果在投诉/退货期内，可要求客户寄回几件样品进行细致检查。

2.应与客户沟通，调查是否拉合手势不正确，观察客户有无提起拉手的弹簧，或是拉链牙打磨得不够圆滑。有必要的话，可以由服装企业派专人到客户处给予相应指导，或对拉链进行打蜡、擦油处理。

3.检查存档拉链样板的顺滑度、拉链头锁紧度、抗撕裂强度，有无脱色，经重洗水后有无起铜绿等现象发生，找出是否存在客户所说的问题。

4.必要时，可把拉链样板送往ITS等机构进行相关测试，若测试结果合格，并没有客户描述得那么严重，只是刚拉的时候有点涩，多拉几次即顺畅，则有理由拒绝任何赔付要求。

分析与建议：发生客户投诉时，应注意仔细调查具体情况和真实原因，同时要注意缓解矛盾，尽量消除客户的不满情绪，设法把损失降到最低。此外，订单合同上应注明产品问题投诉与退货的期限。

跟单员在订单投入批量生产前，切记要将拉链样板和常规测试结果一并寄给客户批复，并将客户确认的样板妥善保管，同时保管好已通过客户验收的客户签收货单。与客户谈判时，这些资料都是有力的凭据，这样跟单员就有理可依，有据可循，不会处于被动状态。

如果是洗水整理的成衣，注意在订购拉链时应向供应商交代清楚，由供应商在拉链出货前进行上光油、洗水测试等相应处理。成衣洗水时，用小布块包住拉链头，防止石磨洗磨损严重。

【实践训练一】

请将客户所提供的英文工艺单翻译成中文（扫描"教学资源"编号3-4二维码可见）。

【实践训练二】

请根据童装品类服饰特点，为童装公司设计一份合理的客户满意度调查问卷。

【实践训练三】

请模拟消费者和店员角色，分组演练应对客户服务或产品质量投诉的过程与应急处理技巧，课后提交投诉处理流程和处理技巧的小组报告。

第四章

样板跟单

服装样板是企业赢得客户订单的有效工具。做好样板跟单的管理工作，能快速达成订单合同的签订，并为批量生产提供准确的工艺指引。

【开篇引例】

一间服装工厂的仓库积压了许多产品，而且需要返工的服装堆满了整个车间。动员全厂加班加点，工人们怨声四起。经过了解，是由于客方QC人员在检验产品时，发现样板与大货产品质量有差异而拒绝出货，导致几批订单无法正常出货。

但是实际上这几批产品的质量并没有太大的问题，按以往的出货经验理应出货，主要原因是新来的跟单员早期提交给客户的核准板、船头板的质量水平过高，导致批量生产的水平也必须跟着提高，造成大货成品与客户批核的样板有较大差距。

思　　考 | 跟单员在给客户提供各类样板时需注意什么？怎么做才能顺利出货？

提　　示 | 样板的作用；寄板的要求；跟板的注意事项。

第一节　服装样板概述

一、服装样板的含义

服装样板是企业用于反映成衣设计效果或服装加工质量的实物样本。企业为了开拓订单业务，会直接为客户或生产部门提供实物样板，或根据客户的要求进行样板制作，作为接洽订单的有效桥梁，是服装生产部门重要的工艺技术文件，也是订单工艺生产的依据和检验生产规格质量的衡量标准。

二、服装样板的作用

为客户提供服装样板，主要目的是让客户进一步了解服装设计效果及制作工艺标准，为生产部门提供清晰的加工方法与要求，从而尽快获得客户订单。服装样板主要有以下四方面的作用。

1. 检验设计效果的可行性

任何设计作品都要通过实物样本的检验。

通过实物样板的真实展现，才能直观、清晰地体现各个指标的最终效果，对订单款式的设计进行合理改良。例如，服装开口位置和开口长度是否恰当、辅料搭配是否协调、结构线是否合理、生产工艺是否简捷、各工序的生产时间和工价是否合理等。设计人员无法清晰表达或容易疏忽之处，都能通过实物样板的试制和修改达到合理的效果。

2. 尽快获得客户订单

订单接洽前，向客户提供满意的实物样板，可以缩短产品的开发期，减少开发费用，加快合同的签订，也减少了后续订单生产中对产品的反复修改。这就要求产品开发部和制板部非常了解客户的需求以及市场动态，能按客户要求生产出客户需要的样板。

3. 设置最佳的生产组合要素

通过试制样板，可以整合生产资源，并找到各生产要素的最佳组合方案。例如，改良生产工艺，确定设备和辅助工具的类型与数量，合理进行设备的摆放、车位的分工、生产线的编排等，并使之处于受控状态。

样板试制，是给客户提供一个检验企业生产能力的平台。为了使生产能顺利展开，样板试制和修改就是对生产要素重新组合的试验和确认。例如，能否接洽订单，客户要求能否顺利达成，生产成本是否太高，工人的技术水平是否需要重新培训，怎样的生产方法更快捷方便，应如何改良繁复的工艺而不改变原有的生产外观效果，如何减低工价而降低生产成本，如何减少次品的数量，如何避免或减少生产问题等。

4. 提供生产依据和质量标准

服装样板的制作，是确保企业批量生产顺利进行和确保质量一致的不可缺少的模板。前一阶段的样板既是后一阶段样板的生产依据，又是后一阶段样板质量检验的审核标准。投产前制作的服装样板可以查找生产问题，提前做好防范对策，减少正式投产后生产问题的发生，确保生产顺利完成。客户的要求最终都通过实物样板来体现，所以服装样板是服装品质检查的重要依据之一。

三、服装样板的分类

在整个生产运作过程中涉及的样板主要有两大类：一类是报价用的开拓板，一般在指定的工厂制作，开发部直接跟进；另一类是生产用的生产板，一般在签订合同以后和批量生产以前，由加工厂制作，跟单部跟进制板过程。

根据不同的生产阶段以及样板在不同阶段承担的不同作用，又可将样板划分为以下几种类型：

1. 原板（Original Sample）

由设计师到前沿市场或世界顶级品牌中采购回来，用于新产品开发的师承样板。

2. 开拓板（Develop Sample）

在客户还没确定下单前，由企业设计部按市场流行趋势，以及客户消费群的区域性习俗与爱好，设计开发并制作成型的一系列季节性服装款式样板，主要是ODM❶企业用于开拓业务，吸引客户或服装品牌买手，提高接单能力的有效工具。

3. 客供板（Consumer Sample）

由客户或贸易公司直接提供的服装样板，给OEM❷企业做初板和承接生产用。客供板能够反映订单的要求，包括产品款式、设计效果、各部位尺寸、工艺制作方法及质量要求等。

4. 初板（First Sample）

初板又称头板、仿制板，是与客户第一次沟通的款式确认用板，即由客户提供样板或设计图，贸易公司提供板单给OEM或ODM工厂做的第一次板。初板直接影响到客户能否成功下单以及大货能否顺利生产。

客方设计师及采购部按照各工厂提供的初板款式、做工、报价做出评估，再挑选合适的企业下单。

5. 修改板（Amending Sample）

客户选款后，会细致审核初板，然后发出电子板单及评语给企业，要求在款式、选料、附件搭配和工艺等方面做第二次、第三次修改的样板，称为修改板。修改板的目的是确定订单最终款式效果和制作工艺，所以可选用相近的替代料，但需注意辅料与主面料的配色

---

❶ ODM（Original Design Manufacture）：是指具有设计能力的制造商。厂商根据服装销售公司的规格和要求设计产品，并根据修改后的样品进行生产。这类型企业更加注重与客户的深度合作。

❷ OEM（Origin Entrusted Manufacture/Origin Equipment Manufacturer）：是指只是承接加工的企业，俗称"定牌加工"或"贴牌加工"企业。

效果和手感要搭配适宜。

6. 件染板（Component Dye Sample）

由设计师提出要求，针对每个季度所需的颜色，对同一款式样板进行单件染色的参考样板。通常需要先从染色厂获取颜色实物样卡作为颜色参考，方便下单及设计颜色组合时使用，适用于部分针织及毛衣厂。

7. 试身板（Fit Sample）

试身板简称Fit板，是按照客供尺寸制作的样板。一般每个码制作1~2件样板，供模特试身用。

8. 批板/核准板（Approved Fitting Sample）

批板是提供给设计师、采购部批核款式、工艺细节的样板。通常用中码尺寸制作，批核次数视款式复杂程度而定。在批板过程中，经采购部及商品开发部批核为大货尺寸及规格的批板，会被称为核准板。

核准板也称大板、合格板、复板（Counter Sample），是大货开裁以前按照批量生产要求制作，给客户批核款式、工艺、面辅料及合体度的最终确认板，是可以用于生产大货和贸易行查货部照此检查大货的批板。但必须使用批量生产的面辅料，同时要经客户确认以后，才能开生产制单和批量投产。根据不同的功能，核准板可以分为以下几种：

（1）存板（Keep Sample）：存放在客户代理商或贸易总公司，用于接收货品后核查产品品质时的样板。

（2）技术板（Technical Sample）：供客户确认生产技术和工艺制法的样板。

（3）色板（Colour Matching Sample）：又称齐色板，供客户确认最终颜色效果的样板，同时用于服装生产和后整理校对货品颜色。

由于核准板是下达生产通知的依据，是服装品质验收的标准，所以制作核准板时对款式和制作要求都非常严格，所有物料、合体度、工艺方法、洗水、包装等均需依大货要求和客户最后确认的要求进行制作，否则客户有权拒收大货，严重者还会提出赔偿。核准板一经客户批示以后，就需将相关资料交给生产部，此后不再轻易做变更。如果后续确实还有需要改动的款式或规格，必须再生产一件样板给客户审核，直至收到客户的最终修改意见以后，才能开裁大货。

9. 放码板（Grade Sample）

放码板又称尺码板，是按尺码表齐色齐码制作的成衣样板。

（1）齐色板（Complete Colour Sample）：下单前，要求工厂按设计师提供的拆色资料，同一款号下做出一系列颜色齐全的整套样板，供下单选色时使用，通常适用于需要推广的款式。

（2）**齐码板**（Complete Sizes Sample）：在成功批核款式和试身效果后，根据大货所需的尺码，同一款号下做出尺码齐全的一系列样板，以供批核各个尺码的合身效果用，通常适用于需要推广的订单以及新开发的款式。

（3）**齐色杂码板**（Complete Colour and Mixed Sizes Sample）：在同一款的每个颜色中抽取不同的尺码制作的系列样板。

放码板的规格和工艺必须完全按客户的要求进行制作。同时还需通过不同身型的模特试穿来确定每个尺码成品的合体度，明确各部位服装的工艺参数。所以制作放码板时，对各部位的结构尺寸要求非常严格。

10. 推销板（Salesman Sample）

推销板又称行街板，是使用正确的布种、颜色及指定尺码（如M码）制作而成的样板，供品牌客户的时装表演、时装发布或展销会推销新产品使用，方便客户依据品牌发布会、展销会或订货会的情况，确定各个款式的具体订单数量，从而尽快与服装企业落实订单数量的样板。推销板比较注重模特的着装外观，所以在制作推销板时，应注意面辅料的色泽搭配和板型设计等实物的最终效果。通常在工艺单下达以后，可与放码板合并，做成齐色齐码的推销板。不容易寻找的辅料可用代用料。推销板寄给客户批复以后，等待客户信息反馈的时段，就可以准备合同报价工作。

11. 广告板/影像板（Advertisement Sample）

广告板也称摄影板、推广板，是订单签订以后和批量生产前期间，客户或设计部按照推广部订出的每一季拍摄时间表，要求工厂按时提供适合的摄影板，供宣传画报、邮购刊物、配搭目录或产品专刊等广告拍摄用，以便推广产品、扩大宣传、增加销量，或是推广部作为拍摄海报、时装表演用的样板。

影像板的尺码要求会根据摄影模特的体型定制特定的尺码，制成的样板需列明尺码和细节尺寸。由于需要考虑广告摄影的效果，所以影像板比较注重衣料的质地、颜色搭配及款式细节，外观效果要完全按照客户的要求进行制作。

12. 测试板（Lab Test Sample）

测试板是抽取批量生产用的面辅料制作样板，或在批量生产过程中抽取成品进行测试的样板。测试项目主要依据客户要求和产品款式的复杂性而定，常见项目有：缝道拉伸断裂测试、缝道纱线滑移测试、洗水测试、染色测试、合身测试、缩水测试、色牢度测试、面辅料纤维成分测试、化学物质含量测试等。其中，洗水测试需要在批量生产前做好前期的面料缩水率测试和样衣洗水测试，目的是检测服装洗水后的尺寸变化，以保证成品洗水后的规格、手感、花色效果达到客户要求。

13. 产前板（Pre-production Sample）

产前板简称P.P板，是工厂根据核准板规格，用大货所用的面辅料，在生产线上模拟批量生产形式进行制作的样板，用于生产大货的样板。产前板是代表批量生产水平的生产样板，可确保批量生产的正确性，所以必须符合客户所有要求，并与制单资料完全相符，以免批量生产时出现误差。

如果核准板已顺利通过客户的审核，则产前板无须给客户批复，只需做成与核准版一致的样板即可。

14. 货前板（Bulk Sample/Top sample）

货前板又称Top板，是将核准板与产前板合二为一，交由车间按批量生产流水线的方式制成，并交给客户审核确认的样板。通常必须收到货前板的客户评语以后，才能开裁大货。货前板跟进得当，可以减少工厂与客户间的认知偏差，减少生产问题的产生，使后续的批量生产更加顺利。

15. 生产板（Production Sample）

生产板是在批量生产中抽取的样板，一般要求抽取大、中、小码杂色各一件寄给贸易公司，以便贸易行跟单员跟进批量生产进度和大货产品的款式、工艺品质及尺寸等质量情况。生产板必须在大货出厂前两个星期提供给贸易公司，同时工厂必须获得贸易公司批核生产板的"合格报告"才允许出货。如果生产板不合格，工厂需再次提供样板批核。

16. 验货板（Quality Control sample）

验货板是在批量生产中抽取，提供给客方品管员到工厂查验产品和确认能否出货的质量标准样板。

17. 船头板（Shipment Sample）

船头板又称装船板，是在批量生产完成后或装运前，在每单大货中抽取一套杂色中码的成衣，跟单员从款式、尺寸、做工、面料、包装等方面查验船头板，检查完以后，挂上记录吊牌并分别交给客户、贸易公司及工厂品检部存档备用，代表大货品质的样板，供客方在其码头收货用。

贸易公司收到船头板后再做尺寸和质量的核查，如有问题会与客户方进行质量方面的跟进。此外，还有报价用的报价板，和用于面辅料采购用的布板、辅料实物样卡等。

【案例分析一】细致解读客户的需求

某服装企业有一个牛仔裤的订单生产已进入包装阶段。客方获知生产进度后，要求寄船头板，跟单员便从大货产品中挑选出一条牛仔裤，顺手对折后就将裤子装入塑料袋寄往客户所在地。

第二天，客户发来传真指出裤子的折法有错误，要求特派他们的ＱＣ人员过来拆箱复查，并重寄船头板，否则不能交货。实际上，服装企业已经完全按照客户的要求包装好所有大货服装，但此时客户根本听不进任何解释。跟单员只好陪同客户ＱＣ人员拆包检验，再重新一一包装。

分析与建议：由于跟单员的一时疏忽，导致企业不必要的资源浪费和经济损失。所以跟单员要认真解读客户在不同阶段的需求，尤其是后续的样板制作，应尽量按照订单内容和批量要求来提交样板，包括折叠、包装方式，杜绝"没关系、差不多"的态度。

第二节　样板的制作与管理

服装样板的制作简称"备样"或"打样"。服装样板制作的关键在于交板期及质量的保证，因此跟单员必须确保订单资料准确无误，并与客户的要求相一致，才能减少样板重复修改的工作，缩短样板制作的流程和进度。

一、不同阶段的样板和制作顺序

在整个订单处理过程中，通过制作各种样板，既便于与客户舒畅沟通，又能确保产品质量和规格的统一，促使生产顺利进行。

通常会根据不同的接单过程和生产阶段，来确定需要制作的样板类型。对应各个阶段需要制作的样板及样板制作顺序，如图4-1所示。

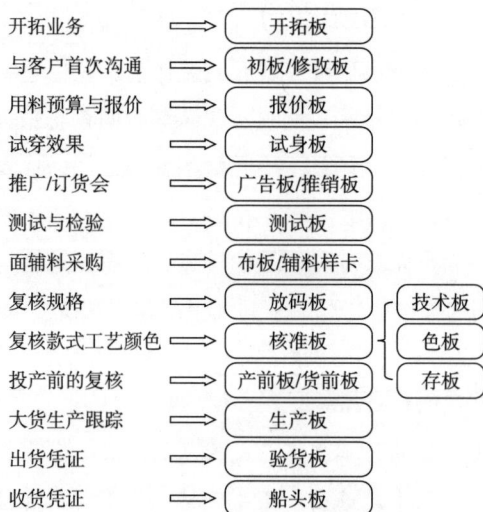

开拓业务	⟹	开拓板	
与客户首次沟通	⟹	初板/修改板	
用料预算与报价	⟹	报价板	
试穿效果	⟹	试身板	
推广/订货会	⟹	广告板/推销板	
测试与检验	⟹	测试板	
面辅料采购	⟹	布板/辅料样卡	
复核规格	⟹	放码板	技术板
复核款式工艺颜色	⟹	核准板	色板
投产前的复核	⟹	产前板/货前板	存板
大货生产跟踪	⟹	生产板	
出货凭证	⟹	验货板	
收货凭证	⟹	船头板	

图4-1　不同阶段的样板需求及制作顺序

在订单贸易过程中，每张订单所需样板的类型和数量各有差异。并非每一份订单都需要制作全部种类的样板，主要是根据客户的需求和企业内部跟单流程而定。例如，对于老客户的翻单，或是款式比较固定的订单，可以只做货前板（合并产前板和核准板），给客户确认后即可进入批量生产。"各公司制作样板的顺序"扫描"教学资源"编号4-1二维码可见。

二、样板存储管理

不同的客户有不同的制板需求，每个订单的样板又有所不同，如开拓板、生产板等均会在不同阶段反复使用。为了方便对各类样板的查询，必须加强对样板分类和存档管理，以便日后按需复查或重新调用。

1. 样板分类

一张订单涉及的所有样板（包括初板、试身板、产前板等）都应收集起来，并逐一按客户→订单→款式进行分类，然后建册登记。要求分类清晰、编号简明、资料齐全。

2. 样板存储

样板存储有挂装和折装两种。企业开发部的开拓板是客户了解服装企业、挑选样板和下订单的资料来源库，通常会用挂装或人台展示的方式陈列在展厅，以便客户随时参观和下单用（图4-2）。

图4-2　挂装板展示厅

其他类型的样板均会用折装方式封存，以节省存储空间。通常会留下一件船头板放在办公区间附近，其余所有样板会挂上吊牌或折叠后在胶袋外面标注清晰客户名称、订单号、款式、尺码等信息，然后按客户、款式及出货期的先后顺序进行封箱存储。箱外贴上样板存储登记表，登记资料包括样板数量、样板类型、样板尺码、客户名称、生产厂家、板单编号、订单编号、订单交货期与封箱日期、封箱负责人等，以便日后查找。

存储样板时还要注意做好防火、防潮、防晒、防蛀、防盗等工作，以免影响样板质量管理。

3. 样板流通

样板保管部门应建立一套完整的样板管理制度和相应的登记表格，完善样板管理的收发、借用、报废等手续，做好每一款样板的流通跟踪与复查情况。

4. 样板清查

对于存储时间超过三年以上的样板，应定期开箱整理样板。清查出的过期样板，汇总数据后报呈部门主管和总经理同意后，进行内部销售、赠送、赈灾、销毁等处置，以便腾出更多的空间存放新订单的样板。

第三节　样板跟单管理

跟进样板制作的跟单员称为样板跟单员，也称跟板员。根据生产阶段性的制板要求，跟板员下达制板任务以后，要对服装样板所需要的面辅料、加工质量、生产进度等进行密切跟踪和管理，保证样板能按质、按量、按期完成，为相关部门提供合格的样板，以期尽快获得订单，或确保批量生产如期进行。

一、制板前期跟单

1. 整理制板资料

（1）**收集客供资料**。跟板员接到客户或贸易公司的制板要求后，首先应收集齐所有制板用的资料，尤其是客供原板。接着，要细致查阅和清点收到的资料内容与数量，遇到有遗漏或不清晰之处，应及时向资料提供方咨询。

（2）**分辨样板类型**。制板前，要向客户咨询样板的使用目的，以此确定并标注样板的类型。因为不同的样板类型，制作的侧重点会有所差异。

· 初板注重款式搭配及外观效果。尺码板观测模特试身后的板型和细节部位的规格要求。

· 推销板/广告板侧重于衣料的质地、色泽感，服饰颜色的搭配、款式细节和板型设计等，外观效果要完全按客户的要求制作。

· 核准板/货前板使用大货面料，核查成品的面辅料手感、色泽、装配部位、工艺质量、规格、洗水效果等所有品质。

·产前板要了解流水线模式作业的工艺难度、对产品质量的影响，以及完成后的规格偏差等。针对不同类型的样板，给客户提供满意的成衣样品，能减少沟通障碍，促使订单尽快完成。

（3）**整理制板资料**。收齐订单资料后，跟板员将资料进行分析、整理，标注出客户的特殊要求，以提高样板制作的准确性，避免与客户的要求有偏差。同时，还应与客户或样板需求方确定样板的数量、交板期、交板地点等信息。

如果客户只提出设想，委托企业开发，可由设计师详细了解客户的想法，设计出效果图给客户初审后，再进入初板的制作，样板跟单流程如图4-3所示。

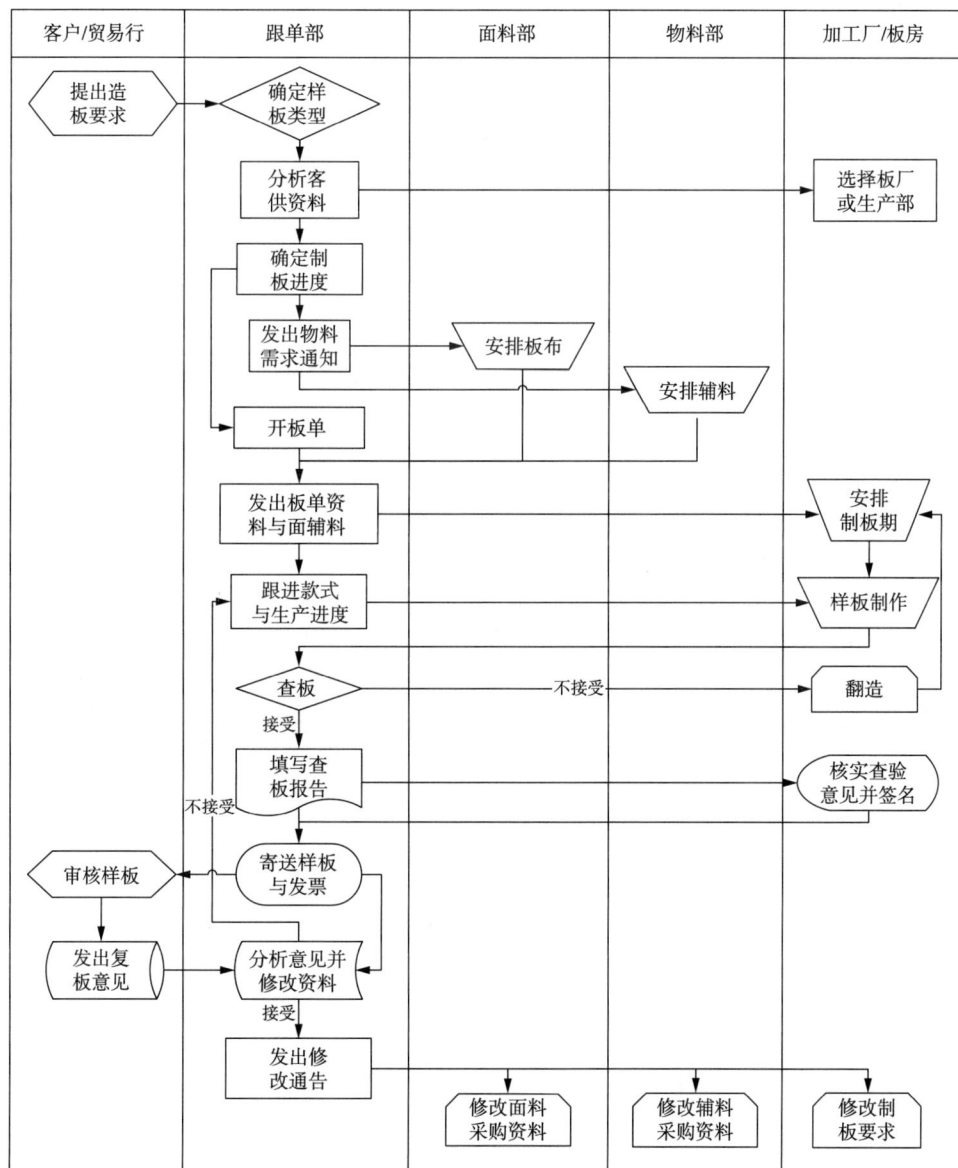

图4-3 服装样板跟单流程

2. 选择制板工厂

需要外发生产的订单，服装样板应交由外协加工厂负责制作，以减少后续批量生产的问题，同时也可防止大货与样板不相符而遭客户拒收。

外协工厂的选择，可以根据服装品种和款式要求，在本企业或客户认可的外协单位或有第三方机构认证的生产企业中选择。

在服装出口贸易中，许多海外客户尤其是欧美客户对加工厂的要求都比较高，通常只有通过BSCI（商业社会行为规范标准）、WRAP（负责任的全球成衣制造）或SA8000（社会责任标准）等社会责任国际认证体系的生产企业才能获签出口订单。

初步选定加工厂后，跟单员需向工厂寄出客供板或初板资料，由工厂根据头板资料先给出报价，再由贸易公司对比多家工厂的报价资料后选定合适的加工厂。

3. 贸易报价与预算控制

贸易公司的初板跟单员根据客户批复的初板和加工厂提供的报价信息，会进行本公司的贸易报价。完成报价后所有资料提交给部门主管审批。向客户的报盘、还盘工作主要由经理负责。

如果报价出错，会给整个订单的生产带来损失，所以跟单员可以要求打板师在绘制纸样时，准确算出所有面辅料的用量及其损耗量，收集物料部采购面辅料的价格，并获取工程部测定的各工序的标准工时，作为成本核算的基本资料。

给客户的报盘资料，应把主要的生产成本向客户列明，使客户对订单的生产成本和报价的准确性更为信服。同时，所有成本核算和报价资料完成报盘以后，都要进行归档管理。

4. 编制板单

板单全称是样板制作工艺单，是提供给工厂报价或制作服装样板的加工指令。板单涵盖了服装样板制作过程中所有的技术要求，是服装样板生产的工艺技术依据和质量标准。

（1）准备资料：编写板单以前，样板跟单员首先应清晰了解样板款式、样板用料、后整理方法等细节要求，并对样板资料进行细致的分析、整理和翻译；其次，跟板员应从相关的资料部、工程部或加工厂、洗水/印绣厂中了解与样衣生产有关的资料，包括面料缩水率、洗/染后效果等，同时评估加工厂能否顺利完成样板的生产，如果有疑问，应咨询上级主管部门和生产部门的意见；最后，跟板员还应预算出样板物料的使用量和损耗量，为编写板单做准备。

（2）汇编板单：板单分为面单和底单。

面单是根据客供资料提炼、汇编成简明扼要的样板生产指南，引导制板部制作样板的说明书，工艺单格式和具体内容详见表4-1。

表4-1 样板工艺面单

制单编号		客 户		款 号		填单日期	
样板类别		款式说明		产 量		交板期	

面料	组织/成分	规格/幅宽	用量/打	颜色	供应商	实物样卡	

辅料	类别	衬布	缝纫线	纽扣	拉链	饰带	松紧带	商标
	规格							
	颜色							
	用量							
	供应商							
	实物样卡							

尺 寸 表	款 式 图 样	后整理
测量方法与允差值		

制造规格与要求	
注意事项	

制表人：_____   跟单主管：_____   承造部门：_____

填写面单时，要求简单明了，款式工艺图清晰直观，工艺方法适合批量生产。服装规格原则上先用M码制作样板，客户另有要求者除外。样板工艺面单的格式和内容见表4-1。

底单主要是客户提供的资料，内容有客供尺码、样板图册、制造方法等资料。由于每个客户提供的资料与形式有所不同，所以底单也没有固定的格式，这就需要跟板员收齐客户资料后，再进行翻译、归类、整理，绘制成板单附件，再与客供的实物样板一起提供给制板部，也可以用工艺生产图、实物扫描图来指示生产规格和细部要求。另外，底单还需记录客户每次更改样板的意见和要求，以便跟进样板。

在编写过程中，如有疑问或不明之处，应及时咨询客户或相关部门。如果由客户提供实物样品，则应在工艺单的相应栏上注明"有附板"字样。

（3）发放板单：板单开好以后，核对所有生产资料无误并经主管审批签字，方能生效分发。复印一式三份，跟单部和客户各执一份，以便跟进和检验样衣时有统一的标准。一份板单与样板用料、客供板一起交给制板部安排生产。样板制作完毕，再与客供板一起返回给跟板员。

5. 准备样板用料

样板用料是指制作服装样板时所使用的面辅料。服装样板用料的途径采集得当，可以为大货物料的采购做好准备。

如果由贸易公司的制板部制作样板，则需该公司的跟板员提前准备好所有制板物料，与板单一起交给制板部制作样板。如果由外发加工厂负责制板，则由贸易公司跟板员按客户的制板要求开出板单，发给加工厂跟板员去准备制板用料后，再交给工厂的板房制作样板。

（1）样板用料的获取途径。

①客供料：直接由客户提供或客户代购的物料，是制作初板比较常见的一种物料供应途径。虽然客供物料免去了许多采购工作，但跟板员必须特别关注客供料的到货日期。跟板员应在物料对应栏注明"客供"和计划到货日期。收到客户提供的面辅料后，跟板员需认真检查物料的数量、规格和质量与客户发货单是否相符，做好验货的交接手续，并在物料对应栏记录实际到货日期、规格、颜色和数量。

②提取仓存料：如果客户没有提供物料，订单早期的样板如初板、修改板等的用料，可到仓库选用与客供板相近似的仓存料。选配指标包括组织成分、质感、重量、悬垂性、色泽等，必须确保所选用的代用料制成服装后与客供板的效果相一致。例如，同样是牛仔面料，选用不同厚度或重量的面料，会使整件服装在洗水后整理的效果发生变化。

③抽取生产用料：后期的样板如核准板、测试板、产前板等的用料，如果该订单的批量生产用料已经运抵工厂，可抽取批量生产用料制作。

无论是提取仓存料，还是抽取生产用量，选好物料后先由跟板员填写样板用料申领表

（表4-2），经跟单部主管审核后，向物料部申请领用。物料部查仓审核后，由物料部主管审批，再填写物料出库单，交由跟板员到仓库领取所需要的面辅料。

④采购：跟板员根据客户的要求，详细填写样板用料订购表（表4-3），并附上面辅料实物样板和颜色编号，经部门主管批签后，交由物料部向供应商订购物料。如果物料用量太少，也可由跟板员直接到市场或向供应商零散采购。无论由什么渠道采购，跟板员都应密切跟踪面辅料的交货时间，要确保物料适时送达制板部，以免影响制板进度。

表4-2 样板用料申领表

日期：＿＿＿＿＿＿＿

客户名称			样板类型	
样板款式描述			样板生产数量	
面料种类与名称	面料			里料
面料组织成分				
面料颜色/色号				
需要数量（m）				
辅料种类	拉链	带扣	橡筋	……
规格/颜色				
用量				
需料日期				
物料部查仓情况				

查 仓 人：＿＿＿＿＿＿＿＿＿＿　　申 领 人：＿＿＿＿＿＿＿＿＿＿

跟单部主管审签：＿＿＿＿＿＿＿　　物料部主管审签：＿＿＿＿＿＿＿

表4-3 样板用料订购表

初板：□　　　　试身板：□　　　　销售板：□　　　　核准板：□

客户：＿＿＿＿＿＿＿　　款式编号：＿＿＿＿＿＿＿　　日期：＿＿＿＿＿＿＿

物料种类	型号	规格	颜色/色号	数量	供应商	需料日期	复核日期	送交部门	实物样卡	备注

申购人：＿＿＿＿＿＿＿　　　物料部：＿＿＿＿＿＿＿　　　样板生产部：＿＿＿＿＿＿＿

（2）样板用料跟单流程。

①索取面料样板。跟板员应向客户索取物料样卡和相关的文字描述（客供料除外），清晰了解合同和补充协议中对面辅料的要求。

②计算用量。样板物料的用量可以通过开样排料计算出来。用料预算需尽量准确，并经部门经理审核后存档。如果实际使用超出用料预算，需列明原因和实际数量，并经部门经理核实后，作为特殊案例处置。

开发样板的物料费用通常由企业自己负责，其他类型的制板费用由客户承担。订单还没签订以前，可由客户提前交制板费，也可在后续的订单中补交。

③查仓或抽取大货物料。跟板员列出制板所需的面辅料后，交给物料仓管员清查仓存料。如果仓库有可用的剩余物料或大货物料，则仓管员将板单和清查结果交跟板员办理领料手续。如果仓库没有适合的物料，则跟板员需准备采购工作。

④制作样板用料卡。采购前，跟板员需先制作用料卡。用料卡上要详细列出需要订购的面辅料规格和要求，并附上实物样板给采购者，以防出现订购错误的现象。样板用料卡的格式详见表4-4。并不是所有样板用料的订购都需要制作面料卡。通常齐色齐码的推销板或核准板用料，都要制作用料实物卡，一式两份，一份给采购部，一份给制板厂。

表4-4 样板用料卡

板单编号	M—B—725	合同编号	SC—21589—01
面料名称	磨毛斜纹料	客　户	JEPY（女装）
面料编号	DO2017/18	组织成分	100%棉
颜　色	卡其色、蓝色、黑色	组织结构	108×56/16×12
色　号	＃61、＃16、＃19	洗水方式	酵素石洗
布　板：			
客户复核/接受日期：_____			

制表/日期：_____　　　　　审核/日期：_____

⑤订购板料。跟板员将制好的面辅料样卡，与板单一起交给物料部订购样板面料。此时，跟板员还应跟进订购料的进度，以免影响样板的交付期限。

⑥核查与交接物料。物料部采购回物料后，交给跟板员复查物料的数量及质量。跟板员查核无误后，在物料上注明板单编号，并与板单、客供洗水/染色实物标准一起，交给

制板部或加工厂清点签收，以便开始生产样板。样板用料跟单流程如图4-4所示。

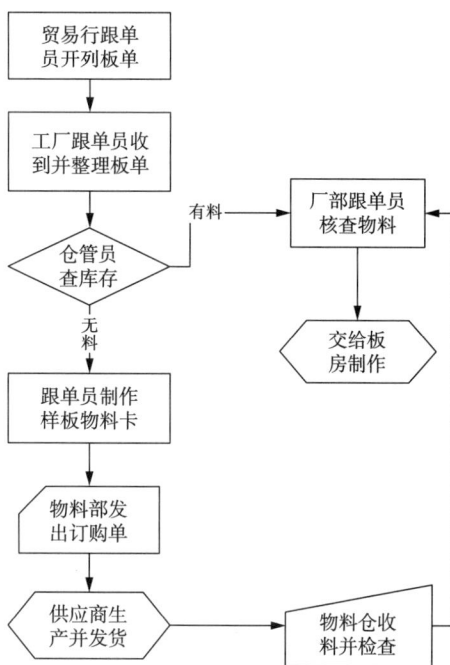

```
┌─────────────┐
│ 贸易行跟单    │
│ 员开列板单    │
└──────┬──────┘
       │
┌──────▼──────┐
│ 工厂跟单员收  │
│ 到并整理板单  │         ┌─────────────┐
└──────┬──────┘    有料   │ 厂部跟单员    │
       │        ┌───────→│ 核查物料      │◄──────┐
   ╱───▼───╲    │         └──────┬──────┘       │
  ╱ 仓管员   ╲───┘                │              │
  ╲ 查库存   ╱                ┌───▼───╲          │
   ╲───┬───╱                 ╱ 交给板   ╲         │
       │ 无料                ╲ 房制作   ╱         │
       │                      ╲───────╱          │
┌──────▼──────┐                                  │
│ 跟单员制作    │                                  │
│ 样板物料卡    │                                  │
└──────┬──────┘                                  │
       │                                          │
┌──────▼──────┐                                  │
│ 物料部发      │                                  │
│ 出订购单      │                                  │
└──────┬──────┘                                  │
       │                                          │
   ╱───▼───╲                  ┌─────────────┐    │
  ╱ 供应商生  ╲────────────────→│ 物料仓收     │────┘
  ╲ 产并发货  ╱                │ 料并检查     │
   ╲───────╱                  └─────────────┘
```

图4-4　样板用料跟单流程

（3）样板用料跟单注意事项。

①尽量用仓存代用料。可以在库存物料中寻找代用料的样板有初板、修改版、推销板等。跟板员应及时查询物料仓存情况，尽量使用仓存物料，切勿盲目发出请购清单。

②争取集中采购。跟板员应准确计算物料的用量，做好同一季度样板物料的起订量和损耗量统计，并尽量集中采购类型相近的物料，以获取采购优惠。

③跟进采购物流。无论是哪种获取途径，跟板员采购前应详细了解客户需求和物料市场的供应情况，并仔细跟进物料的整个流转过程和细节要求，包括订购价格、颜色、数量、运输方式和到货日期等，防止供应问题影响板期。

④协商采购问题。跟单过程中，如果遇到疑问或不清晰之处，应及时向客户或有关部门咨询。如果物料生产期太长，或物料抵达时间有延误，应及时询问客户能否更改其他物料，或延迟交板期限。如果数量、颜色有偏差，应及时查找问题的原因并及时解决，无法解决的事项应及时与主管或客户协商，尽快达成共识。

【案例分析二】合理安排板料的采购

跟板员在采购样板辅料时，虽然辅料容易找齐，但常常由于订购量太小，无法达到供应商的起订量而遭供应商拒绝供货。

思考：跟板员应如何应对？

分析与建议：

1.采购前详细了解辅料以往的供应情况，包括供应商提供的辅料样板资料、辅料起订量、需求量、规格、颜色、价格等。

2.客户通常会以销售板或产前板所用的辅料作为批量生产用料标准，所以制作早期的样板时，尽量寻找容易找到、容易替代和容易制作的辅料，减少采购和生产上的麻烦。

3.汇总近期所有订单的辅料采购清单，相类似的辅料尽量集中采购。

4.平时多收集供应商资料和辅料样板卡，以便寻找更乐意配合的合作伙伴。

二、制板中期跟单

1. 样板生产跟进

制板部领取样板制作所需的各种物料后，进入样板制作阶段。

（1）制板数量与时间：开拓板、初板、修改板一般只制作一件M码（或者客户指定码），推销板、尺码板、核准板的制板数量则根据客户的要求或订单的款式、颜色、尺码数量来确定。

制板时间从开裁之日起计算交板期。以下是常见样板的生产进度参考时间：初板：4~5天；尺码板：一周内；特急板：2~3天（必须经部门经理批签，才能做特急板处理）；复板或广告板：5天内；推销板：2~3周；核准板或产前板：25天内；生产板、船头板：批量生产开始后从大货中抽取，无需另外制作，通常会要求大货完成前1周寄出船头板给客户确认。

生产核准板前，跟板员须先制作面辅料实物样卡，给制板部或加工厂领取物料和开裁对料用，实物样卡上还应注明本次样板的板单编号。

（2）制板跟进工作。

①定期向制板部提供样板的月计划生产数量，以便制板部提前做好生产计划。

②跟踪样板生产所需的板单资料、面辅料，制板部是否已经按时收到。此外还须准备洗水/染色标准样卡给外协加工厂，以便进行后整理工艺的效果确认。

③了解样板制作的工艺流程和容易产生的问题，为后续的批量生产做好预案记录。

④每天定时到现场或通过电话、传真、邮件等形式查询样板的生产进度，督促样板按时完成。

⑤协助制板部解决制作过程中的疑难问题和突发事件，并及时跟进解决。如果制作工艺无法达成客户的要求，应将生产部提供的具体工艺做法或尺寸修改意见汇总后，及时与客户联系，商讨修订意见后，按照客户新的要求做相应的修改。

⑥做好制板的记录和资料存档工作，以便后续评审样板和生产大货时有据可查。样板制作记录详见表4-5。

表4-5 样板制作记录

客户：		款号：		尺码：		板类：	第 次
款式：		数量：		收单日期：		出板期：	

主料	类别	面料1	面料2	配料1	配料2	里料1	里料2	衬1	衬2
	色号								
	规格								
	用量								
	备注								

辅料	代用辅料		增加辅料		用量		横纹带	花边
	1.		1.					
	2.		2.					
	3.		3.					
	备注：							

制板依据：按客板单□ 　　　参考客来板□

纸样说明	客来纸样□ 　本厂出样□ 　按客基本样修改□	裁板说明	裁片大小正确□
			毛向布纱上下正确□
			面料图案上、下正确□
			正确布□ 　代用布□
			面料缩水□ 　面料无缩水□
			备注：

纸样师：_____ 　　日期：_____ 　　裁板员：_____ 　　日期：_____

制板说明	1.详细列明技术难度的主要位置及缝制过程：
	2.修剪的位置及尺寸：
	3.建议纸样修改：

车板员／日期：_____ 　　　　主管审核／日期：_____

2. 评核样板

样板制作完毕，由制板部的质检员检查合格后，交给跟板员进行全面评审，确保样板与客户的要求无偏差。样板的核查评审工作主要有以下几个步骤：

（1）**收集评审资料**：在评审样板之前，跟板员需先收集相关资料，包括订单资料、客供资料或实物样板、开发部审板评语、客户修改意见、客户提供的质量标准、面辅料实物卡、板单、尺码表、质检员的质检报告等。

（2）**抽查数量**：样板检查的数量视样板制作量而定。样板制作量为1～15件时，每种颜色抽查2件；样板制作量超过15件时，每种颜色抽查3件。如果样板评核时出现尺寸上的问题，只需再从样板中按每种颜色多抽查2～3件，检查是否有同样问题。若问题仍然存在，则必须仔细检查所有样板的尺寸是否合格。如果抽查的样板是由于手工、面辅料或洗水等质量方面出现问题，则必须认真检查剩余的所有样板是否有同样问题。

（3）**评审样板**：样板的评核是对样板进行全面检查，包括工艺质量检查、尺寸测量、款式细节核对等，并做出客观评价。评审样板的工作主要有：

①核对制板资料。跟板员收到板部发来的样板后，首先要核对检查板单的副本与样板身份是否相符，然后准备板单和客供实物样板等资料，以便展开样板评审工作。

②尺寸测量。由于每个人测量的手势不同，尺寸测量的结果会有很大差异，所以客户、贸易公司、加工厂应共同建立一套合理的测量标准，包括使用同一个尺码表、同一种测量方法、每个测量部位用相同的允差值等。

尺寸测量的基本要求包括：测量前必须先仔细阅读板单的尺寸表或前一阶段的客户批核评语，了解各部位的测量方法与要求，这是获取准确尺寸的关键点；尺寸测量员需经过专业培训，包括测量的要求与手势；为确保测量的准确度，服装须铺平在桌子上，测量部位要摊平呈自然状态；成衣熨烫后，需静置8小时（T恤类）或24小时（毛衫类）才能开始测量；测量弧线部位时，要将尺子竖起并沿弧线测量；做工复杂或款式特殊的成衣，要严格按板单或客户要求进行测量；遇到不明白或订单资料上对测量要求的描述不清晰时，应及时与主管或客户联系，直至有明确描述才能继续复核样板。

测量服装样板时，需按照板单的测量方法，测得的数值与尺码表对比，并记录误差值。不同的客户对尺寸的允差有不同的要求，如果尺寸超出客户允差值范围，则视为不合格样板。如果客户没有给出明确的允差值，可参考表4-6～表4-9所示的允差值范围。如果样板的测量值远远超出允差值，则应检查是该纸样是否存在尺寸问题，还是面料在生产过程中存在变形问题，以便后续生产的改善。

表4-6　梭织上装衣物常用尺寸的允差值　　　　　　　　　单位：cm

上装衣物	初板/广告板/摄影板	尺码板/核准板/产前板
前胸宽	±1.5	±1
肩宽	±1	±0.5
后衣长	±1	±0.5
袖窿宽	±0.6	±0.3
衣摆围	±1.5	±1
袖长（长袖）	±1.5	±1
袖长（短袖）	±1	±0.5
领围	±0.5	±0.5

表4-7　梭织下装衣物常用尺寸的允差值　　　　　　　　　单位：cm

下装衣物	初板/广告板/摄影板	尺码板/核准板/产前板
腰围	±1	±0.5
臀围	±1.5	±1
前裤裆	±0.6	±0.3
后裤裆	±1	±0.6
裤腿/膝/筒围度	±0.5	±0.5
裤内缝长	±1	±0.5

表4-8　针织衣物常用尺寸的允差值　　　　　　　　　单位：cm

下装类	允差值	上装类	允差值
橡筋腰围（放松测量）	±3.5	胸围	±2.5
臀围	±3	衣摆围	±2.5
前裤裆	±1	肩宽	±2
后裤裆	±1	后中衣长	±2
裤腿围	±1	袖长	±2
裤膝/裤脚围	±1	袖级宽	±1
裤内缝长	±1.5	袖窿宽	±2.5

表4-9　针织毛衣常用尺寸的允差值　　　　　　　单位：cm

测量部位	3、5、7、9针	测量部位	12针
胸围	±3.5	胸围	±2.5
衣摆围	±3.5	衣摆围	±2.5
后中衣长	±2.5	后中衣长	±1.5
肩宽	±1.5	肩宽	±1.5
袖长	±1.5	袖长	±1.5
袖口宽	±1.0	袖口宽	±1.0
袖窿宽	±2.5	袖窿宽	±2.5
衣摆脚高	±0.5	领围	±0.5

③质量核查。样板质量检查通常以客供板或客户前期已确认的样板为依据，按照客户或板单的要求，对样板的外观款式、工艺细节等进行全面细致的检查。检查内容包括：衣领、袖窿、衣摆等各部位试穿效果与合体度；面辅料及配饰物使用是否正确；面辅料是否有断纱、抽纱、少经少纬、结节、色差等现象；款式和工艺方法是否符合工艺单要求；缝边是否有跳线、断线、起皱、破洞、披散爆裂、漏针线等问题；商标、绣花、印花或小饰品的位置是否正确；熨烫效果、折叠和包装方式是否正确。

④颜色批核。针织、梭织成衣及毛片均需使用标准灯箱作为颜色的批核工具；客户、贸易公司、工厂三方批板人员需统一光源；样板洗水后的颜色和手感与客供板相比较，并检查是否有洗水痕、白斑、色差等问题；染色后的颜色和手感与客供板相比较，并检查是否有色点、色花等染色不均的现象等；以肉眼鉴定的颜色判断，以设计师评语为准。

初入门的跟板员可以请设计师或资深的板房师傅一起检查样板是否已经达到客户的标准。如果出现缝道起皱、油污、规格不符等比较典型的生产问题，需交回板部修改或重新制作，并与技术部门商讨后续的改善方案。

如果客户没有提供质量要求，可由跟单部或加工厂确定检验标准。企业自行订立的质量标准通常会比较低，如果能尽量提高质量标准，则能提高本企业的综合实力。

3. 记录评核内容

样衣技术员和跟板员进行样板核查时，需详细记录样板评核的内容，包括各个部位相差的尺寸及出现的问题，对样板上出现的问题作出客观的评价，并提出修改或重做的评语。样板评核表详见表4-10。

样衣技术员和跟板员双方需在样板评核表上签字确认，由跟单主管审批后，再把复查结果分别送到跟单部和制板部，作为样板修改或合格通过的依据。

4. 样板修改跟进

不合格的样板会退回制板部，要求按样板评核表的评语进行修改。需要重新制作的样板，最好找制板部经理签署做特急板处理，才能尽快出样，以免耽误交货期。

对于技术难度较大的问题，跟板员可与制板部共同研究解决。如果由于制板部的工作疏忽而导致样板重做，重新订购面辅料的费用可由制板部承担。

表4-10　样板评核表

客　户		款式编号	
生产季度		面　料	
样板类型		洗水方式	
样板尺码		试衣模特	
样板生产部		交板期限	

评核意见：
　1. 拉链请改用尼龙细牙拉链
　2. 后裤裆过紧，请适量放松
　3. 腰围偏大2cm，请改善
　4. 裤脚缉线不平顺，请注意
　5. 左右裤长尺寸偏差了0.5cm，请改善
　……

图示：

结语：
　　合格通过□　　按评语修改☑　　重做□

注：样板随附后面

核板人/日期：_____　主管/日期：_____

三、制板后期跟单

1. 寄送样板

（1）**备齐资料**：样板经跟单主管评审通过后，跟板员清点每个款式、每种颜色的样板数量，在样板上挂上吊牌，同时附上评审的评语并签字确认。吊牌信息见图4-5。

G _____服装有限公司

客户名称		款式编号	
样板类别		板单编号	
样板尺码		交板日期	
面料（色号/质地）		款式描述	
备注：			

寄板员：_____ 寄出日期：

（a）正面

部位	客供尺寸	实际尺寸	允差值
腰围（沿腰线量）	75cm		±0.5cm
臀围（腰线下18cmV型量）	105cm		±1cm
内裤长	68cm		±1cm
外裤长	96cm		±1cm
评审结果：			
□合格　　　　□不合格			

（b）反面

图4-5 样板吊牌

投寄给境外客户的样板，还需准备进出口文件，包括发票、出口证、入口证、转口证、客户邮址等证件。

（2）**寄送样板**：寄送样板前，跟单员需填写"出厂通行证"，并请主管签署批准后，样板才能顺利寄出。样板寄送给客户的方式有直接运送、速递和平邮投寄等。样板寄出后，应将样板寄出的时间、投单编号、样板款式代号、数量等资料告知客户，以便对方查收。

此外，还应保存与客户、面辅料供货商、加工厂等各种样板来往的邮寄凭单，以便随时复查和验证整个跟板过程，也可作为财会部收取样板费用的凭证。

2. 分析客批意见

客户评核样板提出的修改变更，不仅是对样板款式和工艺的优化，也是客方设计师根据市场行情而做的相应调整。跟板员收到客户批复样板的修改意见后，要做好以下工作：

（1）**分析客户批复报告**：跟板员要与制板部一起商讨客户修改意见的成本变动情况和生产可操作性。对于难以达成的修改要求或修改导致成本增加等情况，应向客户耐心解释，并协商新的可行性修改方案。

（2）**处理客户批复意见**：确定修改方案后，跟板员应及时递交主管，经主管审批后，与实物样卡等资料一起分送相关部门的负责人，如面辅料采购员、纸样师傅、制板部主管、质检员等。

（3）**翻修样板**：对于需要翻修的样板，跟板员与制板部师傅一起对样板进行修改，也可以要求工厂按客户的评语制作下一阶段的销售板（大板或产前板）。如果需要重新制作，跟板员应马上督促制板部重新安排样板的生产、订购大货物料和重新制作物料样板，并及时跟进制板进度和客户的新要求。有些样板需要通过数次修改，才能得到客户的最终确认。

（4）**批板存档**：跟板员在样板跟进过程中，应将每次样板需要修改的细节、更改日期清晰记录在样板修改意见表中（表4-11），并注意附上所有客户要求更改的传真、邮件、批复意见等原始资料，然后与客户的批复样板一起归类存档，以便日后查核。

表4-11 样板修改记录表

生产季度		客户	
板单号		款式编号	
样板厂		交货期	
样板类型/要求			
面料/色号			
更改日期	更 改 资 料		负责人
4.3	尺码标的位置由后中更改到右侧缝衣摆上15cm处		张CC
4.2	前袋口的加贴工艺更改为与袋布运反处理		李AA
3.25	更改衬布颜色（色号：＃5211）		张CC
3.21	加长袖长尺寸1.5cm		王BB
3.12	更改款式，详见款式图		李AA

3. 跟单收尾工作

（1）做好跟板记录：跟板员要做好跟板的工作记录，将每个季度或每半年所完成的样板按照客户名称、制板部门、交板期、尺寸核实情况、质量达标率、复核次数与修改次数等资料，以及每次样板修改的项目和原因，汇编成样板跟单综合评核总表，为以后的样板制作提供参考，也可作为评核制板部和选定加工厂的依据。

（2）召开总结会议：跟单部应定期召开跟单会议和样板生产会议，进行客户评核样板的分析与改进，以免下一阶段的样板制作或批量生产时发生同样的错误。

（3）结算制板费用："出厂通行证"上如果有注明"向客户收回现金款项"，样板制作完毕，应详细列明样板制作的各项费用，向客户发出样板制作费用结算单，敦促客户及时结清制板款项。对于信誉良好的老客户，可以考虑在批量生产完成后一起结算，需获得客户盖章签收后，再转交财会部处理。

此外，还应按时与制板加工厂进行结算，及时付清样板加工费用。对于经常合作的加工厂，也可以定期支付或年终结算。

扫描"教学资源"编号4-2二维码可见"样板跟单流程与工作案例"。

四、样板跟单工作要求

样板跟单工作是获取客户订单的前提条件，样板跟单做得好，可以大幅提高签订的成功率。同时，成功下单后的样板是批量生产的依据和标准，做好样板跟单工作，能减少批量生产时的许多问题，生产流水线也更顺畅快捷。

为了实现成功接单和批量生产达到质量、成本、交货期三方面的要求，减少各种问题的发生，在服装样板跟单的过程中要注意以下几点：

1. 努力提高自身综合能力

跟板员要掌握全面的服装生产专业知识，对面料的基本特性、服装生产的备料开裁、缝制工艺、后整理、检查、包装等整个生产过程的运作情况和各阶段潜在的问题都要清晰掌握，能快速回应客户的任何咨询，并能帮助生产部解决生产问题，使样板能尽快获得客户的确认。

外贸企业的跟板员需要与海外客户打交道，所以还应具有较好的外语会话和书写能力，以便能直接与海外客户对话，准确表达服装专业术语，正确领会客户的设想和要求，减少中间翻译的误差。

此外，跟板员还应具有较好的沟通能力、灵活应变能力和解决问题的综合能力，所以需要跟板员在工作中不断提高自身的综合素质。

2. 不断总结客户特点与喜好

制作初板时，通常客户只提供设计图稿或某些关键部位的参考模型，客户的初步构思需要跟板员做进一步的了解。由于每个客户都有一定的习惯和喜好，所以应细致了解客户的设想构思以及对生产工艺、款式细节的要求，如裤筒外形、绣花的方法和尺寸等，最好建议客户提供清晰的文字说明或修改提示。

同时，还应耐心倾听客户的意见，细致分析客户所在地的民俗习惯和地域特色等，学会总结不同品牌的风格、客户的特点和个性化喜好，才能更好地迎合客户的需求，提高客户满意度。

3. 制板前做好充分准备

原材料的成分和组织特性会直接影响服装的外观、手感、服用性能及价格，所以采购板料时，除了要求面辅料的颜色与客供板或款式图一致以外，还应考虑原材料用于批量生产的可操作性、采购的便利性、交货时间、染整洗水后的效果影响和成本等因素。

开样前最好先召开一个生产说明会，向制板部清晰讲解客户的要求、款式细节和注意事项。制板部要确认样板试制所涉及的生产方式、工艺规格、使用设备等的可行性，并预判可能出现的生产问题，跟单员需做好会议记录，做好与客户的协调工作。

4. 设法降低制板资金与时间的投入

跟单员应尽量控制试制的样板数量，尽量降低开发成本的同时，还应防止试制样板和返修的时间过长。对于款式简单或已经生产多次的样板，可以使用原有样板或纸样来简化生产程序。

制板时要考虑制作工艺与客供原样的一致性，还应考虑样板的生产工艺能否适用于本工厂的批量流水生产，同时要尽量改良工艺，在不影响服装外观的前提下，将做工繁杂的工艺尽量简化，以提高生产效率和降低成本。

5. 及时改进出现的问题

每次跟踪样板时，跟板员均应首先亲自检查一次样板，然后陪客方质检员一起检查样板。

在跟板过程中碰到的每一个细微问题均应详细记录下来，及时与跟单部主管和制板部主管协商，确定合理的改进方案，再将改进措施记录在板单上，避免日后制作大货时发生同样的问题。

6. 全面预测后续生产的难度

样板能否适合批量生产，是企业在制板时的关键点。有些样板虽然制板部能按客户的要求制作出来，但由于制作工艺难度太大或品质要求过高，投入批量生产时会出现生产成本大幅提高，大货的品质水平也比样板低，从而导致延迟交货的现象。因此，跟板员在核查样板时，要注意对照生产部的技术水平和生产能力，预测生产中可能会出现的问题：样板用料及款式能否匹配，是否按客户要求制作；样板中有哪些制作难度较大、工艺较复杂的部位，可向制板部了解清楚各部位制作工艺的繁简程度，并做好记录；样板是否适合工厂的批量生产，可向生产部主管咨询，以及能否尽量减低工价等；批量生产时会出现哪些生产问题，批量生产后的效果能否达到客户要求。

这些问题会影响到日后批量生产时企业能否盈利和按时交货，所以跟板员应准确评估企业的生产技术水平和生产能力，及时解决问题。如果企业的生产现状受限制，无法达到客户的工艺质量要求，必须与客户共同寻找既能保持样板质量又适合批量生产的工艺方法，确保大货顺利生产。同时注意以后接洽订单时，及时预测可能出现的生产问题，引导客户订购既有独特风格又适宜批量生产的服装产品。

7. 耐心跟进样板的修改

每种样板的制作都可能需要多次反复的修改。这就要求跟板员不能产生厌烦情绪，既要耐心听取客户的修改要求，又要积极提出专业性的建议，给客户提供有价值的参考，争取客户的认同。

同时，客户每一次的批复修改意见，都要及时更正工艺要求，并清晰地传达给制板部和其他相关部门，务必使各负责人都了解清楚，减少样板的修改次数。

8. 设法降低制板用料成本

制板时一定要本着"节约成本，降低消耗"的原则，提高物料的使用率，为客户提供质优价廉的样板。例如，可以使用代用料的样板则应尽量调用仓存料；相似的样板应尽量集中采购同种物料；类型相近的样板应安排在同一季生产，以便所用的大货物料能集中订购等。

9. 严格把控制板的交期

由于制板部需要制作大量的样板，若跟板员不及时跟催制板部，就会被其他订单插队。尤其是特急板，交期都特别短，跟板员更应尽快集齐资料交给制板部开裁制作，及时敦促制板部提前排期，以免延误交板期。同时要注意不能因为交期临近而寄出有瑕疵的样板给客户。如果被退回返工，只会浪费更多的时间。所以，跟板员应把握好不同客户的不同品质要求，以能尽快获得客户的确认。

样板寄出后，跟板员要做好寄送时间的登记，并明确告知客户批复的时限，以免延误后续样板的生产。不合格样板需要重新制作时，跟板员应尽快与制板部沟通，避免不必要的延误和错漏。

制板期间，跟板员要与客户和制板师进行大量的信息沟通。只有传递正确的、全面的信息，才能减少沟通障碍。所以跟板员如果懂得有效沟通，就能事半功倍，缩短制板时间。

总之，样板制作时间是由跟板员控制的阶段，跟板员要严格控制样板的生产和审批进度，以免延误交板期，造成不必要的损失。

【案例分析三】有效沟通是轻松开展工作的保障

客户要求做测试样板。跟单部只有杏色和卡其色的面料，卡其色面料找不到合适的拉链，杏色面料有可匹配的拉链，但由于杏色面料的颜色太浅，并不适合做"干湿磨"测试样板。显然，卡其色是首选项。

跟单员致电客户："卡其色面料的测试样板能否选代用拉链制作？"客户："那就选杏色面料做吧。"接着跟单员解释："能否不选用杏色面料制作样板？面料颜色太浅，做'干湿磨'杏色测试色牢度效果不明显。"客户回复："不行！"此时，跟单员不知如何是好。

分析与建议：大多数人都有先入为主的特点，如果跟单员叙述不清楚，客户还没完全了解情况而下定论，就很难再改变客户的想法。所以询问对方意见时要注意沟通方式，以免被拒绝后很难挽回。

有效沟通范例：

跟单员："我们只有卡其色和杏色两种面料，如果选用杏色面料做测试样板，'干湿磨'测试会没有效果，但如果选卡其色面料，则无法找到全配色的拉链，请问选哪种颜色的面料做测试样板？"

客户："选卡其色面料吧。"

只有沟通得当，才能顺利完成任务。

【实践训练一】

以一条西裤为例，根据以下检查方法与要求，进行样板的试身审核训练。

1.前插袋：是否左右对称，袋口是否圆顺，线迹是否平直美观、无跳线、打结等现象。

2.后袋：袋形是否左右对称、是否中正不倾斜，袋角是否无高低不平、起皱、爆裂等现象。

3.前裤裆：是否平顺无折皱，前门襟是否平服不反光，线迹是否圆顺，线距宽度是否均匀。

4.商标：固定于裤腰上的主商标位置是否中正不倾斜。

5.裤襻：所有裤襻的长度和宽度是否一致，左右位置是否对称。

6.外侧缝与内侧缝：左右侧缝长度是否一致，不能出现左右裤脚长短不齐的现象。

7.裤脚：脚围卷折的缝份是否均匀，左右是否对称，不能出现走空针（俗称"落坑"）线迹或缝边爆裂的现象。

8.线迹：所有露在正面的线迹均是否美观平直、无搭接现象，工艺方法是否完全按照客户和制单的要求。

扫描"教学资源"编号4-3二维码可见"样板试身审核表"。

【实践训练二】

请以一款牛仔裤为例，编制一份初板板单，并试说明初板与核准板在制作要求上的差异。

【实践训练三】

某贸易公司其中一份订单的样板生产顺序：

制作初板并复核→制作推广板并复核→制作尺码板并复核（含多次的修改复样板）→制作核准技术板并复核→向客方寄出存板→制作产前板并复核→制作测试板并复核→抽取大货成衣作为船头板，并寄给客户。

请根据以上制板生产程序，设计一份各种样板进度跟进表、包含跟进的样板种类、工作流程、工作内容与工作要点，以便有效跟进样板的生产进度。

备注：客户名称、所在地、样板的交板期，以及评核、返修、寄送等时间点的控制可自行设定。

第五章

物料采购跟单

物料采购跟单是服装生产跟单前期的重点工作之一，主要任务是物料采购与供应期间的工作跟踪、协调与组织管理，确保订单生产所需的物料按规定的颜色、规格、数量、质量要求等准时供应到生产部门。

【开篇引例】某品牌服饰公司招聘资深采购跟单员

职位任职条件 |

1. 熟练操作 Office 办公软件。

2. 熟悉 ERP 系统操作。

3. 熟悉服装生产流程、面辅料型号与性能。

4. 具备一定的英语读写能力。

5. 有一定的规划能力，熟悉进销存测算与数据分析。

6. 了解贸易跟单操作流程和面辅料供应市场者优先录用。

7. 有 PMC（Production Material Control）物控工作经验者优先录用。

8. 有服装品类管理、品质控制、供应链管理经验者优先录用。

9. 了解出口欧美检测知识，有海外采购物料的国际贸易经验者优先录用。

个人素养要求 |

1. 工作细心，踏实稳重，抗压力强，服务意识强，敢于承担责任。

2. 思维缜密，严谨有条理，对数据敏感。

3. 注重工作效率，时间观念强，有良好的计划执行与跟进能力。

4. 有团队协作精神，有较强的协调沟通能力和谈判技巧。

5. 有独立完成工作的能力、独立解决问题和持续改进的能力。

6. 有良好的职业道德，没有收受回扣及贿赂记录。

晋升空间 | 主管、经理、项目负责人

思　　考 | 假如你是刚刚面试成功的实习生，应如何让自己尽快适应该部门的工作？

提　　示 | 计算机系统操作、面辅料供应市场、工作能力、职业道德。

第一节　面辅料采购概述

一、面辅料概述

1. 服装生产物料

服装生产物料是指企业在生产服装过程中，将原材料加工并改变其形态或性质后，构成产品并进入销售渠道的服装成品。

服装生产物料的购销存管理是企业存货的重要组成部分，其品种、规格较多，为加强对服装生产物料的合理采购、动态管理和准确核算，需要对其进行科学的分类。

服装生产物料，按存放地点可分为：在途物资、库存材料、委托加工物资。按不同的使用情况可分为：

· 面料，包括主色料、配色料等。

· 辅料，包括里料、线、衬、纽扣、拉链、商标、钩扣、橡筋、绳索、粘带扣、花边等。

· 包装物料，包括珠针、胶夹、领条、领嘴托、隔纸、胶袋、纸箱、黏胶纸等。

· 工具，包括针、压脚、剪刀、尺子、螺丝刀、褪色笔、划粉等。

2. 面料种类与特性

面辅料采购跟单工作，首先要了解面料的种类和特性，才能更准确地甄别出所鉴别的面料属于哪一品类。

纺织品面料根据不同的纤维成分，可分为天然纤维织物、化学纤维织物和混纺纤维织物三大类。具体面料细分如图5-1所示。

扫描"教学资源"编号5-1二维码可见"常用面料性能比较表"。

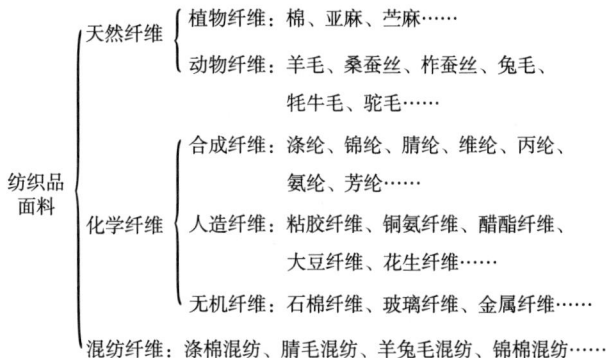

纺织品面料
- 天然纤维
  - 植物纤维：棉、亚麻、苎麻……
  - 动物纤维：羊毛、桑蚕丝、柞蚕丝、兔毛、牦牛毛、驼毛……
- 化学纤维
  - 合成纤维：涤纶、锦纶、腈纶、维纶、丙纶、氨纶、芳纶……
  - 人造纤维：粘胶纤维、铜氨纤维、醋酯纤维、大豆纤维、花生纤维……
  - 无机纤维：石棉纤维、玻璃纤维、金属纤维……
- 混纺纤维：涤棉混纺、腈毛混纺、羊兔毛混纺、锦棉混纺……

图5-1　面料分类

二、面料鉴别

面料鉴别是面料跟单的重要任务之一。对面料进行成分鉴别，可以确定对应的加工工艺、熨烫温度、洗涤方式和印染后整工艺，确保服装生产顺利进行，减少生产问题的产生，从而控制成本。

面料质感与纤维成分、纱线品种、织物厚薄、重量、组织结构、染整工艺都有密切关系。面料鉴别方法有：感观目测法、燃烧鉴别法、显微镜鉴别法、溶解鉴别法、熔点鉴别法、混纺鉴别法、系统鉴别法、红外吸收光谱鉴别法、着色试验法、密度梯度法、双折射率测定法等。由于条件限制，许多方法在服装企业中都较少应用，而感观目测法和燃烧鉴别法是最简便、最常用的方法，下面详细介绍这两种方法：

1. 感观目测法

感观目测法是鉴别者通过眼观（色泽、肌理）、手摸（质感、厚薄）、耳听（摩擦声）来判断面料纤维种类的一种快捷简便的方法。

采用感观目测法无需任何设备，简便易行，但主观性较强，需要反复实践，积累经验，才能准确鉴定。

感观目测法鉴别步骤：

（1）观察织物颜色、光泽、表面肌理、平滑粗糙程度。

（2）用手触摸，感觉织物的柔软舒适性、弹性、光滑感、冷暖感、挺括感和含水程度。

（3）用手攥紧织物，感觉材料对手的作用力，再放松观察织物表面的褶皱程度。

（4）拆出织物纱线，观察是长丝还是短纤，以及粗细、整齐程度。

熟练掌握各种纤维不同的特点，有助于识别不同的织物。麻手感较硬，蚕丝、羊毛、黏胶纤维、锦纶则较软，棉、涤纶则手感适中，羊毛有扎手的感觉；重量上比丝轻的是锦纶、腈纶、丙纶，比丝重的是棉、麻、黏胶纤维，富强纤维；与丝重量相似的是维纶、毛、醋酯纤维、涤纶；用手拉伸纤维至断裂，强度较弱的是黏胶纤维、醋酯纤维和毛，较强的是丝、棉、麻、合成纤维等，沾湿后强度明显下降的是蛋白质纤维、黏胶纤维和铜氨纤维；用手拉伸纤维时，感觉伸长度较大的是毛、醋酯纤维，较小的是棉、麻，适中的是丝、黏胶纤维、富强纤维及大部分合成纤维。

2. 燃烧鉴别法

燃烧鉴别法是依据面料燃烧时呈现的不同现象来鉴别面料种类的一种简单方法，适用于纯纺面料与交织面料的原料鉴别。

燃烧鉴别法鉴别步骤：

（1）从面料的四个不同部位选择有明显差异的纱线并拆出几根，使纱线散成絮状纤维。

（2）用镊子夹住纤维或纱线慢慢接近火焰，仔细观察纤维在接近火焰、燃烧时和离开火焰的变化，如接近火焰时纱线有无收缩熔融现象，燃烧时火焰的颜色、纤维的状态，离开火焰时纤维是否续燃及纤维散发出来的气味等。

（3）观察燃烧后灰烬的颜色、形状和软硬程度。

（4）根据纱线在燃烧过程中发生的变化，综合判断面料的纤维种类。

根据纱线在燃烧过程中发生的变化，对照各种纤维燃烧状态（扫描"教学资源"编号5-2二维码可见），可以判断面料的纤维种类。

其他织物采用感观目测法进行鉴别的详细方法扫描"教学资源"编号5-3二维码可见。

3. 其他方法

鉴别混纺面料纤维的类别及含量采用感观目测法或燃烧鉴别法会有一定的难度，此时可用显微镜法、溶解法或相对密度法，根据各种纤维的纵/横截面显微形态特征或熔融情况、溶解性能等，对面料成分作精确分析，才能准确鉴别纤维种类和含量。显微镜法、溶解法面料鉴别准确性高，适用于各种面料的定性鉴别，特别适用从未接触过的新型面料。

总之，鉴别面料纤维的方法有很多种，需要鉴别者灵活应用，积累经验，遵循从简至繁的原则，以便更准确、更快捷地鉴别面料。

三、采购跟单工作职责

服装生产物料种类繁多，跟单工作任务庞杂，采购跟单员只有明确职责，认真做好面辅料各项日常跟进与管理工作，才能确保物料采购工作不出差错，确保订单生产顺利完成，避免因面辅料问题而影响订单生产。

1. 采购工作

（1）调查、分析和评估市场行情，参与客户或供应商的面辅料开发工作。

（2）整理汇总采购信息，审核采购物料的准确性，完成与供应商的询价、议价、比价工作。

（3）为客户或生产部提供物料报价服务。

（4）核对面辅料用量，并协助清查仓库的存货情况。

（5）按季/月度下达采购订单，确保采购成本和库存控制在合理范围。

（6）发出面辅料订购清单，跟进物料采购进度，按合同跟踪订单的生产进度、质量、发货到货时间，保障货期。

（7）协调、组织大货面辅料运输、查验、点收等工作。

（8）检测入仓物料的质量，出具内检报告，确保入库物料100%合格。

（9）负责制板物料的订购，物料样卡的申请、收集、确认及分发等辅助工作。

（10）跟进与核查面辅料样板，反馈客户批核意见给物料部或供应商，并及时跟进面辅料翻修的效果。

（11）制作面辅料标准卡并发给相关部门。

（12）核查面辅料到厂后合格品数量的溢缺情况，做好订单生产完成后剩余面辅料的返还、转运工作。

（13）定期开展采购分析，提交紧急订单和欠料等处理报告。

（14）提出采购方案、采购流程、物流流程和控制产品不良率的优化建议。

2. 供应商管理工作

（1）分类建立供应商档案信息库。

（2）及时更新供应商信息，与供应商保持良好沟通与合作关系。

（3）定期分析供应商产能和交期的评审工作，优化供应商考核和评估改善，并协助供应商内部改善。

（4）每月及时清退不合适的供应商，设法降低采购成本、提高采购质量。

（5）积极开发新供应商，每月向公司提供不少于三份供应商信息。

3. 库存与资金管控工作

（1）负责核对供应商往来账务，整理对账单据，审核进项发票，跟进应付款和催收货款等工作。

（2）负责各种报价表的管理、各种票据的归纳与存档。

（3）追踪外发加工产品回仓及外发余料库存情况。

（4）负责安全库存管理，预防呆滞料和不良品库存，提出优化算法的建议。

4. 异常处理工作

（1）处理采购产品质量、交期、物流、支付、配合度等异常问题，做好异常信息反馈日报表，维护公司利益。

（2）负责客户投诉跟进或退货的处理，并及时反馈。

（3）负责知识产权、关务、支付、供应商评估等风险管控。

第二节　面辅料样板跟单

一、面辅料样板种类

面辅料大货采购以前，需要先试制面辅料样板给客户审核确认，简称打样。通过样板试制和审核，能了解供应渠道和采购价格的合理性，并保证购进的面辅料规格、颜色、品质与订单要求相符合，从而确保顺利完成订单生产。

在整个面辅料采购跟单过程中，需要跟进的面辅料样板有以下几种：

1. 色板

面料颜色样板（Lab Dip）俗称"手掌样"，是面料供应商专门针对客户或服装企业指定的颜色和要求，第一次织制出来的样板，主要用于确定面料的颜色，简称色板。色板的织制要求快捷、准确。色号的来源通常由供应商提供色卡，或由客户从PANTONE ❶色卡系列中挑选色号（图5-2）。

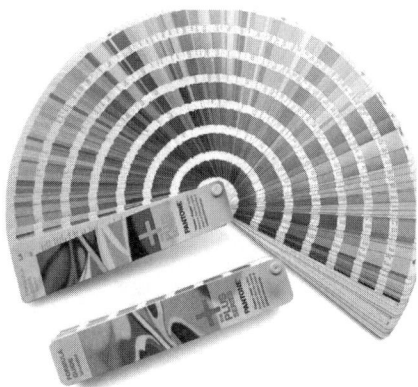

图5-2　PANTONE色卡

2. 纱卡

纱卡也称线卡，是用于确定面料组织成分、手感、特性的纱线样板（图5-3）。在面料报价时，采购跟单员可向供应商获取纱卡并寄给客户，选出合适的纱样作为产品的原材料标准，确保成衣的最终质量。

图5-3　纱卡

3. 确认板

确认板又称核准板，是面辅料正式投产前，由客户对面辅料整体效果最终确认的样板。确认板需要确认的项目包括：质地、纤维成分，厚薄、重量、幅宽、规格，颜色、图案、纹路、肌理，手感、弹性、悬垂性，洗水、染色、印绣等后整理效果，此外还包括生产厂商、产地、起订量等资料的审定。

面辅料确认板经客户确认后，供应商才能安排面辅料的批量生产。

确认板根据审核内容的侧重点，可分为以下几种常见的样板：

（1）**手感板**：是以"一捏、二摸、三抓、四看"的手感评价方法，主观评价织物与肌肤接触的效果和特征，包括确认面料的软硬、挺括、蓬松、紧密、糙涩、弹性、活络、刺扎、滑糯、爽脆等手感是否已达到客户要求。当客户对成品有特殊的手感要求时，采购跟单员应向客户索取客供手感板，并和其他资料一起交给供应商，要求供应商仿制一份同样

---

❶　PANTONE CNCS：即应用色彩体系，是以我国原有国家色彩标准为基础建立的纺织业专用色卡，由中国纺织信息中心与美国PANTONE公司合作推出，以"时尚与家居"取代了"纺织色彩系列"，所有色彩以色彩组别进行分类，并按照色谱顺序排列。

手感标准的样板给客户确认。

（2）**印花/绣花板**：是按照客户的印花/绣花要求，在已经织好的面料色样上使用颜色正确的印花料或绣花线，在准确的位置印/绣出规格统一的图案，提供给外协跟单员检查确认后，再寄给客户批复图案效果的核准板。

一般制作印花/绣花确认板的时间为三天左右。外协跟单员要做好印花/绣花板的交接记录，包括外协厂名称、联系方式、加工费、质量、交货期等资料，以便日后同类加工业务的评审与联络。

（3）**洗水板**：是按客户的要求对面料进行特殊洗水处理，检测洗水后的缩水率、手感、弹性及磨花褪色效果的后整理样板。洗水条件会直接影响面料的洗水后整理效果，所以跟单时要注意洗水条件的准确控制。

只有客户通过确认的样板，才能进入批量生产。如果有疑问切勿主观判断，一定要及时向客户询问，同时要设法缩短样板的确认周期。

4. 测试板

测试板是指将面辅料样板或成衣交给专业检测机构进行一系列专门的测试和检验的样板，以确保产品符合客户的标准。常见的测试项目如下：

（1）**纺织品测试项目**：主要分为面料测试与成衣测试两大类，测试与检查项目如图5-4所示。主要测试项目包括：

①织物结构：织物密度、纱线捻度（原样）、织物幅宽、克重与厚度、针织物线圈长度等测试内容。

②成分分析：纤维成分、染料识别、靛蓝染料纯度、可萃取物质、填充料和杂质含量、淀粉含量、甲醛含量等测试。

③尺寸稳定性：缩水率、皂洗尺寸稳定性、机洗/手洗后外观、商业干洗稳定性与外观、熨烫后外观、热蒸汽尺寸稳定性、松弛及毡化、缝纫线稳定性等测试项目。

④色牢度：皂洗牢度、光照/日晒色牢度、摩擦牢度、耐磨洗测试、汗渍色牢度、干洗牢度、水渍牢度、氯漂白、非氯漂白、实际洗涤（水洗一次）、氯化水/海水测试、酸/碱斑、水斑、湿态光牢度、印花牢度、臭氧烟熏酚类引起的黄化、唾液及汗液等测试。

⑤燃烧：普通织物燃烧性能、纺织品阻燃性能等测试，区分材料的燃烧性能与阻燃等级。

⑥功能性：防污、防尘、防水、阻燃、防风、抗静电、防辐射、夜光、香味、免烫、保暖性、凉爽感等测试。

⑦综合性能：拉伸强力、撕破强力、顶破强力、单纱强力、缕纱强力、钩接强力、涂层织物的黏合强力、纤维韧性、纱线韧性、耐磨性、抗起毛起球性、拒水性、抗水性、折痕回复力、面料硬挺度、弹性等测试。

⑧成衣试验：羽绒绒毛比例、蓬松度、含水率、面料防漏性、服装外观检验、色差评定、接缝性能、双层织物的结合强力、耐磨洗测试、护理标签使用试验与标签建议、成衣尺寸测量、硫化染料染色纺织品的老化等测试。

⑨绒面织物试验：摩擦色牢度、光照色牢度、水渍色牢度、毛束联结牢度、毛束经/纬密度、底布密度、重量、表面毛绒密度、起绒纱股数、割绒种类、毛绒或毛圈长度、毛绒或底布纤维成分等测试。

⑩缩率：水洗缩水率、熨烫热缩率、横向缩水率、纵向缩水率等测试。

⑪环保纺织品：包括P.C.P重金属、甲醛、杀虫剂以及联苯胺、萘胺、卤素载体等芳香胺类有害微量元素含量的测试。

在注重产品安全和环保意识的今天，产品原材料是否含有不良因素是进出口贸易监控的关键点。所以出口外贸成衣还要经过严格的阻燃测试、重金属微量元素测试等，以确保服装符合进口国检测机构或绿色环保司的标准。

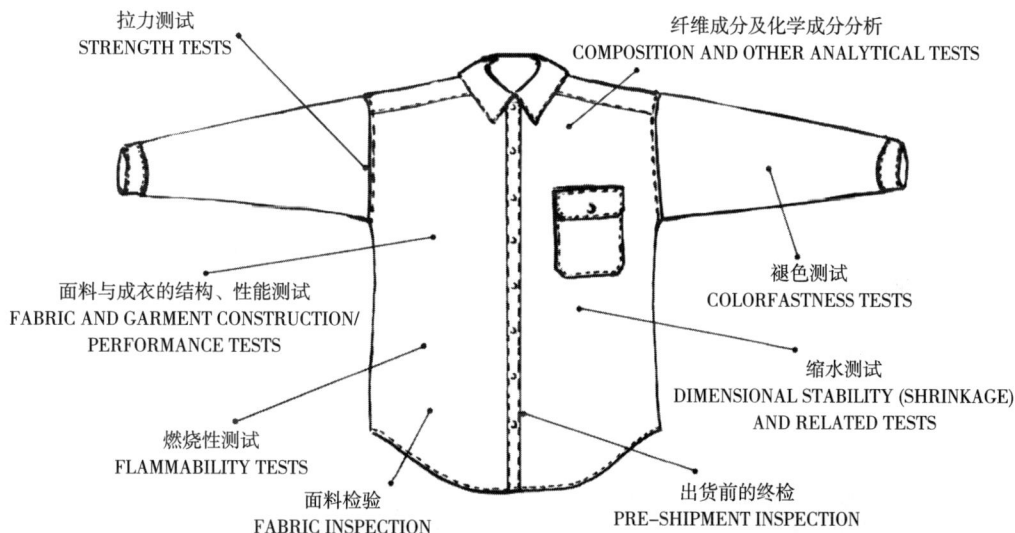

拉力测试
STRENGTH TESTS

纤维成分及化学成分分析
COMPOSITION AND OTHER ANALYTICAL TESTS

面料与成衣的结构、性能测试
FABRIC AND GARMENT CONSTRUCTION/
PERFORMANCE TESTS

褪色测试
COLORFASTNESS TESTS

缩水测试
DIMENSIONAL STABILITY (SHRINKAGE)
AND RELATED TESTS

燃烧性测试
FLAMMABILITY TESTS

面料检验
FABRIC INSPECTION

出货前的终检
PRE-SHIPMENT INSPECTION

图5-4　纺织品测试与检查项目

（2）辅料测试项目。

①里料：缩水率、色牢度、透气性、吸湿性、保暖性、凉爽感、防钻绒性等测试。

②黏合衬：粘附力、剥离强度、尺寸稳定性；粘衬后面料亮度、色泽、手感；粘衬后的起泡、渗胶现象，热缩率，水缩率；粘衬服装的耐干洗、耐水洗测试以及服装硬挺度等测试。

③填充料：重量、厚度、含绒量、蓬松度、阻燃性、透明度、异味等级、羽绒耗氧指

数❶、清洁度❷、压缩回复率试验、皂洗尺寸稳定性、机洗/水洗后的外观效果等测试。

④纽扣类：色牢度、耐热度、撞击力、耐洗液/干洗溶剂腐蚀性、剥离强力、纽扣紧固试验、金属扣抗腐蚀性与防锈性等测试。

⑤拉链：轻滑度、平拉强度、折拉强度、褪色牢度、基布/码带缩水率及使用寿命、拉头往复/耐用性、扣锁性、金属牙抗腐蚀性与防锈性等测试。

⑥线带类：强度、色牢度、缩水率等测试。

⑦其他：魔术贴撕离力、金属扣件的锈蚀/变色试验、洗涤/储存后外观、耐烫性、装饰物附着力等测试。

通常可根据订单特点、客户需求或生产实际情况，确定需要送检的项目。例如，需要高温烘干的成衣，经高温烘干后，面料上的纱线容易变得脆弱，所以凡是成品后整理需要烘干的订单，都必须在样板烘干后，再做一项抗撕拉强度测试，找出合适的烘干温度，或选用抗撕拉强度大的面料。有的客户会要求物料表上所有物料都必须作相关测试。例如，新使用的面料要做质量测试；针织衫要经过三次洗水后，对照核准板检查有没有变形；含有两种以上颜色的面料要做固色测试；外拉链及纽扣要做拉力测试等。物料测试并确认质量和款式要求均合格后，才能用于批量投产。面料测试报告格式图例如图5-5所示。

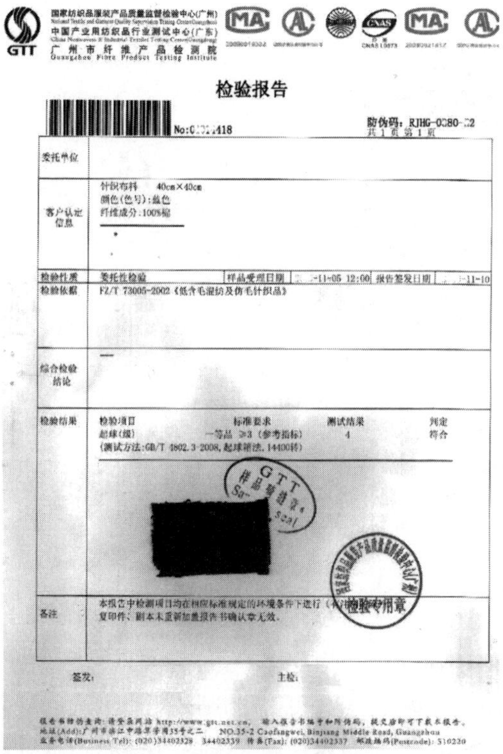

国家纺织品服装产品质量监督检验中心(广州)
中国产业用纺织品行业测试中心(广东)
广州市纤维产品检测院
Guangzhou Fibre Product Testing Institute

检验报告

No:[illegible]418　　防伪码：RJHG-0080-[illegible]
共1页 第1页

委托单位	
客户认定信息	针织布料　40cm×40cm 颜色(色号)：蓝色 纤维成分：100%棉
检验性质	委托性检验　样品受理日期 [illegible]-11-05 12:00　报告签发日期 [illegible]-11-10
检验依据	FZ/T 73005-2002《低含毛混纺及仿毛针织品》
综合检验结论	—
检验结果	检验项目　标准要求　测试结果　判定 起球(级)　一等品 ≥3（参考指标）　4　符合 (测试方法:GB/T 4802.3-2008,起球箱法,14400转)
备注	本报告中检测项目均在相应标准规定的环境条件下进行（[illegible] 复印件、副本未重新加盖报告书确认章无效。

签发：　　主检：

图5-5　面料测试报告样本

5. 头缸板

头缸板是面辅料大批量投产前的第一件成品或第一次染色出缸须交给客户批复的产前板。前期的确认板经客户确认后，采购跟单员就应密切关注头缸板的出货日期和产出效果，以减少后续生产不必要的失误。

6. 缸差板

缸差是批次相同的面辅料由于不同的

---

❶ 羽绒耗氧指数：指100克毛绒中含有的还原性物质，在一定情况下氧化时消耗氧气的毫克数。耗氧指数≤10为合格，若超过，说明羽绒水洗工艺不够规范，会引起细菌繁殖，对人体健康不利。

❷ 清洁度：通过水作载体，经震荡把毛绒中所含的微小尘粒转入水中呈悬浊状，然后用仪器测定水质的透明度，以确定羽绒清洁程度。清洁度≥350mm为合格，未达到指标说明羽绒杂质多，容易产生背景吸收各种细菌在羽绒中，对人体健康不利。

染色缸次所出现的颜色差异。即使是同一缸次染出的面辅料，也可能存在色差而影响面辅料的品质。缸差板是用于判断面辅料色差是否在可接受范围内，作为控制大货面辅料颜色标准的样板（图5-6）。由于面料订单大部分是多批次染色，很难做到前后颜色完全一致，所以一定要按照客户确认过的缸差板审核。

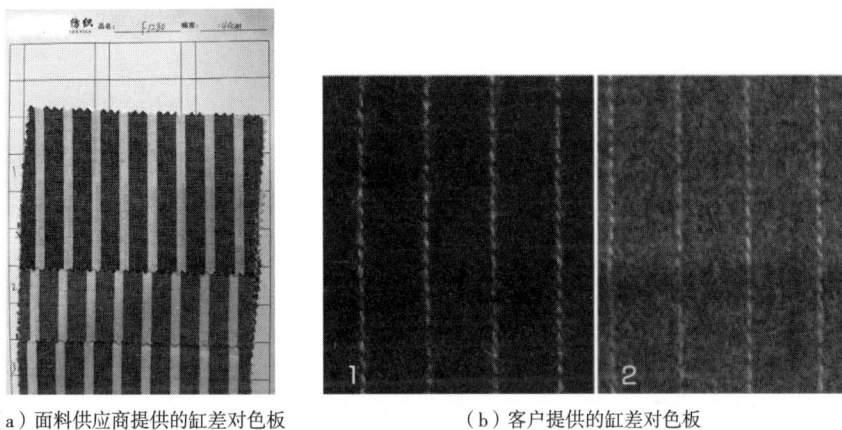

（a）面料供应商提供的缸差对色板　　　　　　（b）客户提供的缸差对色板

图5-6　缸差板

【案例分析一】色差的鉴别

辅料只有钉在服装上，才能看出缝纫线、纽扣等颜色的差别，以及衬布、袋布透出布面的效果。例如，纽扣、钉珠片同样是黑色，有些泛蓝，有些泛紫，单独看没有区别，但是钉在黑色衣服上就能看见色差非常明显。所以投产前制作样板进行审核和对色显得尤为重要。

二、面料色板跟单

面料色板的跟进与批复是面辅料采购前最主要的跟单工作，也是确保大货面辅料顺利生产的关键点。

跟单部和面料部的采购跟单员获得客供板以后，就可以开展面料色板的试制与跟进工作，具体工作细则如下：

1. 确定色号与打样要求

客户提出打样要求后，跟单部首先审核面料资料，确定色号标准与打样要求。色号标准主要由客户直接提供实物布板，或由客户直接指定PANTONE CNCS系列色卡号码；也可以由供应商提供面料色卡（扫描"教学资源"编号5-4二维码可见），再由客户在供应商所提供的色卡或纱卡中选定所需色号。原创品牌企业则由设计师根据色卡流行趋势进行对色分析，然后提供给供应商打样。使用通用色卡编号，可以减少沟通障碍。由供应商提供面料色卡，可以防止面料供应上的偏差，节省打样批复时间。

2. 确定供应商

面料部在供应商信息库中挑选合适的供应商，与供应商进行有效沟通，了解制板费用和付款方式，然后综合信息库里的评审项目，确定该订单的供应商。

3. 确定打样费用与批复期

根据客户的打样要求，面料部的采购跟单员首先与供应商确定打样费用与付款方式，并初步确定面料供应价格。然后确定色板的打样时间和批复期。通常打色织样10日左右，打染色烧杯样3日左右，打印花样8日左右。客户收到色板后，大概需要14日的批复时间。如果第一次小样未获通过，重新打样的客户批复时间7日即可。

各个企业的色板批复完成时间不尽相同，如A企业要求色板批复期在交货期90日前必须结束，而B企业则要求在交货期60日前完成。遇到特殊情况酌情处理。

4. 填写打样通知单

正式打样前，面料部跟单员按照面料开发部或客户提供的色板要求，填写打样通知单（表5-1），作为色板打样的书面要求与织造依据。打样通知单上可随附客户提供的面料色板或纱线样板。固定色板时最好用双面胶粘贴，以便对色时易撕离色板，比对评定后再粘回原处。所有资料填好后，必须认真核对与客户的要求是否一致。

表5-1　打样通知单

面料编号		交板期	
组织成分		色号	
纱支要求		打样规格	
花色要求		打板数量	
对色光源		色牢度	
原样色板	面料（粘贴处）	纱线（粘贴处）	

新打色板	A（粘贴处）	B（粘贴处）
	C（粘贴处）	D（粘贴处）

申请部门：_____　　　填表人：_____　　　日　期：_____

5. 通知打样

向供应商发出打样通知。原则上，化纤类染色布需要打四个样，其他类型的面料打二至三个样即可。打样规格不小于 6cm×6cm，便于在灯箱或分光度计中进行准确地对色观察。

打样所用的纱线或坯布必须保证与后续批量生产的相一致，并按照批量生产特点和后整理要求进行相应的工艺处理，避免无谓的重复翻修。

6. 色板评核

色板打样完成后，面料部和跟单部的采购跟单员应做好以下色板批复工作：

（1）**盘点签收色板**。如果出现尺码不足或缺少重量的现象，应确认缺少的数量，并向面料供应商追索不足部分或适当的赔偿。

（2）**确定对色光源**❶。面料颜色鉴别与外部环境、所用光源和光的质量有直接关系。同色面料在不同光源的质量和亮度下，会有不同的色泽偏差。同时，面料颜色的辨别还与照

---

❶ 对色光源：常见的有 D65、U3000、TL84 灯光、LD65 中午日光等。

明强度有关，照明强度越大，对面料颜色辨别的准确度就越高。在弱照明条件下，暖色系接近红色，冷色系接近绿蓝色；在微光视觉条件下，除了天蓝色以外，其他颜色都比较难辨别出真正的颜色。

所以在鉴别面料颜色前，首先应清楚光源质量和亮度的变化。光源质量包括光线均匀性、稳定性和光色效果。光线均匀性是指光线照度和视野内亮度均匀，没有局部强或局部暗的现象。光线稳定性是指亮度保持不变时，没有波动频闪的情况。光色包括色表和显色性。色表是光源所呈现的颜色，如高压钠灯灯光显示金白色。光源的显色性是指照明显现的颜色，如果照明有颜色，面料显现的颜色也会发生变化，当不同光源分别照射到同一种颜色的物体上时，该物体会表现出不同的颜色（表5-2）。

表5-2　面料在各种色光下呈现的颜色变化

照明颜色	红色	黄色	绿色	蓝色
面料原色	面料显色			
白色	淡红色	淡黄色	淡绿色	淡蓝色
黑色	红黑色	橙黑色	绿黑色	蓝黑色
红色	灿红色	亮红色	黄红色	深蓝红色
天蓝色	红蓝色	淡红蓝色	绿蓝色	亮蓝色
蓝色	深红紫色	淡红紫色	深绿紫色	灿蓝色
黄色	红橙色	黄色淡橙色	淡绿黄色	淡红棕色
棕色	棕红色	棕橙色	深橄榄棕色	蓝棕色

显色性由显色指数表示，通常以显色性最好的日光为标准，规定日光显色指数为100，其他光源都小于100。显色指数越小则显色性越差，表5-3为常用光源的显色指数。可见，面料颜色会随着照明条件的不同而发生变化，面料的本色只有在天然白色光的照明条件下才能真实地显示出来。因此在进行色板对色时，应正确选择光源。

表5-3　常用光源的显色指数

光源	日光	白炽灯	氙灯	日光色荧光灯	白色荧光灯	金属卤化灯	高压汞灯	高压钠灯
显色指数	100	97	95~97	75~94	55~85	53~72	22~51	21

常见对色光源有自然光和灯光两种，灯光又分荧光灯、白炽灯等。跟单员应根据客户指定的对色光源和打样通知书的规定，运用标准的验色灯箱❶进行色板对色。同时避免跳

❶ 标准颜色灯箱：常见的标准灯箱有美国Machbeth Spectrum Ⅲ灯箱、英国BS950标准灯箱、ISO照明标准灯箱。

灯、炫光等现象，以提高对色的准确率。图5-7～图5-9是常用对色仪器和工具。

图5-7　人工分色/配色箱　　　　图5-8　便携式测色议　　　　图5-9　电脑配色仪

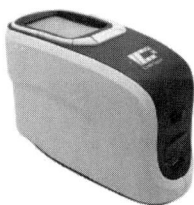

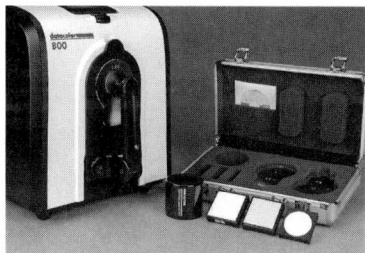

（3）**对色**。确认色板时必须根据表格内的色名、色号，找到色卡上相应的颜色进行对色，或与所提供的色板对比其颜色差异，并判断是否在可接受的范围内。有经验的对色技术人员进行的对色工作会更精准，所以对于质量标准高的客户，建议色板对色时由专门的技术员在指定地点进行。

7. 分析客户批复意见

评核面料色板合格后，跟单员将色板和评定报告一起寄给客户，再分析客户的批复和修改意见。如果色板无法通过客户的审批，需要求客户提供新的对照色卡以及修改的具体要求，如"朝白色方向改浅些""朝色彩方向改亮些""朝黑色方向改深些"等评语。也可用英文缩写批复评语，如"LG"（Less Green，少绿），"AY"（Add Yellow，多黄）等。

通知织布厂按要求重新织造后，再投寄批复，确定最终大货面料的颜色。通常在此色板批复阶段，面料成分和供应商均已基本确定，以便随时准备进入大货面料的织造阶段。如果客户只确认了订单中的部分色板，跟单员应在跟单排期表内确认还没评核的色板的新批复期，以便跟进后续的面料织造工作。需要洗水的订单还应敦促客户批复洗水色板。

8. 分发与存档

采购跟单员详细记录客户对色板的批复意见，总结该客户的特点和要求，以便日后改进面料色板的跟单。表5-4是汇总客户对面料色板批复的情况表。

客户确认色板以后，就可以进行大货面料的生产。跟单员此时应将最新确认的色板制作成一式三份的面辅料标准卡，分别送到面料采购部、供应商及跟单部存底，方便后续生产过程中核对大货颜色用。

已经使用完毕的色板，应汇总后粘贴在色板卡手册内，并根据打样通知书里的信息，在色卡旁标明色号、色名、色样编号、送样日期等，以便随时翻查。同时还应妥善保管色板卡手册，防止褪色、潮湿、发霉或虫蛀等现象，并定期清理已经过时的布板，腾出文件夹和空间放置新的布板。

色板跟进完成后，跟单员可以开始跟进大货面料头缸板与缸差板的批复工作。面料色板跟单工作流程如图5-10所示。

表5-4　客户批复色板情况汇总表

_____年_____季度

订单编号	客户	面料组织与成分	后整理	颜色名称	色号	面料供应商	客户评语记录	备注
KJ1730-Mb	JBR	20/1支单面平纹料（100%全棉）	石磨洗	蛙蓝色	571	TMO-东莞	1.请减少蓝色和灰色（22/8） 2.需增加红色和些许弹力（25/8） 3.石洗后应减低蓝色和黑色，弹力效果沿用25/8的板（28/8） 4.可以进入大货布的织造（2/9）	

跟单员/日期：_____

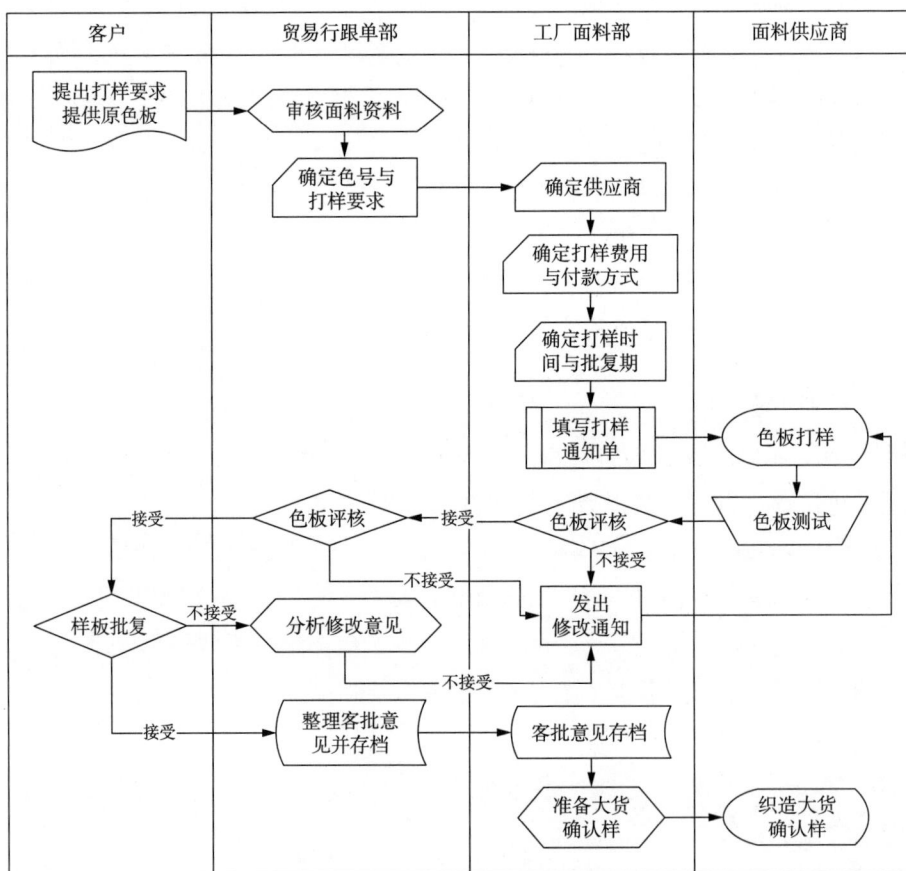

图5-10　面料色板跟进流程

【案例分析二】有效控制色板与大货色差

在面料准备进入批量织造阶段，采购跟单员要求供应商织染厂提供3～4个大货色板。织染厂为了省事，到仓库找接近要求的布样做色板。跟单员直接寄给客户确认后，织染厂开始织制大货面料。直到大货面料进入染色过程，才抽样对比发现问题。织染厂不断调整染色效果直至接近色板，但最终出来的大货面料颜色与客供色板仍有较大偏差。织染厂开始找借口："打样和做大货是有很大区别的""客户原样不好对色""这是一般标准都能过得去的"等。

采购跟单员坚持拒收，要求重新织造。织染厂只好在现有颜色的基础上再做调整，重新进缸进行原色剥离，再重新上染。但剥色上染后的色泽效果受到面料质地和染料类型的影响，新布板的颜色与客户确认的布板仍然有较大的偏差。织染厂又不肯再修色，继续推脱："面料不能再折腾了，否则各方面的性能会打折扣。"

思考：此时，布板达不到客户要求，织染厂又不肯再修色，怎么办？

分析与建议：

采购跟单员应客观衡量事态的走向，此时可以善巧地与客户多沟通，设法让客户接受新色板。

将客户的意见及时反馈给织染厂，并严厉指出织染厂的问题所在，并给印染厂写一份提取色板的标准作业和审批流程，要求织染厂承诺不再犯同样的错误。

跟单员需多到织染厂现场巡视，细致跟进织染厂的织造流程和进度，督促织染厂必须提供批量织造中抽取的头缸板作为产前板。

跟单员还应与制衣厂协商，在不影响成衣交货期的情况下延后面料交货的最新时间。

【案例分析三】导致色差无法接受的常见原因

技术问题：织染厂的技术水平达不到客户的要求。

管理问题：打样师的责任心不足，对该订单的重视程度不够。

设备问题：织染厂的设备性能低劣，难以染出高质量的产品。

跟单问题：问题出在跟单员自身，如前期准备工作不够，未向工厂表述清楚客户的要求，批量生产的检验程序不够规范严谨，没有确认产前的头缸板，批量织造开始后没有巡厂等。

客户问题：客户的要求不合理，缸差标准定得太高。

价格问题：价格期望值过高，总想用国产染料的低廉价格达到进口产品的优质效果。

改善建议：

客供色样通常有布板和纸色卡两种，其中纸色卡的光泽度和硬度手感较难掌握。为防止实物色板与客户的要求有差异，跟单员应尽量要求客户提供布板。如果客户只提供了纸质色卡，每次打板前，跟单员都应与织染厂的跟板员和技术师多沟通，详细阐明打板的细节要求，并向织染厂郑重声明客户对"色准"的要求非常高，以此引起织染厂的重视。

跟单员必须严格确认产前的头缸板，打样和对色都不能有丝毫的偏差。因为这关系到大货质量的稳定性。大货正式投产后的前期和中期，都须巡厂和抽样检查，切勿等到成品全部完成后再发现问题。

高质量的标准，需要高成本的代价。目前国产和进口的染料、助剂在价格和效果上的差异较大。采购跟单员需要不断地给客户树立成本意识和效果比较，并根据客户的价格定位，引导客户提供合理的质量标准。

如果与织染厂进行多次沟通后仍无明显的成效，建议选择新的供货商。虽然换厂初期会比较麻烦，但是选择一家管理规范的织染厂，可以缩短沟通的磨合期，减少后续生产问题的发生。

三、洗水/印绣样板跟单

洗水/印绣样板跟单是针对后整理有特殊测试要求的订单，或是为了选择合适的外协厂，对成衣进行牛仔磨白洗、毛衣加软洗等后整处理，检测印花、绣花、磨花、褪色、缩水率、手感、弹性、色泽等效果是否符合订单要求的跟进过程。洗水/印绣板跟单有以下几项工作：

1. 选择外协厂

不同的外协厂，在同一面料上用同一种洗水/印绣方式会呈现不同的后整理效果，这与外协厂的地域特征、知识背景、后整技术等都有一定的关系。尤其是成衣洗水，同样的洗水方式和洗水配方，如果地域的水质（硬度、微量元素、PH值）不同，洗水效果也会有所差异。所以跟单员应根据外协厂的综合评估结果，首先选定适合客户需求的优质外协加工厂。

2. 填写并发送试板通知

跟单员根据订单的洗水/印绣要求，填写试板通知（表5-5）。然后到仓库剪取试板用的面料，每种面料各剪1米长，再将试板用料与试板通知单、客供色板一起，送给选定的外协厂做洗水/印绣的测试。如果客户没有提供样板效果，可将客户已经确认的成衣样板作为面料洗水/印绣测试的标准。

3. 接收外协测试报告

外协厂接到试板通知后，在洗水/印绣报告上详细记录洗水/印花药剂、绣花线色、洗水/印绣方法等。试板完成后，跟单员接收外协厂的测试报告、洗水/印绣布板、客供色板与外协厂的送货单。

4. 批核并寄送样板

面料部跟单员签收外协厂的送货单，并存档作为日后的付款凭据。然后认真检查测试板与客供色板是否存在误差，同时在试板报告中记录批核意见。再将试制的样板、客供色

表5-5 试洗水通知/报告

洗水厂：＿＿＿＿＿＿＿＿＿＿＿＿＿＿＿　　　　　　　通知日期：＿＿＿＿＿＿＿＿＿＿＿＿＿＿＿

订单编号		订单日期	
客　户		款　号	
面料名称		交货期	
洗水数量		缸　数	
洗水方式			
洗水要求			

客供板：	洗水板：
（粘贴处）	（粘贴处）

洗水厂 洗水记录	洗水剂使用情况： 洗水方法： 洗水效果： 洗水厂负责人：＿＿＿＿＿＿＿＿＿　　　日期：＿＿＿＿＿＿＿＿＿
面料部 批核意见	 面料部负责人：＿＿＿＿＿＿＿＿＿　　　日期：＿＿＿＿＿＿＿＿＿
跟单部 批核意见	 面料跟单员：＿＿＿＿＿＿＿＿＿　　　日期：＿＿＿＿＿＿＿＿＿
客批评语	 客户签名：＿＿＿＿＿＿＿＿＿　　　日期：＿＿＿＿＿＿＿＿＿

板和试板报告送到业务跟单部。业务跟单员根据客户的要求，仔细核对试制样板的色泽、手感、缩率、褪色效果、印绣图案的位置和完整性等，复核无误后，将试制的样板和试样报告送交给客户批复。

5. 确认客批效果

如果业务跟单员收到客户不接受批语，首先应与客户沟通，再与面料部、外协厂共同商讨，选择更合适的面料或加工方式，直至测试效果得到客户认可为止。如果多次测试仍无法获得客户满意，则应考虑更换供应商或外协厂。

6. 制作并发放标准卡

面料洗水/印绣测试板获得客户的认可后，采购跟单员要剪取数份测试后的布样，制成数份洗水标准卡，分别送面料部、资料部、营业部、加工厂等相关部门，作为核对大货面料颜色的标准板。客户批复评语和客供色板则由跟单部存档保管。

需要测试洗水效果的订单，可将洗水布板制成裤筒状的半成品进行洗水，以检验洗水后裤脚和裤缝间的雪花凹凸纹效果。洗水后的样板还需与洗水前的布片钉在一起，洗水标准卡范例详见表5-6。

表5-6　洗水标准卡

日期：＿＿＿＿＿＿＿

制单编号	WM—P/C—3495—461	合同编号	T—01628—5
款式描述	女式休闲长裤	客　户	GROT
面料种类	全棉斜纹布	面料结构	108×56/16×12
面料编号	D02017AC	布幅宽度	144cm
纤维成分	100%棉	面料供应商	NDP
颜　色	绿色	洗水厂	RTT
色　号	＃4669	洗水方式	石磨加矽软洗

洗水前后对比样板：

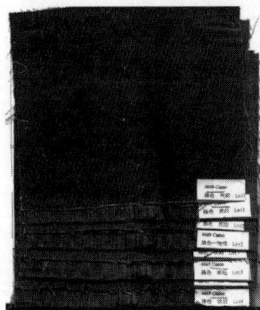

客户接受/复核日期：＿＿＿＿＿＿＿＿＿＿＿＿

制卡人：＿＿＿＿＿＿＿＿　　复核签名：＿＿＿＿＿＿＿＿

四、缩率测试板跟单

缩率测试分为水缩测试和热缩测试两种。

1. 水缩测试板跟单

水缩测试是为了确定面辅料的缩水率，主要分为面料洗水测试与成衣洗水测试。通常是在批量织布之前完成第一次面料洗水测试，开裁前完成第二次面料洗水测试和第一次成衣洗水测试，成衣批量洗水前再完成第二次成衣洗水测试。

水缩测试方法和缩水率标准应严格按照合同规定或客户的要求，如控制比较严格的企业会规定同一批次面料的缩水率不得超过 ±2%。

面料洗水测试跟单步骤：

（1）**剪布板**：在每批面料中各剪取每色1.5m长的面料，作洗水测试用。同时，在每色面料中再剪5份布片，每份15cm×18cm，用于作洗水前布板。

（2）**做记号**：将1.5m长的面料对折，用油性笔在定长的横向和纵向处作数个"+"记号，如图5-11所示。并量度经向与纬向记号间的尺寸，即为面料洗水前的原长度。特殊的面料可以直接给出特定的记号间距，如弹力牛仔面料因纬向缩水率高，可用经向长80cm、纬向长100cm的间距做记号。

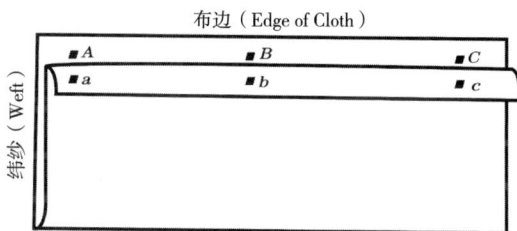

图5-11　面料对折做记号

（3）**洗水**：将布样送到洗水厂，按订单上的后整理方式进行洗水、脱水、烘干、熨烫。标准的洗水检测中，对洗剂、洗程、水温、脱水时间、烘干方式、洗衣机种类等都有严格的规定。

（4）**尺寸测量并记录**：铺平洗水布样，分别测量经向与纬向"+"记号间的距离，算出平均值。套入公式计算后，将结果记录在水缩测试报告上。注意容易变形的面料在测量时切勿拉扯拖拽，以免影响测量的准确性。公式：

$$缩水率＝（洗水前原长－洗水后长度）/洗水前原长 ×100\%$$

（5）**制作并发放洗水板**：在洗水后的布样上剪下5份15cm×18cm的小布板，与洗水前剪取的布板一起贴在水缩测试报告上，做成洗水前后的标准样卡。

水缩测试一般由加工厂或面料部派专人负责。采购跟单员跟进测试情况，及时收取缩水测试报告，并将测试结果通报客户。

经客户批复后，将洗水结果和布板送呈面料部、采购部、纸样CAD房、生产部、跟单部各一份。

2. 热缩测试板跟单

对于受热容易收缩的面料，如法兰呢、莱卡、斜纹棉等，都需做热缩测试。

测试用的面料裁剪方式、尺寸和数量，与水缩测试法相同，然后采用熨烫加热法即可测试面料受热后的伸缩情况。测试报告内容与水缩测试报告大体相同，交给客户批复后，再分送到面料部、采购部、纸样CAD房、生产部、跟单部各一份。已装有供应链信息管理系统的服装企业，只需将测试结果和评语输入管理系统，并通知相关部门下载即可。

如果测试结果显示缩水率不符合要求，采购跟单员应通知面料部负责人重新选取面料做测试。若再次测试的结果仍不符合要求，则需联系面料供应商协商退换货事宜，或更换供应商。

五、综合性能测试板跟单

对服装质量要求较高的客户都会要求做综合性能测试。

1. 综合性能测试项目

（1）**纤维成分分析**（Fiber Content Analysis）：棉、麻、毛（羊、兔）、丝、涤纶、黏胶纤维、氨纶、锦纶、含绒量等。

（2）**物理性能**（Physical Property）：密度、纱支、克重、纱线捻度、纱线强力、织物结构、织物厚度、线圈长度、织物覆盖系数、织物皱缩或织缩率、曲斜变形、拉伸强力、撕裂强力、接缝滑移、接缝强力、黏合强力、单纱强力、纱线的单位线密度强力、防钩丝、折痕回复角测试、硬挺度测试、拒水性测试、防漏性、弹性及回复力、透气性、透水汽性能、一般成衣燃烧性、儿童服装燃烧性、胀破强力、耐磨性测试、抗起毛起球性等。

（3）**色牢度**（Color Fastness）：耐皂洗色牢度（小样）、耐摩擦色牢度、耐氯水色牢度、非氯漂色牢度、耐干洗色牢度、实际洗涤色牢度（成衣、面料）、耐汗渍色牢度、耐水色牢度、耐光照色牢度、耐海水色牢度、唾液色牢度。

（4）**尺寸稳定性**（Dimensional Stability）：水洗机洗尺寸稳定性、手洗尺寸稳定性、干洗尺寸稳定性、蒸汽尺寸稳定性。

（5）**外观持久性**（Apparance After Wash）：水洗机洗外观稳定性、手洗外观稳定性、干洗外观稳定性。

（6）**化学成分分析**（Chemical Analysis）：PH含量、甲醛含量、含铅量、偶氮染料测试、重金属含量测试、吸水性、水分含量、异味、棉的丝光效果、热压、干热、储藏升华、酸斑、碱斑、水斑、酚醛泛黄等。

许多客户在采购成衣时，都要求企业出示权威测试机构的检测报告，以保证产品符合国际通行标准，有效降低国际贸易风险，便捷流程，有助于维护市场行为的规范。常见纺织品检测标准、各种服饰主要检测项目扫二维码可见。

2. 面料性能综合性测试步骤

（1）提取测试样板：采购跟单员在每种颜色的面料中剪取3～5m作为测试板。

（2）确定测试要求：根据客户的要求，清晰列出需要测试的技术指标。

（3）寄送检测样板：将测试板和检测要求寄往客户指定的机构进行专业检查和测试。面料性能综合性测试通常需要纺织品专业检测机构才能完成。伦敦ITS、瑞士SGS、法国BV和美国MTL是国际知名的四大测试公证机构，可提供纺织品类全面的测试、检验、认证及各类产品的其他相关服务，也有些客户只是认可部分机构的检测报告，会指定要求某机构做面料样板测试。"世界知名纺织品专业检测机构""纺织品检测相关标准""各种服饰主要检测项目"扫描"教学资源"编号5-5、编号5-6、编号5-7二维码可见。

（4）跟进客户批复意见：测试完成后，采购跟单员要认真查阅综合检测报告，验证测试结果是否符合客户的标准并送呈客户批复。如果测试结果不符合客户标准，则应立刻通知面料供应商和加工厂，并积极寻求解决方法。

六、辅料样板跟单

1. 收集并分析辅料资料

收集和整理需要采购的辅料资料，包括客供款式草图（PDM）、客供板、辅料样卡、辅料采购清单、辅料供应商资料等，同时分析销售订单面对的消费区域特点、习俗等。例如，南方天气潮湿，所用辅料必须注意防潮，以免金属制品出现锈斑等问题。

2. 确定辅料起样与批复期

进行辅料打样前，采购跟单员必须先将所有辅料分为客供辅料和厂供辅料。辅料打样时间原则上要求在提交打样资料后的三日内完成。辅料的批复时间可视实际情况而定。

3. 通知打样

由于打样需要收取一定的样品费，所以在打样前，先与辅料商谈妥价格，并获取客户的付款途径和方式，尤其是新客户。然后根据客供板或打样要求，填写打样通知单，并与客供板一起交给辅料供应商打样。

4. 辅料测试

需要进行洗水与熨烫测试的辅料有：线、衬布、里料、拉链、带条等。辅料的洗水与熨烫测试一般是由采购跟单员和外厂协调员合作跟踪，主要是检测辅料的热缩与水缩的缩水率、色牢度，衬布的剥离强度、拉链的拉合等。

加工厂在制作成衣样板时会选用合适的辅料，与成衣样板一起进行洗水和熨烫测试，以便与面料的测试结果相比较。经反复测试无误以后，才确定辅料的采购类型。

5. 辅料样板评核

辅料样板制好以后，需要陆续通过辅料部、跟单部、生产部等部门的评核，评核要点包括：数量、规格、颜色、质感；原材料的成分、质量；物理性能与化学性能（包括收缩率、色牢度、耐磨性能等）；与面料的搭配效果和与面料特性的匹配情况。

辅料检查合格后，应及时寄给贸易行跟单员或客户评核。如果不合格，应马上通知供应商重新提供新的样板以便再次审核。

此外，采购跟单员还应结合供应商以往的供应情况，来最终确定大货辅料采购的供应商。

客供辅料无须跟单员审查和客户批复，只需验收发来的颜色、数量、规格即可。厂供辅料则需跟进辅料样卡的打样和评核事宜。

6. 制作辅料卡

客供辅料的样卡可以直接由客户提供，或客户指定的辅料供应商提供。企业采购的辅料样卡经客户批复后，跟单员根据订单要求，将已经通过客户审核的辅料，制作成完整的辅料确认卡（扫描"教学资源"编号5-8二维码可见）。

7. 发放辅料卡

辅料卡一式四份：一份与客户评语一起寄给加工厂采购部，作为大货辅料采购的标准，并通知辅料部准备订购辅料。一份交给驻外协厂质检员，以便做好自购大货辅料进仓的检查工作。两份辅料卡和质检报告一起寄给贸易行跟单部和客户存档。

【案例分析四】环环是关键，处处要细心

物料部准备订购一批皮带，贸易行跟单员把皮带的尺寸和皮带扣的规格，以书面形式传真给加工厂采购跟单员。工厂采购跟单员收到的传真资料有些地方字迹模糊，加工厂采购跟单员在没有与贸易行跟单员进一步核实的情况下，就发出皮带的订购通知单。皮带送到车间时，才发现皮带不能穿入裤襻。

结果：皮带扣退货，重新订购。交货期延后，公司赔偿客户部分损失。

分析与建议：多疑问、多核实则万无一失。成衣生产过程中会出现很多不可预测的问题，当跟单员对某一细节不能肯定或存有疑问时，就一定要咨询清楚，否则，一个小细节出了问题，很可能会带来非常大的损失。

【案例分析五】

服装订单中退单或索赔问题，服装面辅料的质量问题占比高达50%以上，所以控制服装面辅料的质量问题是服装采购跟单员的重点业务内容之一。

1.采购跟单员不但要掌握服装面料的基础知识，还应具备鉴别面料品质、检验面料疵点的能力。面料的质量检验分为外观质量检验和内在质量检验两大类，跟单员主要控制外观质量检验，内在质量检验需要通过专业检测机构才能获得相应的数据。

外观质量检验：主要检验面料是否存在破损、污迹织造疵点、色差等问题。经砂洗的面料还应注意是否存在砂道、死褶印、纰裂等砂洗疵点。

内在质量检验：主要包括缩水率、色牢度和克重三项内容。

2.服装面辅料跟单工作的最大特点是要讲究"快速响应"。大货面料进厂，跟单员必须立即进行检验，以便及早发现问题，及时补救。

3.服装面辅料跟单工作的另一特点就是"一致性"。要准确核对面辅料的文字资料，如订单的主标、洗涤标、箱标、印绣花等是否与工艺文件一致；核对服装面辅料的颜色搭配是否和工艺文件一致；检验服装面辅料是否达到相关的标准及客户要求。

第三节 面辅料采购跟单

面辅料采购跟单是将生产订单中所需要的面辅料，从供应商处按质按量地移交到服装加工厂的管理过程，这是服装企业供应链管理中的基本活动之一。面辅料采购的准确性与产品的质量、成本、交货期、企业库存都有着直接关系，因此采购跟单员必须切实做好面辅料采购跟单工作，确保面辅料适时、适质、适地、适量、适价采购到位。

一、面辅料采购前期跟单

在面辅料正式采购以前，需要确定面辅料采购种类与数量、开展面辅料用量预算、确定采购时限等工作。采购前期的准备工作开展得当，能防止采购品种和数量的偏差，确保采购的顺利进行，同时还能减少库存的浪费。面料采购前期的跟单工作包括：

1.收集面辅料资料

（1）收集采购前的面辅料资料。

①实物样板：如客供色板、面辅料手感板、客户确认样（头缸板、缸差板、测试板、辅料卡、成衣款式、辅料搭配效果板等）。

②订单基础资料：包含销售合同复印件、设计款式图、生产工艺图、订单数量、交货期等。

③面辅料信息：包括品名、规格、色号、幅宽、组织结构、纤维成分、单价、用量预算、质量要求、款式图案、颜色分配、包装用料等。

④生产资料：包括生产工艺要求、印花/绣花图样、洗水后整理方法、客户特殊要求、生产排期表、船期表等。

⑤其他相关资料：客户批复评语与更改意见、合同补充协议、供应商资料等。

（2）**审查资料**。跟单员备齐上述资料以后，需核对上述资料有无前后矛盾；仔细查阅由开发部转来的客户确认样是否齐全；与客户提供的原色板是否相符；制作工艺和生产细节是否完全统一、有无遗漏之处等。若有疑问或标识不清晰之处应及时咨询相关部门。

（3）**资料存档**。所有资料核对无误后，输入订单资料管理系统。

如果客户指定面辅料供应商，则应要求客户提供供应商的详细资料，包括供应商公司名称、联系方式、面辅料种类与要求等。如果面辅料是由客户提供或客户负责订购，则采购跟单必须在面辅料订单管理表上注明"客供"字样，并与客户或业务跟单员确认到货日期、交货方式、交货地点等。

2. 确定面辅料获供途径

面辅料获供途径主要有客户提供、贸易公司采购和加工厂采购三大途径。

（1）**客户提供**：主要是指客户对品质有特殊要求的、工厂难以采购到的、需要到海外采购的特殊物料，常见的有商标（品牌商标、成分商标、尺码商标等）、吊牌、腰卡、价格牌、衣架、尺码贴纸、包装胶袋等生产后期和包装用物料。来料加工的物料获取途径，就是由客户直接提供或由客户代购面辅料。在与客户签订成衣生产订单的同时，就签订面辅料供应合同。

（2）**贸易公司采购**：如果客户对原材料有特殊要求，可通过贸易行采购，再供货给加工厂，如面料、纽扣、拉链等客户指定或具有特殊效果的面辅料。

（3）**加工厂采购**：主要指常用的面料、里料、袋布、缝纫线、衬布、普通纽扣、拉链、带条、罗纹条、松紧带等生产前期使用的面辅料。通常贸易公司会先预付部分资金给加工厂，由加工厂根据订单与客户的需求，直接向供应商采购。

由于不同的客户对面辅料的要求各有差异，许多客户会根据贸易公司所能提供的面辅料品种、质量和价格的实际情况，来决定自供料的品种和数量，剩下的物料再由贸易公司或加工厂负责购买。

贸易公司跟单员应确定不同面辅料的来源途径、种类和数量，整理出订单中需要订购的辅料品种。

确定由工厂采购的面辅料资料，贸易公司跟单员应及时发给工厂采购跟单员，并督促厂部跟单及时提供辅料实物样卡给贸易公司审批，以便尽快确定厂供料能否顺利采购。

3. 面辅料用量预算

面辅料在服装成本中占比非常大，所以采购前做好用量预算，尽量减小预算与实际用量的误差，才能达到适量采购、降低成本的目的。

面辅料用量计算方法可参考第二章第三节内容。进行机织成衣面料预算时，跟单员应先整理面料样板资料，送交排料部。对于款式复杂的样衣，需要整理的资料包括：面料幅宽、面料花色图案、洗水方式、缩水率、生产纸样、特殊面料的裁剪方法、尺码分配比率等。然后由排料部在1日内算出面料的准确用量。

对于尚未确定用量的辅料，可以将订单资料交给相关部门进行预算。例如，采购跟单员可以将订单包装要求交给包装部，由包装部负责估算瓦楞纸箱、透明胶袋等包装材料的尺寸和用量，然后将预估用量转交给辅料部。

订单投入的人手或设备越多，则相应增加的生产损耗也应越多。与批量生产相关的排料房、裁剪房、缝纫车间、洗水房等部门应充分预计面料的损耗量，并提交面料损耗报告。跟单员根据各部门的损耗报告，计算出批量生产用料量。辅料的订购数量应加上客户允差值和实际生产消耗量，以防订购不足。各种辅料生产耗用量见表5-7。

表5-7 各种辅料生产耗用量参考值

辅料种类	1000件以下	1001~5000件	5001~10000件	10000件以上	备注
商标	3%	2.5%	2.5%	1.5%	
纽扣/金属圈领条/塞管绳	2.5%	2.5%	2%	1.5%	
拉链	0	0	0	0	
带条/橡筋	0	0	0	0	
衬布	0	0	0	0	
衣架/袋布	0	0	0	0	
胶袋/薄叶纸	2%	1.5%	1.5%	1%	
胶/纸/领条带	2%	1%	1%	0.5%	
蝴蝶胶托	2%	1%	1%	0.5%	
吊牌/粘贴标签	3%	2.5%	2.5%	1.5%	按款式或颜色吊挂
吊牌/粘贴标签	2	1%	1%	0.5%	不按款式或颜色吊挂
纸箱	每单低于100个：0	101~200个/单：2%	201~500个/单：4%	500个以上/单：6%	
缝纫线	500件以下：8%	501~1000件：5%	1001~3000件：3%	3000件以上：0	

用料预算注意事项：

（1）**统一名号，方便管理**。采购跟单员应倡导客户、面料部、辅料部、供应商各方均使用统一的面辅料名称、色号、款号代码，以免同种面辅料用不同名称而导致选料、配料和核查等工作上的失误。

（2）**预算结果评估**。预算结束后，比较企业往年同季度的订单生产实际用料情况。如果预算结果与往年实际用量的差距不超过 ±3% 属正常情况；超 3% 则可能存在浪费现象。此时，采购跟单员必须在大货开裁前仔细查询排料房，查找多用面料的原因，使损耗和成本得到有效控制。对于正常的超预算，可以列明用料数量，写明预算多用的理由，作为特殊案例处理。

4.翻查库存

由于辅料种类繁多，辅料库存量控制和管理难度、工作量都较大，需要相关部门配合，其中采购跟单员起到非常关键的协调作用。所以每次采购面辅料前，跟单员都应遵循"先用库存，后订新料"的原则，与仓管一起清查仓存情况，以便消化尾仓，减低库存合并到资金的积压。

清查仓库的工作流程如图5-12所示，工作细则如下：

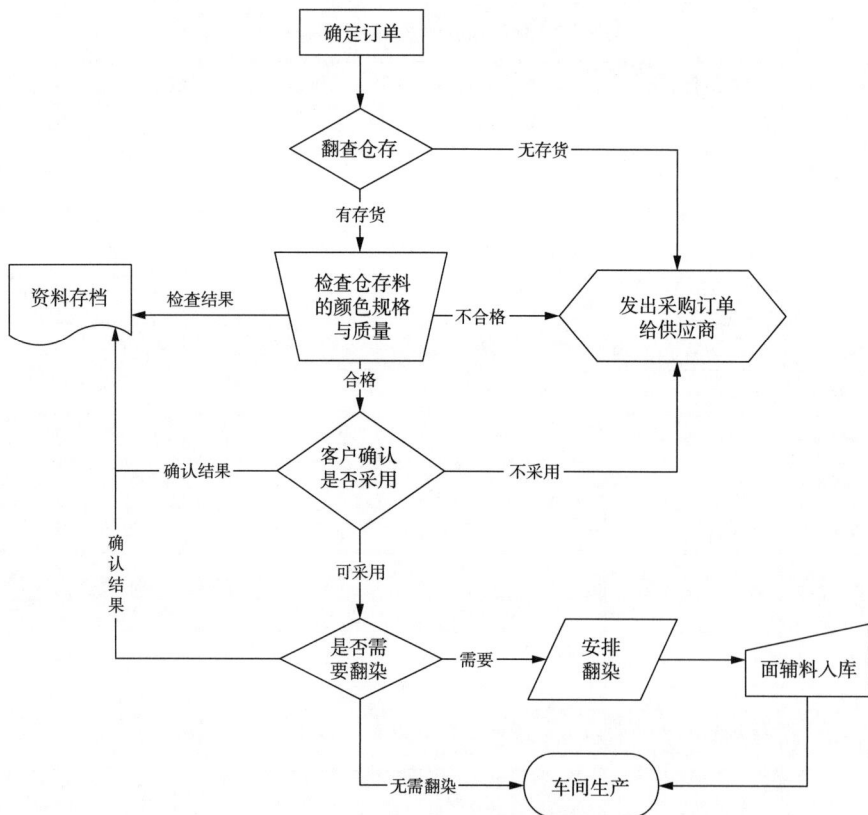

图5-12　清查库存工作流程

（1）**翻查库存清单**：为便于仓库管理，仓管员要坚持每个月（或季度）盘查一次库存物料，将库存种类和数量定期上报给采购跟单员。采购跟单员每次采购前，都应先仔细翻查库存物料清单，优先选用合适的仓存料，不足部分再订购，以便尽快用完剩余的物料。原则上不储存太多物料。例如，黏合衬中的热熔胶有一定的使用期限，而且如果存储不当（如日照、潮湿等），也会加速热熔胶老化而影响黏合牢度，所以应根据订单准确计算用量，确保适时适量采购。

（2）**检查库存面辅料**：库存物料清单中有适用的仓存料，跟单员应到仓库检查所选仓存料的颜色、规格、质量是否符合订单要求。对于比较重要或者难以判断的订单，则应剪取样板提供给跟单部主管、面料供应部主管和客户审核确定。积压时间比较长的面辅料，还需剪出一份样板重新做缩率、色牢度和撕裂强度等测试。

（3）**翻染仓存料**：经过清查后，如果面辅料规格和质量符合要求，但颜色有差异时，可以考虑将面辅料送回给供应商或织染厂进行翻染。注意必须先染出色板，交给跟单员和客户审核确认以后，才能进行大批量面辅料的翻染。完成翻染的面辅料经过质检员检查后，才能清点入库等待订单生产。图5-13是仓存料翻染的工作流程。

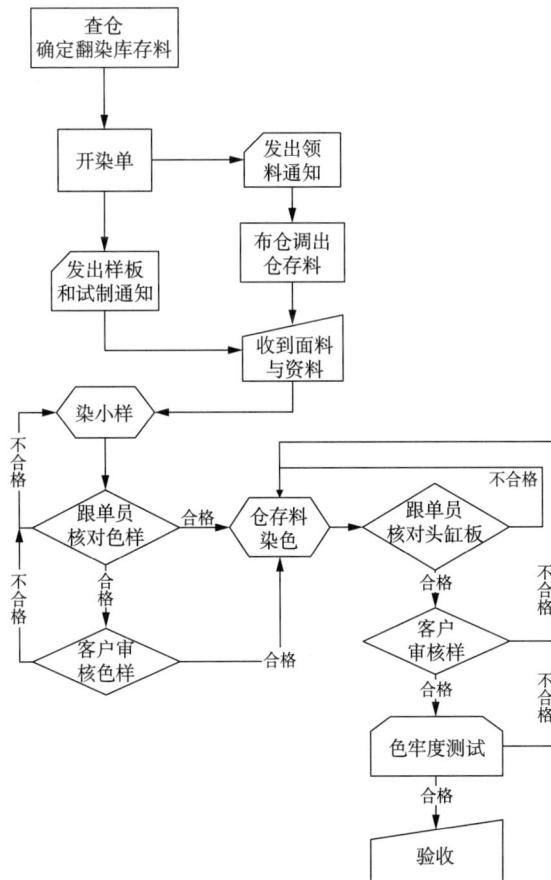

图5-13　仓存料翻染工作流程

（4）**翻仓资料管理**：跟单员应建立翻仓资料档案，将检查库存和面辅料翻染的情况登记造册，为以后采购工作和仓存量的控制提供参考。面料翻染情况记录范例扫描"教学资源"编号5-9二维码可见。

5. 确定采购期限

（1）**确定采购提前期**：采购提前期是采购批量订单下达后，从供应商组织生产到批量交付的时间。通常会以面辅料的最长生产周期作为面辅料的采购和生产提前期。公式：

采购提前期＝供应商确认订单时间＋供应商生产准备时间＋采购批量生产期

一般情况下，从跟单员收到客供面辅料资料当天开始计算面料采购时间，直到大货正式投产前约需35天，各阶段采购时间分布如图5-13所示。

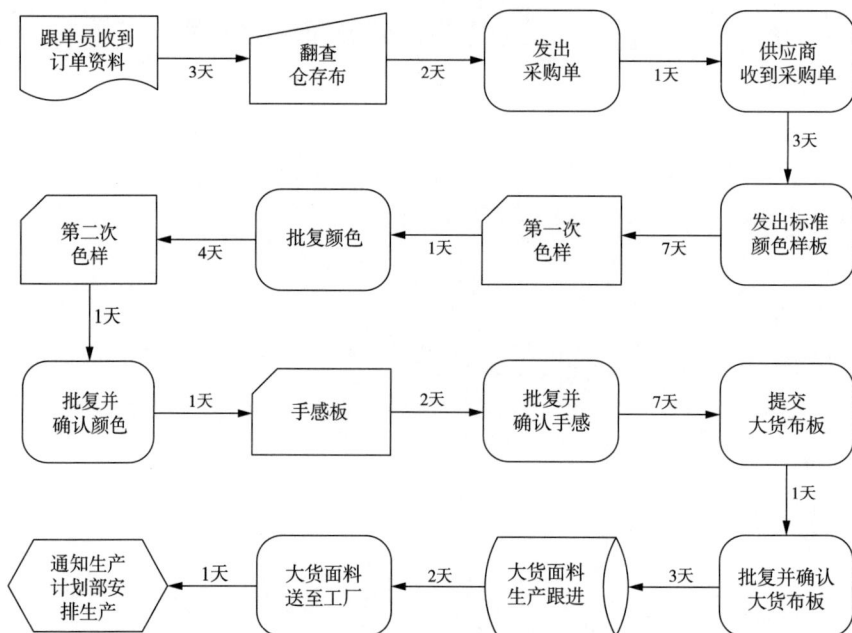

图5-14 普通面料采购时间参考

采购提前期是针对供应商能够批量供货的开始时间，而不是全部完成采购的时间。过分夸大提前期会造成库存积压，生产计划与采购计划脱节。用高库存原材料来确保交货期也是不可取的方法，最佳的方案是供应商天天送货，加工厂的库存趋于零，每次送达面辅料的数量等于当天成衣生产的数量。

当然，由于面料种类繁多，面料生产所需时间也不尽相同。供应商第一次供应各种面料所需时间约为：样品／试织品，20～30天；丝光类衣料，30天；毛织杂色呢，40天；弹性面料，35天；棉／麻皱布，35天。

不同品种的辅料供应商的生产提前期也有所不同。表5-8为各个供应商的辅料生产提前期参考表。

表5-8　辅料供应的生产提前期

供应商	辅料类型	提前时间（天）
S_T/R	卡通纸箱	4~5
S_T/R	内纸盒	4~5
J.T.TH	棉线	4~5
MUKLE	绣花用底线与绣花面线	5
DIJUTE	衬布	7
KIWRE	纽扣	10（染色纽需15天）
KIWRE	领圈纸撑与领圈胶纸	7
KIWRE	蝴蝶胶托	7
KIWRE	珠针与塑胶夹子	7
KIWRE	薄叶纸	7
KIWRE	粘贴标签	7
KIWRE	塑料袋	7
KIWRE	尺码标签	4

（2）确定批复期和到货期：跟单员还应做好计划，初步确定所有面辅料的批复期和辅料入厂期，并根据订单成衣交货期确定面辅料的到货期和补货期。一般规定厂购面辅料必须在订单交货期45天前抵达工厂，客供料则可以在30天前送到。跟单员应将以上时间节点填入跟单排期表，以便控制面辅料的到厂进度。

6. 填写订购清单

（1）核算采购数量。在正式发出面辅料订购单之前，采购跟单员必须根据订单资料再次核算面辅料的用量，检查微型排板图的用布情况，确保原预算用量准确无误。然后根据查仓情况，减去仓库适合使用的物料数量以后，确定最终的采购数量。

（2）填写订购清单。采购跟单员根据订单内容、采购部提供的平均应收货物数量、价格、交货准时率、面辅料的采购提前期、库存情况以及面辅料用量预算表，详细填写面辅料订购清单。有些辅料是根据面料颜色和成衣尺码分类进行订购，所以需要将每种辅料单独列出订购清单（扫描"教学资源"编号5-10二维码可见"面料订购清单""辅料订购清单""拉链订购清单"）。

填单注意事项：清单中所订购的面料数量通常已包括裁剪及缝制过程中的面料损耗，注意有些企业会将需要洗水的成衣另外增加缩率损耗；必须在订购清单中详细列明所有面辅料的最后交货期限；如果订购的面辅料数量大、品种多，为了减少库存，可要求供应商根据批量生产排期，分期分批送达，其中首批面辅料必须在开裁前5天送抵。

（3）**审批订购清单**。面辅料订购清单填写完毕，经跟单部主管审核后，和面辅料分配明细表一起交给面辅料部或生产部审批，然后展开面辅料采购。

采购工作可由面辅料部或加工厂负责，也可由跟单部直接向供应商订购。不论是哪种情况，采购跟单员都要及时跟进面辅料订购进度，掌握最新采购情况，防止采购出现问题而影响批量生产。

7. 面料采购

（1）**发出订购清单**。贸易公司跟单员将所有与面料相关的资料和样板准备好以后，提供给加工厂，并通知工厂采购面料。面料跟单员根据各部门与客户的批核意见，核实面料订购清单后，将面料订购清单传给供应商。

（2）**样板确认**。供应商收到面料订购清单后，根据订购清单列出所有物料的成本报价清单，并与面料初板一起送交加工厂，由贸易行交给客户批复确定以后，再进入洽谈阶段。

（3）**议价与分析**。采购跟单员根据供应商提供的成本报价清单，对产品进行成本分析。成本分析是根据市场同类材料的最低价、最高价、平均价和自估价，得出一个可接受的合理价格。然后，与供应商磋商面料价格、生产时间、运送方式、交货期、交货地点和付款方式等采购事宜，达成双赢的价格谈判，为签订合同做准备。最终的采购定价将作为给客户报价的基础依据。

（4）**审核并采购**：如果企业完全按客户要求进行面料采购会有一定的难度，所以，相关采购项目最好能获得生产部、销售部和客户的确认，并在成衣放码板或销售板通过客户审批后，才正式签订采购合同。

8. 辅料采购

（1）**缝纫线/衬布采购流程**（扫描"教学资源"编号5-11二维码可见）。

第一步：配料。面料部收到面料供应商送来的面料样板，每个颜色各剪取1m面料，并与样衣一起，由采购跟单员送到辅料部进行缝纫线和衬布的配色工作（包括开纽眼的线），接着将配好的缝纫线和衬布交给客户审核确认后，再送回辅料部，作为采购缝纫线与衬布的样板。重要订单的配料结果需要经样板部、生产部、质检部检验通过才能采购。辅料的配用原则要求：伸缩率、耐热度、质感、色泽、色牢度、坚牢度与耐磨性、价格和档次等均应与面料合理匹配。例如，线的捻度、颜色、品质，衬布的热熔胶性能、黏合条件、底布组织，都应与面料的特性相符合。总之，配料员需有长期的实践工作经验，对面辅料的色泽、质地、手感有一定的敏锐度，并清晰了解相关的物理性能。缝纫线和衬布的基础知识扫描"教学资源"编号5-12、编号5-13二维码可见。

第二步：用量预算。辅料部收到配好的线、衬等辅料（含文字要求）后，做线和衬的用量预算，并将预算结果交给跟单员或部门主管审核。同时检查缝纫线、衬布的库存量。

第三步：确认样板。辅料采购资料及样板寄给供应商后，由供应商根据要求打样、报价，并提供样板给跟单员和客户进行审核。缝纫线的颜色容易出现较大的差异，所以在选购缝纫线前，最好能试制样板，将线缝入面料中检测其色差、色牢度和缩水率等项目，以便找出最适合的缝纫线。

第四步：磋商采购。样板确定无误后，与供应商洽谈辅料价格、交货期、交货地点、付款方式等事宜。达成一致后，按照辅料清单编制辅料采购合同，交给营业跟单部、生产部和总经理审批，最后与辅料供应商签订辅料采购合同。辅料采购合同范例见表5-9。注意签订合同时，必须确保所有辅料在开裁前2天送达加工厂。签订订购合同当天，必须将订购情况通报跟单员。

第五步：善后工作。采购合同签订后，配料后剩余的所有面辅料，与质检报告、洗水测试报告一起送到纸样房作预排料和试制样衣用。缝纫线送达加工厂后，辅料部进行点数、查货和签收入库工作。

代客采购辅料项目由贸易行跟单员负责。如果企业备有足够的辅料仓，则无须订购，等待面料织造完毕并送到工厂后，直接进行配线、配衬等工作即可。

表5-9　辅料采购合同

紧急订单：_____　　　　　　　　　普通订单：_____√_____

供应商		买家订单编号	
联系人		签订人	
电话		买家联系电话	
传真		承诺交货期	
E—mail		合同签订日期	
付款方式	月结	运输方式	陆路（汽车）
交货地点	由_____	至_____	

订购辅料清单						
辅料品名	规格与要求	颜色/色号	订购数量	单价	总价	备注
T/C袋布	133×72；幅宽44"	黑色（#378）	350m	3.5元/m	1225元	
线	403	卡其色（#283）	34cone	11元/cone	1331元	
	209	黑色（#283）	10cone	21元/cone	609元	
二孔金属纽	20mm	/	2gr	105元/gr	210元	
	22mm	/	5gr	132元/gr	660元	
纸张	20×33	/	5rm	15元/rm	75元	

续表

总金额	5829元	
特殊要求	1.如果辅料质量有问题，供应商必须在本公司容许的时间内补回合格品； 2.交货数量不能少于订单数量，且只能比订单数量多3%；运输路途中如果遇有扣查情况，所有费用均由供应商负责； 3.请在送货单以及发票上列明订单号，并在送货前提供出口或进口证明。	
注　cone是缝纫线的数量单位，简称筒；gr是纽扣的数量单位，简称罗，1Gross（罗）=12Dozen（打）=144Pcs（个）；rm是纸张的数量单位，简称令，1令=500张纸。		

质检部：_____　　采购部：_____

营业跟单部：_____　　日　期：_____

（2）纸箱采购流程。

第一步：生产跟单员将预包装的效果和客户要求告知包装部，由包装部确定瓦楞纸箱的尺寸、内纸盒的大小和纸箱的用量预算。扫描"教学资源"编号5-14二维码可见"纸箱基础知识"。

第二步：辅料部将所有信息填入工作表单，包括客户对瓦楞纸箱和内纸盒的质量、箱/盒的尺寸、标识、特殊的要求、单价等，并将资料传真给供应商。注意不同厚度的纸箱/纸盒，纸张价格也有所不同。

第三步：供应商收到订单后，报单价给辅料部，制作样板，并将样板和单价报送辅料部。

第四步：样板经贸易行和客户批复后，辅料部与供应商洽谈样板修改，并确定价格。

第五步：审核通过修改样板后，根据生产排期，与供应商签订订购合同。包装材料可以在成衣生产的后期采购。

第六步：供应商开展批量生产，加工厂按照交货期接收清点物料，并查验质量。扫描"教学资源"编号5-15二维码可见"纸箱采购流程"。

（3）商标采购流程。商标主要分有：主商标、尺码标、成分标、护理标等。商标基础知识扫二维码可见。其中品牌企业的主商标，通常由客户直接提供，尺码标、成分标、护理标可由加工厂负责提供，或由贸易行向供应商订购。

①客供商标采购流程。品牌客户对委托生产的每个商标都会要求掌握去向，做到使用的商标数量与收到的产品件数完全相等，所以须注意商标数量的清点与登记工作。加工厂收到客供商标后，清点数量，查验商标的质量是否与辅料标准卡上的标准一致，并做好记录。

②厂供商标采购流程。先由采购跟单员发出采购通知单给物料仓，物料仓按通知单要求定制模具和采购原料。模具与原料送抵后，试制2～5个商标样板交给采购跟单员和客户审核，然后物料仓按照采购通知单上的数量增加2%～5%的损耗量进行印制。

辅料部按照采购通知单上的数量向物料仓领取商标，并与辅料标准卡上的商标核对一致后，记录领取的数量。生产部按订单的成品数量向辅料部领取商标，并记录领取的数量。

③向供应商订购商标采购流程。通常由营业跟单部或辅料部负责。商标送抵加工厂后，由辅料部质检员、采购跟单员共同清点数量、查验质量，并记录确认。

商标到厂后，生产部将商标分发给各生产线组长，并做好登记。车位按实际生产件数向生产线组长领取商标。原则上要求一次领取的数量不能超过半天的产量，以免发生混淆。如果在生产过程中有商标受损需要更换，必须拿着损坏的商标换取。质检员在生产线检查时，需检查商标有无订错、漏订或订错位置。订单生产完成后，辅料部将损坏、剩余的商标退回物料仓，由物料仓做记录。

扫描"教学资源"编号5-16二维码可见"商标基础知识"。

二、面辅料采购中期跟单

面辅料采购合同正式签订以后，跟单工作主要着重于面辅料生产过程中的进度跟进与质量控制阶段，以免供应商交货不准时或产品不符合订单要求而延误成衣生产。详细的采购跟单工作有以下几点：

1. 制订采购跟单计划

根据订单交货期限，跟单员应根据大货交期列出生产进度计划表，周密制订面料采购跟踪计划和跟单排期表，明确采购跟单中各环节的工作时间，并按计划表督促生产进度，控制面辅料的到厂进度，确保面辅料采购顺利完成。

2. 确认头缸板

头缸板是面料批量织造前的第一次生产试板。面辅料正式投产前，跟单员必须要求供应商提供头缸板。

（1）测试头缸板。头缸板的测试包括色牢度、起毛球、阻燃等综合性能测试以及纤维成分测试、洗水测试等。对于成品需要洗水或染色处理的订单，头缸板也要按照生产要求进行后整理测试，并对洗水/染色工艺流程以及漂白剂、加软化学剂、染料、助染剂等的用量做好详细记录。另外，需要做测试的面料幅宽必须完全按照批量生产程序进行拉幅定型。

（2）审核头缸板。头缸板制好以后，首先送到面辅料部审核大货面辅料的头缸颜色，接着由跟单员核查头缸板的颜色、手感、组织纹理、品质等，然后将头缸板送交客户批复。头缸板必须通过客户的批复，才能进入面辅料的批量生产阶段。客户批核头缸板后，应同时提供一式四份的大货缸差板给跟单部、面料部、驻厂品管员和制衣厂。所有样板均需建档留存以备翻查。

3. 跟进批量生产进度

（1）**到工厂巡视**。面辅料正式投产后，采购跟单员应抽空到面辅料制造厂巡视，了解面辅料的生产情况，跟进面辅料的生产进度和质量，加强与供应商、面辅料部的沟通，及时向主管或客户反映生产中的问题，并尽快解决。

（2）**协助质检**。采购跟单员应了解客方质检员的查货时间安排，协助开展查货工作。供应商质检员完成面辅料质检后，与采购跟单员、客方质检员、加工厂质检员一起对面辅料做随机抽样查验，抽检量为面辅料总量的15%～20%，并共同出具质检报告。

（3）**供货总量控制**。所有面辅料可分为A、B、C三个质量等级，A级面辅料允许超出原订购量3%供货，超出部分需退回供应商或折价处理。B级面辅料不能超出订购量的5%。C级面辅料一般不允许装运给加工厂，除非企业另行批准。例如，某企业采购合同中规定：供应的面料中如果含C级面料100m以内，供应商必须补回同等数量的A级面料给订购方；如果C级面料的数量超过100m，则所供A级面料以80%折价处理。

此外，还应要求面料供应商将不同幅宽的布匹分开卷好，并附上详细的面料幅宽资料，以便工厂点收查验。

4. 批复测试板

如果客户要求做面辅料专业测试，跟单部应与加工厂协商，尽快采购相关面辅料样板给专业测试机构进行检测，并详细分析测试报告。待客户批复通过后，再将批复结果与确认的测试板一起传回给加工厂的跟单部、质检部和面辅料部，并保存客户批复评语和更改意见。测试不合格，需与客户商讨是继续使用还是换用其他面辅料。

依据测试结果，资料部才能汇编工艺技术文件和生产制单，纸样房才能依据缩水率划裁纸样，车间才能确定裁剪、缝纫、熨烫等工艺要求。所以在供应商提交大货的面辅料前3天，就必须督促供应商和工厂完成各种面辅料的测试工作。

5. 督促按时发货

当首批面辅料完成60%的生产量，并通过物料部质检员质量检查后，跟单员就可督促供应商确定装船/装车和起运时间，后续批次的面辅料也要及时敦促供应商做好面辅料的运输安排，确保所有物料按时按量发到指定的加工厂。面辅料运输安排见表5-10。

表5-10　面辅料运输安排

客户名称			
订单编号		面料/辅料种类	
批　次		数量	
发货方			
收货方			

跟单员		联系方式	
起运时间		交货时间	
目的地			
运输公司		运输方式	
运输负责人		联系方式	
备注			

面辅料送达时间应控制在成衣裁剪前1~2天。面辅料交货期不能提前太多，以免增加库存管理和打乱生产计划。但如果面料供应需延期交货，采购跟单员应及时与加工厂或客户联系，确定最后的交货期限。

由于辅料跟单工作琐碎、繁杂，利用表格来跟进各种辅料的生产进度会更简洁明了，可以及时控制各种辅料的交货期，保证辅料及时到位（表5-11）。

表5-11　辅料采购进度跟进汇总表

客户/订单号			A客户/订单X	A客户/订单Y	B客户/订单Z
款号/制单号					
成衣款式					
收到订单日期					
加工厂					
制单发出日期/纸样到厂日期					
开裁日期/交货期					
计划生产数量					
裁剪数量/出货数量					
物流方式					
辅　　料	供应商	跟进日期记录			
拉　　链		订购日期 / 到厂日期			
纽　　扣		订购日期 / 到厂日期			
皮牌/吊牌		订购日期 / 到厂日期			
注册商标		订购日期 / 到厂日期			

续表

洗水商标		订购日期			
		到厂日期			
缝纫线		订购日期			
		到厂日期			
纸　箱		订购日期			
		到厂日期			
胶　袋		订购日期			
		到厂日期			

制表/跟单员：_____　　　　　制表日期：_____年___月___日

【案例分析六】快速应变跟单问题

采购跟单员收到质检员的通知："刚到厂的那批纱线颜色有明显缸差。"跟单员不知如何处理，只好向主管汇报。

分析与建议：跟单员要有很强的沟通、协调和谈判能力，已成事实的问题切勿隐瞒。处理步骤如下：

1.查明色纱的缸差问题，马上寄出样板给纱厂查验，指出问题的严重性，并声明出了问题必须由他们负责。

2.尽快与客户沟通，以诚恳打动客户，以便获得回旋的余地；如果客户要求重新染色，再与客户协商新的交货期限。

3.翻查订单交货期。如果交货期的时间充足，把整批纱退回给纱厂重新翻染；如果交货期紧迫，马上寄出色差严重的样板给客户审查，希望客户接受。

4.及时向主管汇报。

5.对于无法逆转的损失，应尽量设法减少赔付金额，减轻企业的损失。

三、面辅料采购后期跟单

1. 验收面辅料

面辅料运到工厂以后，采购跟单员要协调各相关部门做好点收查验和质量等级控制工作，确保面辅料准确入库。

（1）填写面辅料验收表。每批次面辅料运抵后，采购跟单员要填写面辅料验收表（表5-12）。做好订单基础资料的详细登记，然后发给仓库、面料部做数量和质量的检验。

（2）检查面辅料质量。由物料部仓管员负责清点数量，面辅料部质检员抽查面辅料总量的10%，与贸易行驻厂的质检员一起检查面辅料的质量，确认与采购合同是否相符。若发现质量问题，再抽取10%做二次查验。面辅料检验允收次品标准可参考表5-13，抽查数量可参考辅料抽样检验水平标准表（表5-14）。

大货面料质量查验包括外观和品质两方面。面料常规检查要点如下：

①面料幅宽。分别测量面料头、中、尾三处的宽度，以可用的两织边间距为标准，取最小值为幅宽。不小于合同规定的幅宽为合格品，否则作为窄幅布匹折价、退换货或补货处理。

②面料克重。每种面料都有不同的克重标准，裁剪布匹的头、尾两处面料，用标准的织物克重测量仪称克重。

③面料经纬纱密度。用放大镜计算面料边缘纱线的经纬密度，在1平方英寸内经纱和纬纱的数量，与面料核准板相比，得出面料密度是否符合标准。

④面料组织结构。用放大镜观察面料的平纹、斜纹、缎纹等面料的组织结构是否正确。

⑤其他方面的检查：面料的颜色、色差（中边色差、头尾色差）、手感、油污、色污、纬斜、色花、粗纱、经痕、断经断纬、并经并纬、破损、织造疵点等。经过砂洗的面料还应注意查看面料表面是否存在砂道、死褶印、披裂等砂洗疵点。品质方面主要检查面料的缩水率、色牢度、克重等。

表5-12　面辅料验收表

供应商		订单编号	
面料/辅料种类		批　次	
运输公司		计划交货期限	
运输方式		实际交货时间	
运输负责人		联系方式	
数量点收	收货数量： 收货时间： 点收人：　　　　　　　　　日　期：		
外观检查	抽查数量： 查验内容： 查验结果：□查验合格，准予入库！ 　　　　　□____%查验不合格，____%需退返重修！ 查验人：　　　　　　　　　日　期：		
备注			

表5-13　面料检验允收次品标准

抽检数量	次品标准水平（AQL）之允收数量					
	AQL0.1	AQL1.0	AQL1.5	AQL2.5	AQL4.0	AQL6.5
5	0	0	0	0	0	0
8	0	0	0	0	0	1
13	0	0	0	0	1	2
20	0	0	0	1	2	3
32	0	0	1	2	3	5
50	0	1	2	3	5	7
80	0	2	3	5	7	10
125	0	3	5	7	10	14
200	0	5	7	10	14	21
315	0	7	10	14	21	/

注　第一个抽样计划允收次品的标准为0。

表5-14　辅料抽样检验水平标准表

辅料批量数（件）	抽样检验数量		
	特别水平S4	一般水平 I	一般水平 II
90以下	5	5	13
91~150	8	8	20
151~280	13	13	32
281~500	13	20	50
501~1200	20	32	80
1201~3200	32	50	125
3201~10000	32	80	200
10000以上	50	125	315

注　抽样检验数量=$\sqrt{总包装量}$（取整数）；如果批量数低于抽样检验数，则100%检验。

　　辅料检验应特别注意机织布与人字带的染色效果、松紧带的缩水率、黏合衬的黏合牢度、拉链的顺滑程度等质量问题。里料和衬布一般只做抽查验布，然后寄送样板给客户批核。扫描"教学资源"编号5-17二维码可见"辅料质量查验要求"。

由于拉链在生产过程中机械操作速度所产生的惯性以及链齿拉合的吻合程度不一，会出现长度上的误差，且长度越长误差越大。验收拉链的长度允差见表5-15。

表5-15　拉链长度允差值

序号	拉链长度	允许公差
1	30cm以下	±5mm
2	30～60cm	±10mm
3	60～100cm	±15mm
4	100cm以上	±3%

注　日本YKK在新世纪博览会参展所提出的拉链长度允差值。

采购跟单员收到品管部的辅料查验报告后，需到辅料仓抽取样板检验，确认合格后在资料上签名确认，辅料才能入库。验收表上的查验结果是入库的依据。如果检查到物料有质量疵点，则需尽快将样板寄给客户审批能否接受。如果质量出现严重问题则应通知供应商尽快补货，并遣送次品。同时核算出疵点的占比，作为后续供应商管理的评估指标。

客供辅料送达加工厂后，辅料部清点客供辅料的数量，并核对送货单上的交货数量。然后采购跟单员抽取样品审核并建档存储，以减少日后与客户间的纠纷和异议。如果数量有误差，则需填写面辅料进仓差异明细表，由营业跟单部与客户沟通，并要求客户确认送货数量。如果客户不认可数量上有误差，则营业跟单员需在4小时内将信息转告辅料部，再次进行全面盘点。

（3）**查收面辅料注意事项**。在检查面辅料的过程中，采购跟单员要注意以下几方面内容：

①采购跟单员应与面辅料部质检员、加工厂质检员一起检查面辅料质量，检验时要用标记标出疵点所在，以便裁剪时避开，并同时做好查验情况记录。然后将检查报告和样板一起寄给客户，特殊订单还需陪同客户一起检查面辅料。

②检查大货面辅料颜色时，应以缸差板或色卡为标准，在规定光源下仔细检查纬向的边中色差、经向的头尾段差、布匹间色差、阴阳面色差、正反面色差、小样与产品的色差等是否合格。

面料色差标注的等级越高，说明色差越小，其中5级为最优。通常客户会提供一个色差级数的标准，如某客户要求色偏在4～5级为可接受范围，低于4级为不合格品。难以用目光测定时，可以用色差仪进行颜色等级的测评。

③大货面料抵达工厂后，采购跟单员应督促工厂抽取大货面料制作产前板，跟进面料缩率、洗水等测试结果。注意大货面料的测试方法应与原样板测试方法一致，以防批量生

产时出现差异。

④如果订购的是进口面料，采购跟单员应提前将整套订单资料与提单、发票、装箱单等资料一起送到船务部，以便办理进口报关和海关通关手续。如果是来料加工的进口面料，海关只记录在册，免征关税，加工的成品出口时再核销记录。如果是企业自购的进口面料，则需缴纳纺织品进口关税。

⑤确认手感标准时，由于手感没有定量的标准，全靠采购跟单员的主观判断，即使有手感标准板也难以判断测试品是否合格，所以需要跟单员有一定的工作经验，并加强与客户沟通，以便尽快获得客户的认可。

⑥加工厂、贸易行跟单部和客户应达成一致的共识。例如，当加工厂将面辅料进仓差异明细表送达贸易行或营业跟单部后，如果2日内贸易行跟单部和客户都没有任何回复，则工厂可以默认客方已经认同实际收到的面辅料差异。默认环节可确保批量生产顺利进行，以免影响后续的生产计划和船期安排。

2. 发出面辅料标准卡

（1）**制作面辅料卡**。面辅料卡，简称C/T卡。大货面辅料质量检验合格后，采购跟单员根据面辅料订购单明细、面辅料测试报告和质检报告，将面辅料裁成小样并粘贴在确认卡上，填写卡上相关资料，制成一份大货面辅料标准卡（表5-16）。

（2）**批复面辅料卡**。面辅料确认卡制好以后，先由加工厂采购跟单员核查，然后由贸易行跟单员寄给客户确认辅料与面料的搭配效果，如缝线的配色、大货辅料的洗水效果等，并要求客户明确指出面料的正反面、格条和绒面的方向，所以大货面辅料卡也称物料确认板。

（3）**发放面辅料卡**。跟单员收到客户确认的大货面辅料卡后，督促仓库面辅料管理员按照客批样卡标准，复制数份大货面辅料标准卡，分发给相关部门，以便领料生产和作为生产检验的依据。

客供面辅料卡无须客户确认审核。客供面辅料到厂后，采购跟单员可直接制作数份面辅料卡，逐项审核完毕即可发放给相关的部门。面辅料卡制作数量和发放情况见表5-17。

表5-16　面辅料标准卡

合同编号	×××××	订单款号	×××××	订单数量	800件
客户名称/区域	MJ/澳洲墨尔本	款式描述	开襟秋冬外套	交货期	××年×月×日

布　料

	面料	里料	袋布
品名	横条提花	涤塔夫	白坯布
纤维成分	95%涤纶 5%氨纶	100%涤纶	100%棉
颜色	灰蓝	宝蓝	本白
幅宽	160cm	150cm	115cm
克重（g/m²）	250	100	100
纱支（支）	28	/	32

辅　料

	缝纫线	拉链	有纺衬布	牵带
规格/型号	60/3	70cm/5号	90cm/50D	1cm/50D
成分	100%涤纶	开尾金属牙	PES+PA	单面黏合衬
颜色	灰蓝	蓝色银齿	白色 细粒双点	白色

表5-17 面料卡发放登记表

部 门	布板规格与发放数量	签领人	签收日期	备注
生产计划部	1套小样品			
纸样裁床部	3套小样品，1套A4大样品（含织边）			
品管QC部	3套A4大样品（1套含织边）			需增发1套小样品
辅料仓	1套小样品，1套A4大样品			
生产车间	3套小样品			
熨烫部	4套小样品			
洗水厂	1套小样品			
船务部	1套小样品			
工厂采购跟单员	1套小样品			
贸易行跟单员	1套小样品			
合计	16套小样品（3cm×3cm），5套A4大样品（20cm×28cm）			

3. 测试产前板

所有面辅料到厂后都要进行产前板试制，尤其是客供物料。在试板过程中如果发现有问题，跟单员应及时通知客户，并与原来存储的样板一起寄给客户批核。

（1）面料试排料：发放大货面辅料卡后，跟单员收齐纸样、尺码表、面料描述、可用的布幅宽度、面料与辅料的匹配情况、面料缩率报告等资料，并将每种颜色的面料都剪下1～2m送到排料房试排用料，以便精确计算耗布量。

（2）服装后整理测试：试排料用完以后的面料可给板房缝制样板成衣，再按照订单生产的后整理方式进行印花、绣花或洗水测试，作为生产前的核准板交给客户批复。

（3）"百家衣"测试：将同一件成衣的裁片分别在不同布匹的头、尾、中间和布边等处分开裁剪，再将所有裁片制成一件拼料成衣，俗称"百家衣"。接着按照制单要求做洗水或染色等后整理，再检查各裁片之间的色差程度，以此确定面料的中边色差和头尾色差。

"百家衣"测试结束，测试结果发给裁床，以便避裁大货面料的色差，同时通知裁床开裁大货面料。如果色差严重，应及时向主管和客户反映，并将结果反馈给面料供应商，协商解决办法。

4. 面辅料溢缺核算

（1）查点生产前的实收数量。大货面辅料送抵工厂，物料部仓管员对面辅料进行盘点、入库后，质检员与仓管员核对实收数量并报给采购跟单员核对采购合同上的协议数量。如果面辅料码数不齐或总量短缺，跟单员需参与二次清点工作，记录缺少的数量并确认责任方后，及时通知供应商补货。如果因物料供应数量不足造成交货期延误，则应向供应商提出赔付要求。如果实收数量多于合同数量，则要求供应商折价处理，或等该批订单生产完成后退还供应商。

（2）**核查生产后的溢缺数**。订单生产完成后，跟单员协助面辅料部共同核对面辅料的溢缺情况（表5-18），可清晰掌握预算用料和实际用料的差额。跟单员要注意监督工厂在生产过程中节约用料，减少物料的生产损耗，杜绝浪费。

表5-18　面辅料损溢记录表

制单编号			客户			款式		
订单编号			数量			交货期		
原辅料名称	规格	成分	色号	预算用料（件）	预算用料	实际用料	生产后的损溢量	
面　料								
里　料								
衬　料								
拉　链								
缝纫线								
装饰带								
备　注								

制表：_____　　审核：_____　　日期：_____

（3）**处置生产后的余料**。生产后剩余物料的处理办法有退回给供应商、折价处理或购料方自行处置。自行处置的常见方法有制作样板、生产内销产品或翻单产品。

由于订单取消或订单变更而导致过量的面辅料库存，应由工厂通知贸易公司跟单员，在不侵犯客户品牌权益的前提下，争取将剩余料用于其他同类订单生产，或由贸易行安排转送到其他加工厂。如果由于客户对款式、生产数量的变更，导致批量生产数量减少而引发面辅料过剩，跟单员应将剩余的面辅料数量通知客户，并争取获得其他额外的订单，以便用完剩余料。

对于海外来料加工订单，跟单员要协同报关员，准确计算制衣用量和生产损耗，并做好进口面辅料核销工作和成衣出口报验手续。

对于质量有问题的面辅料会退回供应商。所有面辅料的转运、遣返工作，跟单员都要做好协调和详细记录，上报主管批签，并将资料分送给跟单部、面辅料部、财务部等部门核对结账。接着，由工厂跟单员向供应商提交面辅料遣返通知，并通知工厂仓库将需要遣返的面辅料打包，然后由供应商派人到工厂办理出库手续，并自行安排运输。另外，工厂跟单员、面辅料部、供应商应共同确认遣返数量和退货原因。面辅料跟单总流程扫描"教学资源"编号5-18、编号5-19二维码可见。

四、采购跟单注意事项

1. 熟识物料，助力跟单

跟单员要做好采购跟单工作，必须掌握各种面辅料的服用性能、物理特点、生产限制、护理方法等扎实的专业知识，有助于恰当地选用原材料，合理确定生产工艺和后整理处理方法，并能根据面辅料的特点向客户和加工厂提出有建设性的意见和建议，更好地跟进订单的生产。

2. 集中订购，方便管理

为了达到供应商的最低起订量，自购面辅料应尽量将同一季度中类型相近的面辅料打包，批量订购，以获取更低的折扣和降低物流运输成本。

3. 跟进到位，缩短时间

采购跟单员应合理安排面辅料的采购跟单计划，组织协调各相关部门的工作，并尽量缩短面辅料采购周期，为后续的生产争取宽裕的时间，降低交期延误带来的损失。

4. 文字凭据，防止纠纷

跟单员应把握工作原则，未经核实不做承诺，未经授权不做决定。对于客户提出的更改要求，必须获取补充协议，如签署盖章的传真、实物样板或图片、电子邮件、信件等。只凭客户口头要求而随意更改，很容易因口说无凭而产生争议或纠纷。

5. 统筹协调，加强沟通

面辅料跟单是确保批量生产顺利进行的重要前提，跟单对整个订购过程起到全面的跟进和监控管理作用。因此，采购跟单员与外协工厂、客户、面料部、供应商沟通时，应注意言行得体，尽力争取各方的配合支持和通力合作。同时要定期向部门主管汇报与请示，及时应对各种突发事件。

6. 书面总结，存档管理

采购跟单过程中，应坚持记录面辅料采购工作日志，包括工厂投产进度、面辅料采购计划、每次订货成本、库存数量、采购提前期、面辅料配送情况等，总结工作经验，并与面辅料部、仓库、财务部核对面辅料库存情况。

同时，妥善保管各种面辅料资料，包括客批评语、测试报告、检验报告、色板、测试板、辅料卡等，分类存档，以备翻单、供应商评估和纠纷取证用。保存时间为该批订单结束后两年，如果两年内客户没有翻单生产才作相应的处置。

【案例分析七】关键时刻靠专业功底

某公司接到一批含里料的牛仔小外套，并要求成衣洗水。但头缸板洗水后，里料脱色严重，且染污面料。跟单员大惊失色，向跟单部主管反映。跟单部主管是纺织专业的高材生，他端详和用手抓捏外套一段时间后，说："里料是100%锦纶，高温下易脱色变形，应该是洗水温度太高所致。"

后来，跟单员与洗水厂沟通，要求将洗水温度由65°降为45°。洗水后里料不掉色了，但是牛仔成衣的蓝白漂洗效果无法达到客户要求。洗水师傅决定增加洗水时间。翻洗第二次后，终于达到客供板的要求。整批成衣都用这样的洗水方式并顺利出货。

分析与建议：只有专业功底扎实，才能临危不惧，找出原因的关键点，并提出可行性的解决方案。熟识面辅料的基本常识、各自的特征、优缺点和生产的局限性，可以有针对性地预防和解决生产问题。

第四节　面辅料开发与供应商管理

一、面辅料开发

如果企业能给客户提供更时尚、功能性更好的面辅料服务，就能为获取更多客户订单奠定坚实的基础。因此，越来越多有实力的公司会将物料产品开发作为其核心竞争力的工作重点，使企业在同行中具有更强的竞争力和发展空间。

1. 面辅料开发方式

（1）**仿制客供板**。这并不是真正意义上的面辅料开发，只是按照客供板寻找合适的供应商或加工厂打小样给客户审批，是小型企业早期常用的开发方式。由于服装企业所掌握的面辅料供应商信息有限，所以要寻找到合适的供应商仿制出完全一样的样板并不容易。当无法找到完全符合要求的代用料时，就需要客供方做出让步，或者由客方提供面辅料才能达成订单协议。

（2）**修改来板**。这是中型企业比较常见的产品开发方式，是在供应商开发的基础上再做迭代与创新，也可以按照客户的修改意见，在客供板上做相应的修改而获得新作品。以接单为主的企业每年都会接触许多客户，这些客户委托生产的成衣款式又有很大差异，此时若要为所有客户都开发新型产品难度会非常大。这种方式正好弥补了企业开发能力有限和资金不足的缺陷。

（3）**独立开发**。大型品牌公司或开发能力强的企业，通常会针对自有品牌或客户群的需求，结合流行趋势进行面辅料的产品开发，以此成为行业中时尚潮流的引领者。这种开发方式投入大，开发成本高，而且开发前要做大量的市场调研工作，以便精准把控市场流行趋势和客户的需求。

（4）**协同开发**。有开发能力和固定客源的服装企业，也可以参与到大客户的面辅料产品开发中。这种方式既能降低开发费用，又能更快获得客户的认可，加快订单的签约成功率。与客户共同开发面辅料，可以更好地了解客户的需求。如果能寻找到有实力的供应商参与开发，则更有利于物料产品的开发和后续的生产。

2. 面辅料开发跟进流程

（1）**获取信息**。只有收集大量前沿的面辅料市场信息，才能辅助设计部开发出市场效应好、客户满意的新型面辅料。收集面辅料与供应商信息的常用途径主要有以下几种：

①参加展览会。定期参加国内外各种大型面辅料展览会，了解最新面辅料流行趋势以及服装行业新材料、新技术的开发与应用，并收集新供应商的信息。这种途径对企业后续开发工作具有很好的参考价值和引导作用。

②了解市场需求与客户特点。营销部成功获取订单的关键是提供给客户的资料能否满足客户的需求，所以每个接单季节均应详细了解客户所在市场的行情变动以及客户的最新需求，并针对客户的品牌特点和审美喜好做相应调整，确保低成本和高成功率的面辅料开发。

③获取客供板。通过客供板，能准确抓住客户产品的核心要点，进一步了解客户的最新需求。

④获取供应链渠道。通过本企业或加工厂建立的供应商档案库，同行间的供应链与供需交流平台，客户推荐的供应商等途径，可以有针对性地进行供应商资料和面辅料信息的收集。

⑤其他途径。在高科技日益发展的今天，面辅料信息的获取还可通过各种新闻媒介广泛收集市场信息，包括国际时尚节目，最新服饰杂志、报刊、广告、网站、公众号等，这为面辅料的成功开发提供了广阔的信息收集渠道。

通过各种途径获取的信息，要妥善分类与整理，并注意多收集各种面辅料实物样板。同时根据客户订单的需要，建立适合自己的供应商群和档案系统，随时为客户提供有价值的参考。

（2）**确定开发方向**。在进行面辅料开发前，应召集所有面辅料开发的人员一起参加会议讨论。

会议首先汇报上一年度/季度客户所用面辅料的市场反应情况，客户反馈意见及同行公司近期开发意向等，然后依据前期收集到的资料和客户意向，确定下一年度/季度的面辅料开发方向。

（3）**筛选开发资料**。确定最新开发意向后，应将前期收集到的资料筛选出与开发方向相符的资料。如果发现资料不足，还需有针对性地再次收集资料，包括新型品种、流行颜色、新开发商等信息。另外，可以向长期合作的供应商传达开发意向，寻求他们的协助，并要求供应商提供合适的物料样板作为开发参考。

（4）**面辅料开发**。面辅料设计师根据企业最新开发意向，结合市场行情和最新流行趋势、客户品牌特点、客户所在区域的习俗，以及客户对面辅料色泽、图案、肌理、手感、组织等特性的要求，开展产品开发工作。

（5）**审核开发作品**。设计初稿完成后，与市场、设计、营销、生产等部门共同研讨方案的可行性，确定面辅料设计方案。

会议内容先由面辅料设计师汇报设计依据和设计构思，包括主题思想、表面肌理、特性、颜色与手感等。然后根据往年客户下单情况和本公司准备开发的主要品种，预测后续生产的局限性与性能改变的可能性，并对各个细节提出详细的整改意见，再由设计师修改设计方案。

（6）**试制样板并改良方案**。确定的设计方案经生产部经理签署后，与织造工艺要求一起，交给面辅料供应商试制样品，并指派采购跟单员跟进面辅料样板的客户批复和报价事宜。

新开发的面辅料通常要进行各项专业的测试检验，以确定其物理/化学性能和使用过程的质量水平，如拉链的负荷拉次测试、拉合轻滑度测试、金属牙洗水锈蚀、拉齿横向强力测试等。根据测定结果，再对设计方案进行修正改良。

（7）**分类管理**。经多次修改后试制成功的面辅料样板，应及时写上编号，并清晰标注产品规格、颜色、性能特点、适用范围等，然后按照开发技术含量和面辅料种类进行分类存档和管理。

二、供应商开发

供应商是指直接向服装企业提供商品及相应服务的机构，包括面辅料制造商、服装加工厂、洗水厂等外协厂中介商。

新型面辅料的开发、服装加工、服装后整理等，都需要合格的供应商作为基础。新供应商的开发可以给企业提供更多的选择。供应商开发的五个基本条件包括适时、适质、适量、适价、适地，这也是采购面辅料需遵循的五个原则。

掌握供应商开发与管理技巧，可以提升企业供应商管理水平，降低采购成本和风险，促进企业可持续发展。供应商开发主要工作内容如下：

1. 市场分析

服装订单生产过程中需要采购的物料主要有面料、辅料、包装物料、缝纫工具设备四大类。在供应商开发过程中，首先要由企业技术部确定需采购的物料技术参数标准和样板，然后对特定的市场进行竞争分析，了解市场发展趋势，主要供应商及竞争对手的特点如何，目前各供应商的物料供应能力是供过于求还是供不应求，该行业的供应市场主导者是谁，各大供应商在市场中的定位如何等，只有这样才能全面了解潜在供应商。

2. 获取供应商信息

仔细分析市场后，通过各种信息和渠道获取供应商相关资料，包括信誉度、社会评价、联系方式等。获取供应商信息的渠道与面辅料信息获取的途径基本相似，可以与收集面辅料信息同时进行。

整理收集到的所有信息，建立供应商调查表（表5-19），并对供应情况做出相应的产品分类与比较，做出初步筛选，剔除不适合的供应商，得出一系列供应商考察名录并进行分析。

3. 询价

对有意向的供应商进行物料询价。首先向供应商发出询价文件，包括样品名称、物料图样、规格、数量、预计采购周期、交付日期等，并建议供应商在指定日期内完成报价。收到供应商报价后，采购跟单员要仔细分析所有条款，澄清所有疑问，并做好书面记录。

4. 评审供应商

运用统一的评审标准，对适宜合作的供应商安排实地考察，着重审核其管理体系、产品质量和已获得的认证标准，包括组织架构、生产日报、作业指导书、质量记录、船务排期等管理流程和文件制度是否完善。为使审核客观公正，可以邀请质量部门和技术工程师一起参与审核，同时也有助于公司内部的沟通和协调。

5. 比价议价

价格谈判是一个持续的过程，每个供应商都有其对应的价格曲线。在价格谈判前应做好充分的准备，坚持货比三家的原则，设定合理的目标价格。小批量产品谈判的核心是交货时间，一般要求供应商具备快速响应能力；大批量流水线生产的产品谈判核心是价格，订单达到一定数量或供货一段时间后，其成本会相应下降。

采购跟单员在议价时也不能一味地压价，应确保供应商有合理的利润空间。只有互惠双赢才能持续发展。

表5-19 供应商调查表

供应商	公司全称	法人代表	联系地址
注册地	注册资金	联系人	电话/E-mail
职员人数	主要产品	主要客户	设备状况
通过认证		完税情况	
获奖情况		同行评价	
_____年签单情况			
签单公司			
成交金额			
订单品名			
订单数量			
生产地			
交货期			
付款方式			

填表人：_____

6. 确定供应商

在比较不同供应商的谈判报价和评审结果后，做出合理性的选择。一般同一品种选择二至三家供应商作为采购对象。

合格供应商的确定，必须通过以下评价指标进行综合衡量：供应商生产能力的评价；供应商品质保证体系的现场评价；产品样品的质量评价；对比类似产品的历史成交记录；对比类似产品的检验与试验结果；对比其他使用者的使用经验。

选择供应商时，还要考虑采购周期、库存、运输等隐性成本。例如，能够适时送货的供应商可以减少存货，降低公司总成本。有时为了减少材料长期运送的成本和缩短交货期限，可以尽量在生产所在地的附近选择合适的面辅料供应商，或将生产安排在优秀供应商所在区域的周边。

7. 准入通知

确定采购对象以后，采购部开具试样通知和跟进试样过程，技术部负责跟进试样结果。

样品试制合格后，由技术部发出"准入通知"，最终确定供应商名录，以便采购部进行正式采购。如果样品试制不合格，则由技术部出具报告并通知供应商改进，或另外寻找候选供应商，并修订合格供应商名录。

如果客户有指定的物料供应商或原材料来源地，应在订单合同上注明面料来源和供应要求，并要求客户提供供应商的联系方式。

供应商开发流程如图5-15所示。

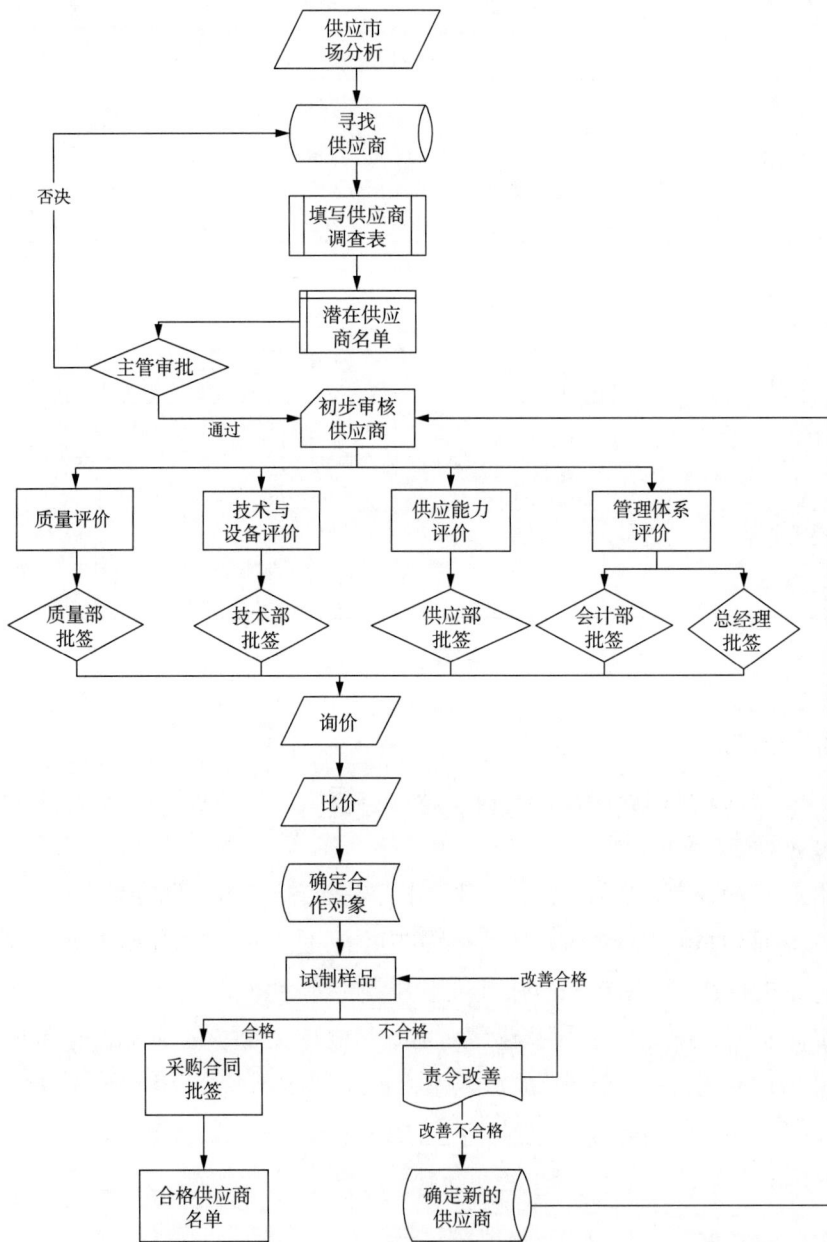

图5-15 供应商开发流程

三、供应商建档管理

确定后的合格供应商，采购跟单员应对其进行信息资料的收集和整理，为每个供应商都建立一套完善的档案，形成一个完整的供应商信息资料采集库，方便后续供应商的管理和物料采购。面辅料供应商资料建档见表5-20。

表5-20　面料供应商资料建档表

供应商				公司全称				
联系地址				联系人				
传真				电话				
面料种类	色号	单价	交货量（打）	交货期	合格率（%）	付款方式	资金到位情况	售前售后服务
弹力牛仔布								
牛津布								
粗帆布								
棉坯布								

填表人：_____　　　　　日期：_____

汇总供应商信息资料时，除了需要供应商的基本资料以外，还应包含：供应商的生产能力、供应产品的合格率、历史成交记录、采购周期、货品库存、运输时间与成本等。

此外，还应注重与优秀的供应商达成策略联盟，关注他们是否有开展新产品的设计与开发工作，并设法参与其中，以此促进供应方案的改进和建立更强健的企业联系。

四、供应商评估内容与方式

1. 评估内容

为了能采购到最合适的面辅料，采购跟单员不仅要掌握各个供应商的详细情况，还应定期对面辅料供应商进行全面评估，为选择供应商提供参考依据。

评核供应商的基本评估准则可遵循"QCDS"四项评估准则，即质量（Quality）、成本（Cost）、交付（Delivery）与服务（Service）。对于新的供应商，还要了解其规模和市场占有率。

（1）**质量**。一个质量控制体系完善的供应商，能够持续供应质量稳定的产品。质量评估是检查供应商有无建立一套稳定有效的质量保证体系和是否具有生产特定产品所需的设备和工艺能力的检查项目。质量评估常用的指标有以下三种：

①批退率：根据某段时间内的批退率判定产品品质水平。例如，上半年某供应商交货50批次，判退3批次，其批退率 = 3÷50×100%=6%。批退率越高，得分越低，表明产品品质越差。

②平均合格率：根据每次交货合格率，计算某段时间内合格率的平均值，以此判定产品品质水平。例如，1月份某供应商交货3次，合格率分别为：90%、85%、95%，则其平均合格率 =（90%+85%+95%）÷3 = 90%。合格率越高，表明产品品质越好，得分越高。

③总合格率：根据某段时间内的总合格率来判定产品品质水平。例如，某供应商第一季度分5批共交货10000件，总合格数9850件，则其总合格率 = 9850÷10000×100% = 98.5%。总合格率越高，表明产品品质越好，得分越高。

（2）**成本与价格。**根据市场同类材料的最低价、最高价和自估价，对供应商供应产品的价格与其他供应商进行对比分析。通常价格越高，得分越低；但不是价格越低，得分就越高，需根据同档次产品的同行市场价格以及该供应商的成本价格相比较。

（3）**交付能力。**确定供应商是否拥有足够的生产能力，人力资源是否充足，有没有扩大产能的潜力。同时观察供应商承诺的交货周期，并检查其实现及时交货的手段和交货量是否准确。例如，供应商仓库的大小、是否备有原材料库存等。交付能力评估常用的指标有以下两种：

①交货率越高，得分就越多。公式：交货率 = 送货数量÷订购数量×100%

②逾期率越高，扣分越多；逾期造成停工待料，则加重扣分。公式：逾期率 = 逾期批数÷交货批数×100%

（4）**售后服务。**售后服务是指供应商售前、售后服务的水平，供应商的配合度以及应变能力。服务越好，得分越多。规模大的供应商会忽视小型企业的订单，虽然其产品质量有保障，但价格、交货期以及配合度通常都比较难达成。而与具有强大开发能力的供应商合作，往往意味着也需承担供应商的开发成本。所以选择供应商时应综合考虑，只要适合本企业即可。

2. 评估方式

评估供应商的方式常见的有问卷调查法、实地评核法和交易记录法。

（1）**问卷调查法。**建制完成后的供应商，无论是否有交易往来，采购跟单员都应定期向供货商发出问卷调查，对各供应商的供货质量、规格、价格、交货期、生产能力以及服务水平等做全面的对比评估，为日后更紧密的合作奠定基础。

（2）**实地评核法。**实地评核法就是由采购部、技术部等专家组队到供应商厂房内进行实地考察，根据评厂验厂标准一一对应检查和打分，对供应商开展全方位的管理工作。这种评核法的调查结果，可以针对问题提出改善建议，并反馈给供应商做整改。

（3）**交易记录法。**对于已经有交易往来的供应商，可以对供货产品进行产品质量评级，密切掌握供应商的生产能力、供货质量、服务状况、货品存量、交货期、客户使用意见反馈等，为日后选择合适的供货商提供依据。

五、面辅料供应商评估步骤

对供应商评估工作的间隔时间视企业需求而定。通常不宜间隔太长，建议每个月或每个季度开展一次。具体步骤如下：

1. 记录供应商每次供货的情况

供应商供货情况包括：采购价格，产品质量合格率，实际交货期，客户使用面辅料后的意见反馈，相关部门（生产部、质检部、物料部）对面辅料的质量报告，生产报告与异常情况反映等资料的汇总，并编制面辅料供应与使用情况记录表（表5-21），以便进行细化评估和以后选用同类物料做参考。

表5-21 面料供应与使用情况记录表

供应商		公司名称					
联系电话		联系人					
面料种类	面料编号	单价	订单编号	交货准确性	质检情况	生产部意见	客户意见
弹力牛仔布	047			准时	合格		弹性不足
牛津布	124			提前3天	竹结纱较多	缩率超标	有色差
棉涤斜纹布	153			延迟2天	不良接头	轻微纬斜	

制表人：_____ 日期：_____

2. 填写供应商评估表

需要填写的供应商评估内容（表5-22），同时根据记录表计算面辅料OTD[1]和FPY[2]。

$$OTD =（总订单量－延迟订单量－提前订单量）÷总订单量×100\%$$

其中：提前订单是指订单从供应商中发出的日期比计划交货日期早7天以上；迟延订

---

[1] OTD：On Time Delivery，订单按时发货的供应准时率。

[2] FPY：First－Pass Yield，一次性检验合格率。

单是指订单从供应商中发出的日期是合同中的最后期限或更迟；总订单量是指当月收到的订单总数量。

$$FPY = 一次性检验合格的订单量 \div 总订单量 \times 100\%$$

其中：一次性检验合格的订单量是指第一次检验可接受并获得保险单的订单数量。

OTD和FPY的评估数值适用于评核所有供应商的服务水平。如果供应商的发货数量和准时率不能按订单上的要求进行，即使外协加工厂的日期可以被接受，都应当做延期订单处理，除非经双方协商同意变更。

然后根据供应商的调研情况，进行量化评分（扫描"教学资源"编号5-20二维码可见"评分依据与标准参考表"）。以上几项分数相加得出的总分为最终考核评比分数，以此衡量供应商的供应能力、产品品质和服务水平。

表5-22　供应商评估表

供应商		联系人		
电话/传真		E-mail		
评估时间	_____年_____月至_____年_____月			
供应品名	使用客户		供应数量	
面料1				
面料2				
面料1评估水平	优秀	良好	一般	差	总分
品质（25分）					
颜色（25分）					
交货期（20分）					
交货数量（10分）					
合同履行情况（10分）					
服务与应变能力（10分）					
备注					
面料2评估水平	优秀	良好	一般	差	总分
品质（25分）					
颜色（25分）					
交货期（20分）					
交货数量（10分）					

续表

合同履行情况（10分）					
服务与应变能力（10分）					
备注					
总体供应评估表现值=（面料1总分+面料2总分）/2 其中：OTD% = 　　　FPY% =					
总结语： 1. 2. 3.					

评估员：＿＿＿＿＿＿　　　审查员：＿＿＿＿＿＿　　　日　期：＿＿＿＿＿＿

3. 召开评估总结会议

跟单部定期召开供应商评估总结会议，结合面辅料品质分析报告、OTD与FPY的价格评估数据，分析各个供应商的综合表现，总结供应商的优点和不足之处，甄选出优良的供应商。

4. 督促供应商整改

将评估结果反馈给各个供应商，向部分供应商发出改善建议，要求供应商提供改进措施报告，并准备做下一步的评估，以便督促他们提高服务质量，为后续供应工作打好基础。

六、外协加工厂评估步骤

对于无法在本厂独立完成，需要通过外协单位按本公司提供的原材料、图纸、检验规程、验收准则等进行产品的生产和服务的提供，并由本公司验收的过程，称为外协加工。外协加工厂主要包括制衣厂、印花厂、绣花厂、洗水厂、染色厂等。对外协厂进行定期评估，以期客观选择优秀的合作伙伴，为后续订单的顺利进行提供坚强的后盾。评估步骤：到初步选定的外协厂进行实地考察，审查厂区的设备、技术、卫生等现状及管理水平；试制样品，对比各厂的技术质量与外观效果；综合评估外协厂，填写"外协厂评估报告"以洗水厂为例，见表5-23；建立外协厂信息资料档案管理系统，选定数家外协厂以备应急之需。跟踪外协厂的综合表现，并对需要整改的外协厂开展改善后的二次评估。

厂名：_____　　电话：_____　　传真：_____

地址：_____　　面积：_____　　网址/邮址：_____

表5-23　洗水厂评估报告

评估项目	1.厂区概况（10%）								2.设备分析（15%）							备注
评估内容	主要产品	现有客户	每月产量	员工数量	洗水车间（间/m²）	干衣车间（间/m²）	化验室（间/m²）	查货部（间/m²）	洗水板机（台）	洗水大机（台）	脱水机（台）	干衣机（台）	反裤机（台）	蒸汽焗炉（台）	其他（台）	
现状																
得分																

评估项目	3.卫生环境（25%）					4.品质控制（20%）				5.技术控制（25%）				6.合作态度（5%）	备注
现状评估内容	物料仓库	化验室	烘干车间	查货车间	成品仓库	部门检查人数	部门检查记录	检查制度与流程	抽查结果	试板	化验室	洗水	烘干	尺寸	
得分															

评语：

评核结果：

备注：总分100分。其中：（1）卫生环境必须在15分或以上；　（2）品质控制必须在12分或以上；　（3）控制技术必须在13分或以上；　（4）任何项目不能低于2分；　（5）不合格工厂三个月内不再评估。

厂方代表：_____

评核员：_____　　评核日期：_____　　_____年__月__日

七、供应商评估注意事项

一个企业在创业和发展阶段希望得到的支持会有所差异，这必然影响企业选择供应商的标准。一定规模与市场占有率能说明供应商的供货能力，但并不能说明该供应商是否适合本企业。而企业在选择供应商的同时，供应商也在选择客户。所以为使评估客观，防止偏颇，在评估供应商时应注意以下几点：

（1）不同物料的供应商应使用不同的审核标准进行评估。

（2）确定合适的供应商或外协加工厂以前，必须清晰了解客户的需求，明确订单的内容。

（3）诚信是建立长期合作关系的基础，供应商的态度和应变能力是采购能否圆满完成的保证。

（4）切勿被供应商现有的设备、厂房、仓库和配送手段所迷惑。只有清晰了解供应商的合作态度，包括接洽采购合同后的改进措施、货款结算、供货准时率和紧急事件的配合度，以及供应次品的态度和处理方法等，才能做到客观公正的评估。

（5）深入了解供应商的主要竞争对手，可以保证公司竞争优势长盛不衰。

（6）随着国际化采购的拓展，选择外地供应商时，还应考虑地域和文化的差异，以及配送时间、运输成本费用等问题。

（7）每次采购过程中均应注意对供应商的时、价、质、量、地五个方面做好详细记录，以便定期评估。

（8）注意所选供应商的生产能力必须大于订购厂家的服装生产能力，才能确保供应准时到位。

（9）每个供应商都是所在领域的专家，多听取供应商的建议，可以提高生产的可行性，降低成本，提升产品质量。

【案例分析八】如何让客户心甘情愿地更换供应商

某服装企业选定了一家在行业内很有名气、规模非常大的供应商，客户也非常满意该供应商的货品。但是由于该供应商近期订单量剧增，对本企业的订单服务拖拉，此时应如何才能让客户心甘情愿地更换供应商？

要调查清楚更换供应商对客户而言，有何成本和风险。

1. 价格：客户认为，原有的合作伙伴提供的价格比较靠谱，高也高不了太多，想让他更换，除非新供应商的报价相当有吸引力。解决方法：说服新供应商在同等档次产品的价格方面做出让步。

2. 质量：客户使用原有供应商的产品已经习惯，对其质量已有信任感，哪怕价格稍微高一点儿，客户也不愿意买新供应商的低价货，以免砸了自己的市场。解决方法：

（1）免费试样。如果确定客户需要新供应商的产品，可以让新供应商主动并免费给客户寄样。只有客户对样品没有异议，才能继续商谈其他事宜。

（2）样板客户。将有名气的大客户作为推广宣传的样板客户，如众所周知的，K客户是行业里最大的品牌，与其他客户谈判时可以告知K公司也是该供应商的客户，每个季度都给K公司提供同类产品，不必过度担心新供应商的质量。"

3.付款方式：与原有供应商合作，已经形成了较稳定的付款方式，如T/T❶、Copy of BL❷，或者L/C❸。与新供应商第一次合作，新供应商不信任我们，不肯接受以上付款方式，解决方法：建设性地提出对双方都有利的付款方式，如假远期信用证❹，让受益人直接拿到货款，也能让买方享受银行的信贷。

【实践训练一】

1.请用燃烧法鉴别合成纤维和天然纤维纺织品。

2.请通过手感法鉴别真丝和人造丝。

3.请写出棉与化纤混纺品、纯毛料与仿毛制品的鉴别报告。

【实践训练二】

请以一款男装商务衬衫为例，绘制一份该订单的面辅料标准样卡。要求内容全面，清晰明了。

---

❶ T/T（Telegraphic Transfer）：汇出行接受汇款人委托后，以电传方式将付款委托通知收款人当地的汇入行，委托其将一定的金额解付给指定的收款人。

❷ Copy of BL：70%尾款在见到整套提单复印本后才付。无论是做FOB，CIF，CNF，这种付款方式都会有风险，最好是出货前付清货款。通常是在船开后，由卖方付费给货代，货代才给BL复印本。

❸ L/C（Letter of Credit）：信用证是银行信用介入国际货物买卖价款结算的方式。

❹ 假远期信用证：出口商开立远期汇票，但信用证明文规定进口商按即期付款并承担贴现费用。进口商由银行提供周转资金的便利，但须支付利息；出口商可即期获得汇票的票款，但需承担汇票到期前被追索的风险。

第六章

生产跟单

完成面辅料采购与跟进工作后，订单转入批量生产阶段。生产部跟单员需负责公司外协优质工厂的筛选、成衣采购工作，并与客户、营业部、加工厂、驻厂QC、面料辅料部、船务部等部门沟通，充分预测生产中可能发生的问题，采取预防措施；与外协跟单配合完成订单的采购流程，及时把控产品质量和到货时间，根据客户要求保质、保量、准时完成出货。

【开篇引例】

某服装公司的企业培训会中，一位有十几年跟单工作经验的主管对刚入职的新人讲了多年前自己的一个经历："当时我跟进的一单牛仔外套要进行磨砂洗水，产前样给客户批核后没有异议。大货进入洗水环节时，我打电话问询工厂进度，工厂说已经在按进度进行。我要求工厂拍照发电邮，工厂以大货正在洗水中，不便拍照为由没有传来照片。而当时驻厂QC有事外派，我不放心，当天就申请到工厂察看进度。到洗水厂后才发现，由于工厂上一批货出现问题，现正在返工，这批牛仔外套还没有开始洗水，而这批货5天后就是交货期。工厂一直说不会耽误，完全能赶得及交货。但我还是担心会耽误货期，经过与工厂一再协商，他们才分成两条生产线，一条做这批牛仔外套，另一条做返工，最后这批货得以按时按质完成。

思　　考 | 假如当时该跟单员没有到工厂去查看进度，结果会怎样？

提　　示 | 生产进度。跟踪生产进度，不是坐在办公室里吹空调，要经常下车间跟进生产进度、数据和品质，以免出现任何失误。所有细节都不能马虎。

生产跟单工作职责 |

1.根据接单情况、追加计划和发货计划，制订生产计划，按时检查生产计划的落实情况，并上报。

2.对接加工厂，跟踪订单的流转进度，发现问题及时协调解决，并及时反馈异常。

3.负责处理客方来电、来函工作，产品订单及时传达到相关部门。

4.负责收集、整理订单信息和客方资料，并定期进行客户满意度测评、监控和分析。

5.负责车间生产计划及物料计划的跟踪和反馈，并协调计划的合理完成。

6.确保产品的进度与质量合格率，包装前对每批次的产品进行抽样检查，仔细核对产品工艺与包装要求。

7.安排急单优先发货，并确保当天出的发货通知单当天必须发货。

第一节　联系加工厂

一、评审加工厂

根据营业部提供的订单资料，贸易公司评审部应详细了解加工厂的生产能力和经营状况，并对各厂的人力、技术、设备、信用等做进一步的评估。企业内部评审工厂的主要项目包括以下几个方面：

1. 工厂基本状况

工厂名称、地址、法人代表、E-mail、电话、传真、联系人、建厂年限、营业范围等。

2. 相关政策法规

有无登记执照；完税情况；排污、环保、生产安全是否符合当地法规；整洁、安全、走火通道是否畅通；消防设施是否配齐；工厂最低工资是否合理等。

3. 生产能力

生产的产品类型；初步报价单；厂房、设施、设备等规模；工厂总人数、车工人数、质检人数、熟练工数量、生产计划排期表、目标产量与实际月产报表等。

4. 质量管理系统

有无规范的ISO 9000质量管理系统和质量标准；全查、抽查、游查记录；有无质量不良事故记录；有无过程质量控制与线上质检记录；有无往期订单质量疵点百分率记录；终查有无100%全查；有无返修制度；有无质量管理培训与新手培训计划等。

评审部根据以上项目对多家工厂进行筛选，评选出适合客户订单的合作伙伴。

二、审核客供订单资料

贸易公司生产部从营业部或资料部接到订单资料后，必须仔细审核文件资料，确认所有订单资料与制作工艺的统一性。审核内容包括以下几个方面：

1. 审核纸质资料

需审核的纸质订单资料包括：订单合同、工厂报价单、订单交接文件清单及备忘录、板单、生产工艺、客批意见、更正资料等。

2. 审核实物资料

需审核的实物样板资料包括：客供原板、确认头板、缸差板、面辅料标准卡等。审核资料期间，对指示不明或有疑问的事项必须咨询相关部门。

三、向工厂发出订单资料

订单资料审核完毕，生产部经理分配订单的跟单任务。由生产跟单员对订单资料进行归类整理和汇编后，向评审部提供的加工厂发出初步的订单资料，给工厂作为能否接单生产的参考。

需要向加工厂发出的订单资料主要包括：订单基本资料，即客户名称、款式名称、款号、加工价格、总数量、交货期、交货方式、付款方式等；款式资料，主要指服装款式的基本描述、基本款式图、面辅料规格及要求、生产工艺要求、包装方法等。

【案例分析一】款式资料范例

款式描述：女装运动夹克，前中拉链全开口，不规则前担干，松紧带束腰，松紧带袖级，明贴袋，原身翻折袋盖，衣摆抽绳葫芦扣（图6-1）。

洗水方式：普通洗水。

包装：独立挂装。

面料要求：100%棉，RN 68596，可在中国内地采购。

通常需要发出的订单资料还须包括详细的色码分配表及数量明细表（表6-1）。

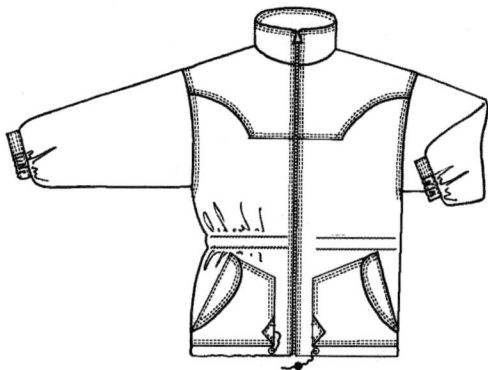

图6-1　款式资料图

表6-1　色码分配与数量明细表　　　　　　　　　　单位：件

颜色	尺码							合计
	2	4	6	8	10	12	14	
白色	8	20	26	26	21	16	8	125
蓝色	22	60	78	78	63	48	26	375

国外客户在中国采购服装，多数会要求采用FOB价格，即加工厂必须先预付资金采购面料。因此，加工厂通过订单的尺码、颜色与数量分配资料，就可以进行初步的生产预测、面辅料订购计划安排与成本核算。

四、分析工厂反馈信息

1. 决定合作意向

加工厂收到订单资料后，会根据款式要求，综合衡量自身的生产能力、技术水平、资源调配等情况，向贸易公司发出是否接单生产的明确回复。

2. 款式资料的反馈

有接单生产意向的加工厂会进一步向贸易公司索取详细的订单资料，包括部件颜色的配搭、面料具体技术参数、是否带衬、里料的材质、袋口宽、领围尺寸、各部位工艺方法、所用辅料的种类或款式、明线宽度等，对订单生产要求进行全面深入地了解。

贸易公司的跟单员须根据工厂要求一一解答，无法确认的细节可向客户或营业部咨询后回复加工厂，并在后续的生产制单中详细描述关键细节，以免批量生产时出现错款、错码等质量问题。

3. 合同资料的反馈

以上细节确认无误后，加工厂会针对合同条款的初步内容做进一步的咨询，包括加工费、付款方式、交货期、交货方式等。贸易公司跟单员应详细回复加工厂，以便尽快签订合同。条款清晰，也可避免日后发生纠纷。

第二节　签订生产合同

加工厂确定接单生产后，贸易公司与加工厂签订生产合同。合同文件一般由贸易公司跟单员编制。签订生产合同工作流程如图6-2所示。

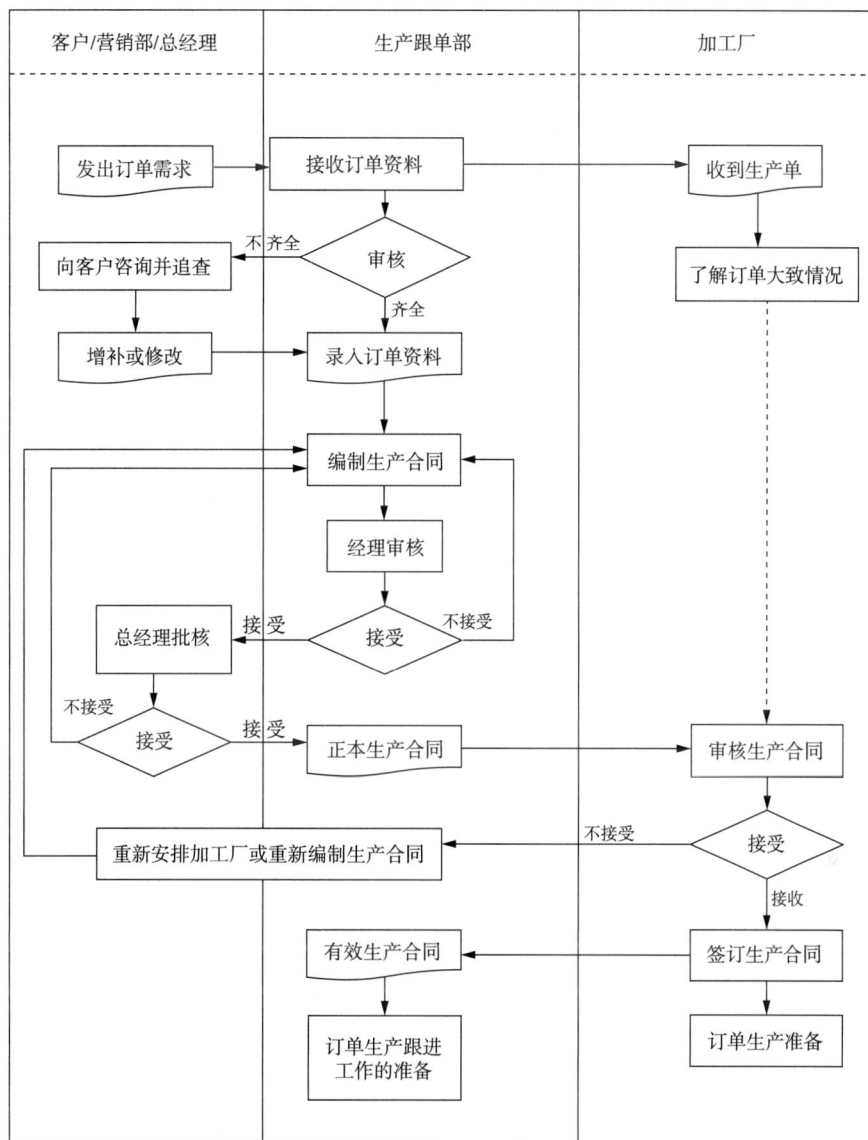

图6-2 签订生产合同工作流程

一、编制生产合同

1. 资料录入跟单系统

为了确保日后跟单工作的顺利进行，便于跟单管理系统自动生成相关报表，贸易公司的生产跟单员必须将订单资料及时录入跟单管理系统，包括订单销售合同、交货期、客供设计图、面料报价表、辅料报价表、工厂报价单、成本计价表、色码分配表、信用证（L/C）等。

如果发现资料有疑问，应及时向营业部或客户咨询，确保录入的资料准确无误。

2.编制并输出生产合同

订单资料输入无误后，可直接由系统生成并输出服装生产合同，然后根据成本计价表编写营利损益平衡表，预算出该订单的盈利状况。

二、审批生产合同

生产合同编制完毕，跟单员需对合同的所有条款进行全面核对，确保生产合同与订单合同对应的条款相符。主要核对内容如下：

（1）**合同编号**：便于双方进行合同管理与查询。

（2）**联系方式**：含电话、传真、邮箱、快递地址、联系人等。

（3）**款号**：以客户确定的款式名称为准。

（4）**数量**：以客户订购的数量为准。

（5）**颜色与尺码分配**：根据客户要求，注明每种颜色、每个尺码的生产数量。

（6）**单价与金额**：根据订单的单价和预期利润，审核加工单价与总金额。不同的加工条款对应不同的单价，工厂的加工单价分CIF价、FOB价及工厂交货价等，不能混用。

（7）**付款方式**：不同的交易方式有不同的付款方式，对于FOB等贸易方式的业务，一般采用信用证（L/C）的方式进行付款，有时也采用汇票、托收，如D/P付款交单或D/A承兑交单等付款方式。

（8）**交货期**：根据订单的交货期，确定加工厂的交货期。加工厂的交货期必须比订单的交货期提前，不能推后。

（9）**洗水方法**：需要做洗水后整理的订单，应根据客户要求填写洗水方法。

（10）**面料**：产品原料、面料名称、纱线密度、经纬密度、幅宽、克重等。

（11）**交货方式**：主要有空运、海运和陆运。空运快捷，但成本昂贵；海运成本低，但较慢。接单时必须确定交货方式。如果运费由客户支付，则按客户确定的交货方式执行。如果加工厂承担运费，通常会采用海运或陆运，但必须保证货期，以免因货期紧迫而改用空运。

生产合同信息核对无误后，交由跟单主管、生产主管审核，通过后再送给总经理签署。

三、签订生产合同

总经理审核生产合同，确定可下单生产后，在合同上签署确认。加盖公章后，交给加工厂。工厂对合同进行审核无误后，由法人代表签名并加盖公章，自存一份备案，另一份送回贸易公司。贸易公司跟单员收到工厂送回的合同后，正本存档，复印件分别发给船务部、财务部等部门。如果工厂不接受合同的有关条款，跟单员应及时向主管、总经理反馈，考虑变更有关条款或重新选择加工厂。

【案例分析二】交货延期怎么办

签订生产合同前，成衣生产的采购期确认好30天可以交货，跟单员给客户35天的交货期。但是签订合同后，工厂安排生产时，生产经理说："不出意外的话要40天完成。"

分析与建议：

方法1：维护客户交期不变，争取生产安排提前。如果需要，可直接到工厂现场考察，并与生产经理当面沟通，仔细排查生产计划安排，以获得新的生产排期。如果实在无法全部交货，也可以与厂家沟通，分批交货。但客户要求的时间节点必须先交一批货。

方法2：与客户沟通，争取修改订单交货期。这需要一些谈判技巧：

（1）分析客户心理。

①同类产品我们如果能做到价格最实在或品质最优，则是我们谈判的砝码。

②订金已经在本司手中，占有主动权；且短时间内，客户如果更改厂家，延误的交期可能会更长。

③对于不急着上架销售的客户，争取其爽快答应。

④对于急需上架销售的客户，与之商讨看能否按35天、40天分批交货。

（2）利用良性沟通。

①获取同情。获得对方的怜悯，就能继续有效地进行沟通。

②赞美对方。

③列明原由。把为什么要延长交货期的原因一一列清楚，并和总经理商量，不要自己乱说。以上信息分析完毕后，给客户发封邮件，实话实说，告诉客户是我们计划部门的疏忽，导致交期要延后。

方法3：争取工厂和客户分别退让一步，达成新的交货期。新交货期达成后，只能提前，绝对不容许再延后。

方法4：如果客户仍然坚持取消订单，可以增加额外服务，或给予优惠折扣以争取订单。经济损失可与加工厂对半承担。

【案例分析三】生产进度跟单是重中之重

新上任的生产跟单员小黄委屈地向主管汇报："英国JM客户的订单没法按时出货，怎么办？感觉车间的人都很难相处。"

1. 生产跟单的重点是进度，跟单计划的跟催要前紧后松。

2. 生产跟单最关键的润滑剂是沟通，沟通到位，才能协调和推动生产进度。

3. 生产跟单员对各个订单的跟踪进度都应有非常清晰的时间观念，要做到提前预判。例如，下单10天后，就应该预测"按以往的进度，该订单应该生产到哪个环节"，再到实地考察实际的生产进度是否与计划吻合，做到心中有数。

4.任何时候都要做到提前沟通，才能减少问题的发生，即使出现问题也可以减少自身的责任。如果实际生产进度偏慢，应及时跟生产线主管沟通。如果沟通解决不了问题，就找车间主任，还是不行就让生产部经理去找车间主任。如果沟通后仍无法在交期内完成，就要跟公司的总经理汇报，总经理自然会与工厂总经理或客户协商生产进度事宜，寻找双方都能接受的方案。

第三节　编制生产制单

生产制单全称为生产制造通知单，简称P/O（Production order），是厂方根据客户的要求制订出的详细生产说明，用于规范生产的服装生产指令性文件。

一、生产制单的作用

1. 产前安排

生产制单是用于生产计划、产前派工、设备排程准备、绘制工艺卡、确定工价等产前准备工作的指引性文件。

2. 指导生产

生产制单能明确指示生产流程、工艺步骤、方法与技巧，规范产品生产要求的指导性文件。

3. 质检标准

生产制单明确了订单中产品的质量要求，详细标示了服装各部位的工艺规格与质量标准，确保产品的品质达到客户的要求。

4. 书面凭证

生产制单可以防止信息传递错误，避免因口述而导致的纠纷。同时也方便翻单时查阅，减少重复的工作量。

二、生产制单的内容

生产制单是明确制造要求，标示详细的服装加工生产要求，用于指导服装的工艺与生产的生产命令指示，包括款式要求、尺码标准，物料规格、缝制方法、熨烫要求、包装规格等。具体包括以下内容：

1. 基本信息

（1）**订单资料**：包括订单编号、款式名称、款式编号、客户名称、加工厂名称、批次、交货期、订单数量、订单日期、交货期等。

（2）**尺码分配表**：包括详细的尺码规格、数量分配、颜色分配以及总数量等。

2. 面辅料资料

（1）**面料资料**：包括面料名称、组织结构、成分、颜色、色号、数量等技术资料。

（2）**生产辅料**：包括纽扣、缝纫线、花边、绳、丝带、拉链、衬布、里料、罗纹等的规格、颜色、材质；辅料的位置、搭配等。

（3）**包装辅料**：包括吊牌、衣架、价格牌、袋卡、大头针、塑料袋、纸箱等。

（4）**商标**：包括主商标、成分商标、护理商标、产地商标、尺码商标、吊牌等的内容与位置。

3. 生产工艺信息

（1）**裁剪方法**：包括有毛向、格条、单向花色等特殊面料的铺布法、裁剪法。

（2）**工艺图与款式说明**：包括工艺图、裁片图、文字描述款式细节、工艺分析制作要求、尺寸等资料。

（3）**工艺要求**：包括粘衬部位、缝份、折边量及工艺说明；尺寸与零部件要求；纽搭位、回针要求、容缩尺寸、包边位的工艺方法等；特种设备、辅助件的类型等。

（4）**饰品的装配**：包括拉链的安装方法、印花/绣花的颜色搭配、规格与图案效果；商标的位置与安装方法等。

（5）**尾部要求**：包括打枣、纽门、纽扣、扣眼等制作要求。

4. 后整理资料

（1）**后整理方式**：包括洗水/染色的方式、色差效果等。

（2）**熨折方法**：包括容位、褶位、边角的熨烫要求、折叠方法与规格要求。

（3）**包装**：包括入包方法（色码与数量的分配）、入箱方法（单色单码、混色单码、单色混码、混色混码）、封箱要求、装箱表资料等。

5. 品质标准信息

成衣整体完成外观效果；线迹的类型与密度要求；跳线、滑线、起珠的允许度；线尾留长的尺寸；左右部件的对称性、格条对正的效果与偏差尺寸、边角部位的外观效果；色差的可接受程度、物料搭配的规格、色差要求；各部位的规格允差等。

三、制单编写的途径

客户提供的资料通常都不是特别全面，而且都是按照客户当地的习惯用语表达，需要跟单员按照本地或本企业通用的术语重新编写生产制单。

生产制单通常在合身板或尺码板经客户审核通过后，批量生产投产以前，就需要编写好生产制单，以配合不同服装的款式生产和产品质量。制单编写的途径有以下两种：

1. 由贸易公司编写

由贸易公司跟单部根据订单生产的要求、结合加工厂的运作实际编写生产制单。贸易公司编写制单能更加契合客户的需求，但编写前必须对加工厂的运作模式进行深入的调查，以使编写的生产制单适合加工厂的实际操作。

2. 由加工厂编写

由加工厂编写生产制单，能清晰描述生产的实际运作情况。但由于工厂对订单的要求了解不够全面，难以揣测客户的真实需求，所以贸易公司的跟单员应主动参与加工厂的制单编写或审核工作，详细解答加工厂的疑问，帮助加工厂编好生产制单，确保订单生产顺利进行。

四、制单编写的步骤

1. 编写前准备

编写生产制单前，首先需收集整理所有订单资料，尤其是要获取客板作为生产规范的标准。接着，跟单员还需掌握加工厂的实际运作情况，以此确定各个部门需要什么信息。同时，还要清楚工厂设备和工人技术力量的现有状况，以此确定成衣生产的工艺方法。对于新款或复杂的款式，可以由板房制作初板并交客户审核通过后，再根据初板编绘制单。

另外，还应了解工厂内部通用的专业术语、习惯用语，以便编写时所用的专业词汇通俗易懂，确保信息传递准确无误。

2. 编写生产制单

服装企业在编制生产制造通知单时，会根据订单的业务性质、加工厂的运作模式而有所差别。不同的企业、不同的产品类型，编写的生产制单格式也会有所不同。无论是哪种编制方式，其内容都是大同小异，各项要点描述都必须清晰详细，都必须以能够指导生产为前提。

编写制单时，要求信息清晰准确，涵盖面广，表述简明扼要，内容直观易理解，所有资料必须具备完整性、准确性、适应性及可操作性，四者缺一不可。

编写制单中的生产工艺时，描述顺序通常由上至下，由前幅到后幅，再到侧面。例如，上装工艺描述顺序：帽→领→前幅→后幅→袖→衣摆→注意事项；下装工艺描述顺序：裤腰头→前袋→拉链→前后裤裆→前裤身其他细节→后机头→后袋→后裤身其他细节→左右外侧缝→裤筒→裤耳→注意事项。生产制单范见表6-2。

表6-2　生产制单范例

日期：_____

订单编号	款式编号	款式名称	数量	交货期
RKY-001	M-010	男装短裤	1500条	20140916

尺码规格：SZ-002（单位：英寸）　　　颜色编号：CR-02

成衣洗水（加软剂石磨）	30	32	34	36	38
腰围	30	32	34	36	38
臀围（裤裆顶上3"测量）	43	45	47	49	51
裤大腿围（裤裆顶位测量）	27	28	29	30	31
裤脚围	23	24	25	26	27
前裤裆（连腰头测量）	11	12	13	14	15
后裤裆（连腰头测量）	16	17	18	19	20
内裤长	9	9	9	9	9
拉链长	7	7	8	8	8

尺码/颜色分配					
蓝色（条）	60	240	600	360	240

箱　唛　<u>SHIPPING MARK</u>　　　　　　　　　侧　唛　<u>SIDE MARK</u>
休闲服　CASUAL WEAR　　　　　　　　　　　客　户　MODEL NAME：HAGGER
客　户　MODEL NAME：HAGGER　　　　　　颜　色　COLOUR：
颜　色　COLOUR：　　　　　　　　　　　　　尺　码　SIZE：
批　号　LOT MODEL NO.：4115-4130-90　　　　总　重　GR. WT.：
订单号　SALES ORDER NO.：20398　　　　　　净　重　NET WT.：
数　量　QUANTITY：36PCS.　　　　　　　　　外箱尺寸　MEAS.：
尺　码　SIZE：
箱　号　CARTON NO.：1-UP
中国制造　MADE IN CHINA
● 箱唛上标示的重量必须与货品实际重量相符
● THE WEIGHT MARKED IN SHIPPING MARK MUST BE THE SAME AS THE REAL WEIGHT

面料	面料结构		面料颜色
纯棉格子料	68×54/16S×16S 100%棉		蓝色
缝纫线	拉链	主商标	纽扣
PP604	BC-360 #3 黄铜牙	RYKIEL	25L RYKIEL
配洗水后颜色	自动锁 #560		4孔/蓝色/塑胶

款式效果
生产图样：

前片　　　　　　　　后片

缝制结构

商标位置：
- 主商标LA0100 RYKIEL（酒红色底卡其色字）：采用商标底色缝纫线，车缝4边，在右后袋的右上角（参照图示）
- 洗水商标在上、合同P.O.+款号商标（全部商标都是杏色底蓝色字）在下，一起车入后中裤腰内侧

前幅：左右片各2个褶裥（参照图示）

前袋：
- 1/4"单针侧缝袋，1.5"宽袋贴
- 袋衬、袋贴用边线还口车于袋布处
- 漂白T/C袋布采用全袋布的方式伸到前纽牌位，并用1/8"单针还口封袋底

前裆弧长：锁边并缉边线　　　后裆弧长：五线锁边，右盖左缉边线

腰头：双针车拉一片1.5"腰头

后片：2个缉边线的省道（参照图示）

后袋：缉边线的单嵌线袋，漂白T/C袋布采用1/8"单针还口封袋底

侧缝：五线锁边，后片盖前片缉边线　　　内裆长：5线锁边

裤脚：脚上1.5"双针车线

裤耳：6个（2"×1/2"）双针裤串带，全部摄入裤腰缝骨底端（摄裤耳做法），其中：
- 在左右前中褶裥的附近各装1个（共2个）
- 后中处2个裤耳距离2.5"（共2个）
- 在后片位置，前片裤耳与后片裤耳的中间（2个）

套结：总共23个套结，其中： • 裤串带上下共12个（裤串带下端用隐形套结） • 前袋口位4个 • 后袋口位4个，宽度为1/2" • 前门襟位2个（参照图示） • 1个在底裆内侧	扣眼：总共3个，11/16"开口 • 1个过腰位 • 2个在后袋中位 纽扣：总共3个，必须配合扣眼大小
袋布：漂白T/C袋布（用配色线缝制） 备注：袋布、里衬的颜色不能外露为标准	衬布： • 53915#衬用于腰头内侧 • GP-3衬用于后袋嵌线位

前袋布深：从袋口底部到袋布底端的深度，所有尺码的尺寸均为5.5"
后袋布深：从袋口底部到袋布底端的深度，所有尺码的尺寸均为5.5"
其他细节：
- 腰头前中左右必须对水平的格子
- 前后裤裆位必须对水平格子
- 左右后袋嵌线的格子必须一致
- 后省道的方向必须向侧缝

客供包装辅料：
- LS00500腰卡：夹于左后袋口中，并用白色线打2个线结
- CT-36袋卡：夹于左后袋中，并用白色线打2个线结
- LS08价钱牌：置于左后袋口上，用白色线打4个线结

后处理方法：
- 扣纽：包装前，裤身上包括腰头在内的所有纽扣都必须扣上
- 熨烫：前中褶反向裤中骨线
- 包装：每件中骨对折（价钱牌向上），放入在背面印有警告语的防滑透明包装袋内，然后12件单色单码放入一个胶纸包，胶纸包上下必须垫用硬纸皮，并用客人要求的贴纸封包，最后36件（3个胶纸包）单色单码放入一个规格为3坑的出口纸箱。
包装备注：
- 成品大货分码前，必须测量腰围尺寸，并检查尺码与内长，如果尺码与内长错误，必须更正
- 成品入胶袋前，必须检查价钱牌、腰卡、洗水商标以及辅料上的尺码、内长等资料是否一致
- 必须检查成品大货是否有脏污现象
- 成品入胶袋前，必须完成以上各项工作

　　该制单中的订单资料、尺码与数量分配、面辅料、装箱表等信息清晰明确，格式也较为合理，但是有关加工工艺的图示较少，缺乏直观描述，而且如果关键部位只是文字表述，容易出现理解上的偏差而影响产品的加工质量

3. 审核生产制单

　　生产制单编写完成后，需交跟单部主管审核，批复通过后送交加工厂并通知大货投产。

　　客户下达大货订单后，可能还会对货前板做稍微修改，但此时许多客户都不会要求再另做样板，而是直接进行批量生产。这就需要跟单员格外小心，因为大货生产时通常都会习惯以确认样板为依据来编写生产制单。

4. 发放生产制单

　　生产制单经工厂厂长或生产经理签批后，再发放给工厂各部门准备批量生产。通常一式六份，在投产前3～4周发放给签批者、跟单员、裁床、车间、熨包部和物料仓各一份，以便各部门安排工作。

　　资料不齐或有更改时，跟单员必须尽快补发通知。同时应告诫客户必须在生产前2周内提供完所有订单资料，并且不允许再做修改。

　　编写完成后的生产制单应注意保存，以便翻单生产时查阅使用。

五、制单编写注意事项

（1）编写生产制单前，必须仔细翻阅客供板和所有资料。编写时必须根据客供资料、审批的样板等进行编写。以免与客户的需求出现偏差。

（2）编写生产制单时，涉及的专业名词、术语、名称、简称等资料必须统一、准确，并尽量用通俗易懂的语言表达。

（3）编写生产制单的内容要详细，尽量用图文并茂的方式表达。语言要清楚，简明扼要，不得含糊其辞或重复累赘。不得使用"大概""估计""可能"等不确定的词语。

（4）在编写制单的过程中，不能有重复、漏缺、难懂的内容，项目编排要合理，重点信息应清晰标注并容易看到。

（5）通常编写制单完成后，客户还会有新的更改要求。此时，必须重新制板审板或根据新的要求修订制单内容，并及时发出新的修改资料给各个相关部门。

（6）制单编写员必须兼具生产技术与行政经验，只有清晰了解工厂的实际运作情况和客户要求，才能减少板房与工厂间的生产技术差异，确保订单顺利完成。

（7）同一款成衣如果有多个订单，切勿编排在同一个生产制单上，避免信息混淆导致生产出错。

扫描"教学资源"编号6-1二维码可见"制单应用存在的问题"。

第四节　生产跟单管理

为了确保订单生产按时、按量完成，必须对订单生产的进度进行跟进与控制。

一、生产跟单流程

订单生产跟单包括生产进度跟单、生产质量跟单、成品出产跟单等工作。跟单员要做好生产进度的跟进工作，首先必须了解生产进度跟进的基本流程，才能提高生产跟单的工作效率与质量。图6-3是订单生产跟单流程。

客户/开发部/总经理	生产跟单部	加工厂/ 驻厂QC	船务部

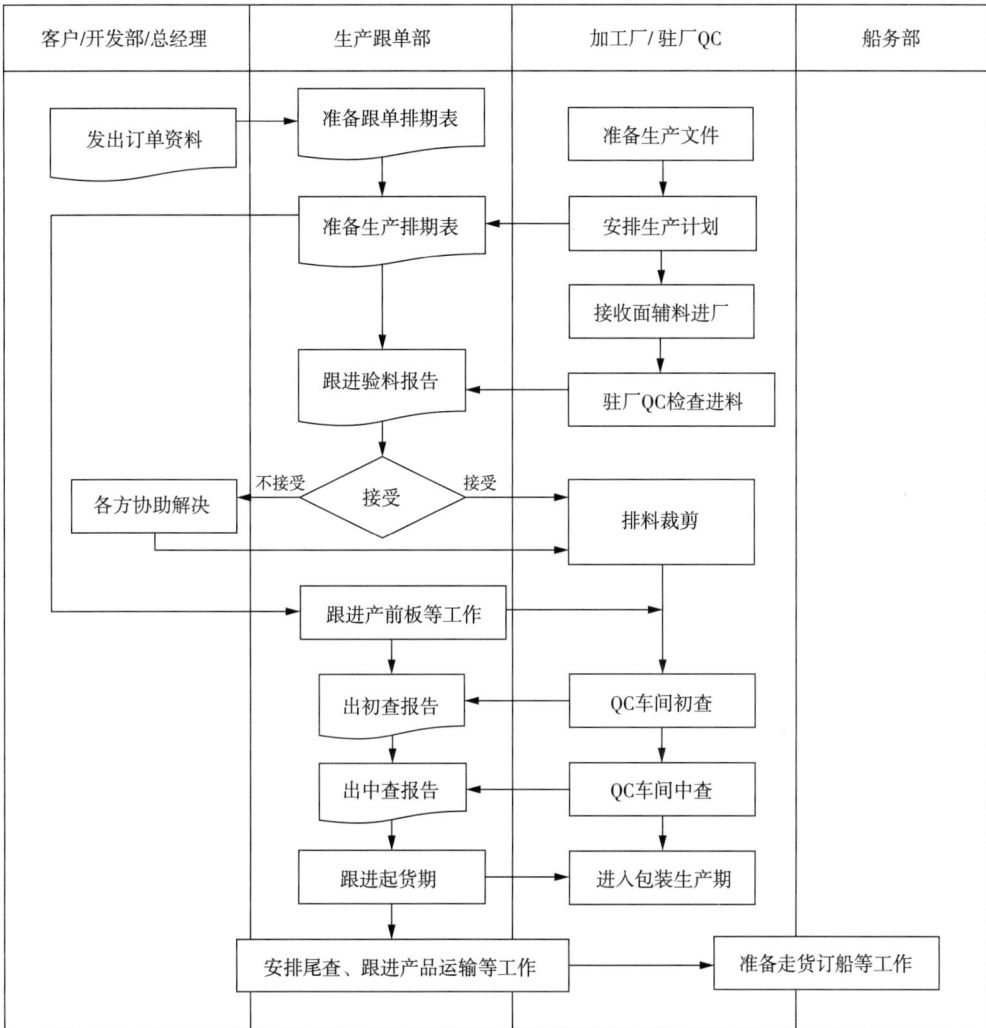

图 6-3 生产跟单流程

二、生产进度跟单

生产进度跟单需以动态的形式开展工作。在半制品生产的进程中进行观察、分析，使订单生产按设定的计划时间推进，以此控制生产进度的变化，确保订单生产按时完成，做到不提前交货，也不延迟交货。

1. 生产进度跟单的形式

（1）**电话催促**。与加工厂保持经常性的电话联系，了解订单生产进度与生产中遇到的问题。特别是临近交货期，或是紧急的订单，必须采用电话方式频繁地进行沟通与催促。

（2）**电邮或传真**。面对一些需要用文件补充说明或协调解决生产进度的问题时，除了用电话联系外，还可采用电邮或传真的形式通知加工厂，确保订单生产正常进行。同时还可以留下纸质文件，方便存档查阅。

（3）**驻厂跟进**。对一些重要的订单，贸易公司应派出跟单员驻扎工厂，对生产进度做现场跟进。这种方式能很好地跟进现场状况，与工厂也能进行直接有效的沟通，能更快捷地解决遇到的问题，可以更好地确保订单按计划生产并准时交货。

2. 生产进度跟单的内容

（1）**分析生产能力**。生产通知单下达前，首先要分析工厂的生产能力，如能否按期交货、交货质量能否达标、如果不能按时交货有什么补救措施、需不需要外包等。

（2）**制订生产计划**。生产通知单下达后，只有详细规划好每个生产环节，调动相关部门协调配合，才能使订单生产有条不紊，共同推进订单生产，确保生产按计划开展。图6-4是产前计划与生产活动的关系。

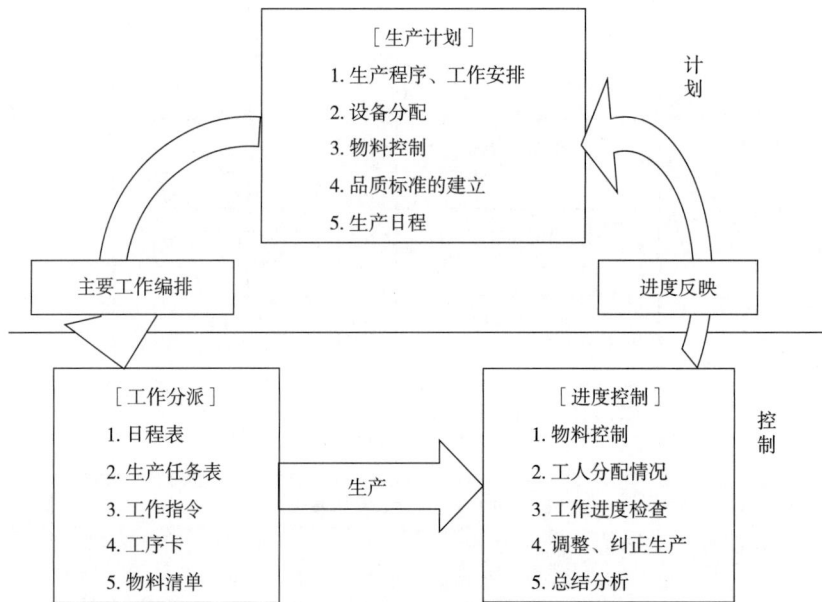

图6-4　产前计划与生产活动的关系

生产计划排期表是根据订单的交货期，对各生产环节做出计划安排，保证订单按计划进行生产的一份重要文件（表6-3）。在订单生产前，跟单员应及时向加工厂索取此文件。如果加工厂到了生产期仍未送交此文件，需加紧追索，以便全面掌握订单生产的计划周期。

（3）**制订跟单计划**。在订单生产前，为了增强跟单工作的计划性，更好地跟进加工厂的生产情况，跟单员根据公司的业务性质、订单的数量与生产排期，做好跟单工作计划。跟单周期表见表6-4。

表6-3　生产计划排期表

×××服装有限公司		文件编号：BM-SH-001/ V1.0										_____年___月___日					
订单	款号	客户	数量	生产组	客期	洗水方法	纸样	面料	裁期	物料	试板	车间期	包装期	客人查货	付运期	备注
跟单员：_____			生产跟单经理：_____								日　期：_____					

表6-4　跟单周期表

×××商业海外有限公司		组别：_____										_____年___月___日			
客户	订单号	款号	款式	数量	加工厂	面料期	辅料期	合身板期	PP板期	初检期	中检期	成品检期	工厂交期	船期	出货港口	备注
制表：_____			生产经理：_____								日　期：_____			

（4）**收集生产进度资料**。常见的生产进度控制文件包括：生产周程表、生产日报表、生产进度差异分析表、生产进度控制表、生产异常处理表、生产线进度跟踪表。

跟单员最好能亲临现场收集这些资料，做到对订单生产的进度随时掌握。如果条件受限，也可以要求加工厂每周提供以上生产进度文件，不过要注意防范工厂所提供资料的真实性。生产周程表范例见表6-5。

表6-5　生产周程表

×××服装有限公司			文件编号：SEW-SH-001/ V1.0								_____年___月___日
序号	订单	客户	款号	数量（件）	日　程						备注
					周一	周二	周三	周五	周六	周日	
1				300	200	100					
2				500		200	300				
3				600			300	300			

续表

序号	订单	客户	款号	数量（件）	日　程						备注
					周一	周二	周三	周五	周六	周日	
4				800				200	600		
5				560					200	360	
										余数下周	

问题：

1.

2.

制　表：_____　车间主任：_____　生产经理：_____

日　期：_____　日　期：_____　日　期：_____

（5）**全面控制生产过程**。通过相关的生产排期文件，对生产过程的每个环节进行有效控制和调度，同时分析订单的生产进度能否达到预期目标，发现问题及时处理。控制生产过程要做好以下工作：

①跟进工序。跟单员可以通过生产工序来掌握生产的进度，判断生产进度与生产计划是否同步，保证订单生产按计划进行。

②跟进数量。通过加工厂的生产日报表或周报表，与预期计划数量相比较，可以判断生产进度的快慢。大货投产后，每周都应定期跟进订单大货的生产进度，确保工厂尽可能提前完成大货，以便挪出一点备用时间，用于个别款可能需要的返工时间。

实际工作中出现问题时，可以直接和工厂协商解决。例如，发现某个订单的半制品量突然增多时，跟单员要提醒加工单位尽早采用消除瓶颈、延长工作时间等方法，避免影响订单交货期与产品质量。因为半成品越多，生产管理的难度越大，并容易混淆规格或产生次品。如果遇到无法自己解决的问题，如货期延误等，则需上报领导，并及时与客户协商。

【案例分析四】勇于承担问题的责任

加工厂来电："下星期要交货的那批订单，怎么赶都来不及了，该怎么办？"

分析与建议：

1.加工厂在明确交货期延期的事实以后，第一时间通知了跟单员。此时跟单员也应马上向客户反映货品交付延迟的原因，争取获得客户通融。同时，与客户商量最新的交货期并及时通知加工厂。

2.跟单员给加工厂制订交货期时，应预留一定的松动时间，这有助于更好地安排生产，保证准时交货。

3.如果客户无法接受延迟交货，只有勇于承担责任，赔偿客户的损失，才能获得客户的尊重和信任。当然，延迟交货的责任和赔付资金由加工厂负责。退货的产品能否以剪标降价的形式处理，还需视客户合同中的协议而定。

【案例分析五】交期延误的原因与对策

扫描"教学资源"编号6-2二维码可见。

三、生产质量跟单

生产质量跟单是根据客户的质量标准，对成衣生产全过程进行有效质量控制，并对产品进行检测和鉴定，确保产品符合订单的质量监控过程。具体工作细节包括：

1. 准备工作

（1）**搜集相关资料**。生产质量跟单工作开展以前，必须收集并阅读有关质量跟单资料。所有订单的质量检查，都要以最新的物料表、尺寸表、面图、评语和最后批核的样板为准。需收集的资料包括：

①生产制单。尤其要获得生产制单中的成衣尺寸表、面料与辅料要求、详细制作工艺、整烫与包装细节等内容，作为查验产品的客户标准。

②质量跟单手册。每个品牌客户通常都有一套企业内部的质量标准，如果客方没有提供，贸易公司可以根据所有客户的质量标准，制订出一套通用的质量手册，内容包括：查货方法与要求，各种成衣的尺寸测量方法与操作技巧，各种成衣的质量要求与主要服装疵点列表等，供质量跟单员在检测中参考使用。

③实物样板。经客户批核、确认的最新实物样品，包括生产核准板、面料色板、各种辅料样板以及面辅料检测报告等，作为查验工作的参照标准。

④特殊要求：主要是收集客户对产品质量的一些特殊要求。

（2）**选定抽查项目**。在实施查验工作前，要清楚了解查货的对象，根据具体的查货对象选定查验的项目。抽查项目有：

①进料抽查。贸易公司质量跟单一般只对个别重要原材料的进料实施查验工作。加工厂则需对所有面辅料进料进行查验。

②半成品抽查。大多数服装贸易公司都会派出质检员进驻加工厂，检查生产过程的半成品质量。对于容易出问题的工序，会加大抽查次数和抽查数量。

③成品抽查。成品在发货前，贸易公司、加工厂和客户都要实施的查验项目。此时必须要根据客户的质量标准，对成品进行检查和鉴定。

④返修抽查。对于要求返修的部位再次进行仔细的查验，以确保产品质量合格出货。

（3）**选择检查标准**。根据客户的质量标准与要求，选择查货抽样标准。国外客户一般采用AQL抽样标准进行相关查货（表6-6）。例如，产品批量数量为3500件，客户要求采用AQL-2.5抽样检查，根据表中"抽查数量-拒收范围"为"200-10"，表示在3500件中随机查200件，次品不能超过10件，否则拒绝收货。除了采用AQL抽样方法外，也可以采用百分比的抽样方法进行查货，但具体标准必须根据客户要求而定。

表6-6　AQL质量抽查计划表

抽查标准版本	AQL-1.0	AQL-1.5	AQL-2.5	AQL-4.0
151~280	50-1	32-1	32-2	32-3
281~500	50-1	50-2	50-3	50-5
501~1200	80-2	80-3	80-5	80-7
1201~3200	125-3	125-5	125-7	125-10
3201~10000	200-5	200-7	200-10	200-14
10001~35000	315-7	315-10	315-14	315-21
35000~150000	500-10	500-14	500-21	315-21
150000~500000	800-14	800-21	500-21	315-21
500000以上	1250-21	800-21	500-21	315-21

注　AQL（Acceptable Quality Level），是质量可接受水平。
　　其中AQL-1.5表示严重缺陷，AQL-2.5为重缺陷，AQL-4.0为轻微缺陷。

（4）**安排查货日程**。跟单员还需向加工厂索取最新的生产周期表和进度表，根据订单的生产周期掌握生产进度，对初期、中期或尾期查货的具体时间做出安排，同时应清晰知道并准备好每个订单的货前核准板资料、加工厂详细地址、联系人及电话等，并通知加工厂给予查货工作的配合。

跟单员抵达工厂后，可先与负责人、车间指导员开沟通会，因为负责人不一定清楚生产细节，而车间指导员则能准确预测交货期。开会时，应向工厂说明收货标准和尺寸允差值，并查验QC质检报告。

查货前，还需收集以下资料：交货期、面辅料采购期、核准板、外发加工厂生产情况等。

2. 实施检查

在产品生产过程中，跟单员应到工厂开展生产初期、中期和尾期的查货工作，并查阅和分析驻厂质检员提供的质量检查报告，如果发现问题应及时协调，向工厂提出质量管理改善措施的建议。

（1）**初期检查**。生产跟单员进行生产第一次检查的具体内容如下：

①跟单员到厂后，深入生产现场巡视，审核生产线上的生产制单、尺寸表等资料是否正确。

②检查纸样的布纹线方向、放码、缩水率等是否正确，避免大货生产时出现变形、尺寸不符、色差等质量问题的发生。同时还应检查纸样排板的情况，以免出现边中色差或头尾色差。

③检查厂方的产前板的款式细节、工艺流程与品质水平，是否已按照客户的修改评语做了修正，同时核对制单、尺寸表、面辅料卡等所有生产细节有无偏差。

④大货开裁前，查询大货面料的质量情况，如果检查出现缸差、边中色差、头尾色差、抽纱、污渍等较常出现的质量问题，应抽取有代表性的样本交给上级部门或客户批复后，才能开裁生产。此外，还要查询面料的数量是否足够，避免日后补进的面料产生质量问题。如果自行决定，则应向厂房表明可接受的标准。此外，还要询问工厂该订单的面料采购与到货情况，评核是否能应付该订单的生产安排。

⑤检查辅料。检查主标、产地标、拉链、皮牌、纽扣等主要辅料是否与客户要求一致；检查缝纫线的颜色与粗细匹配情况，需要粘衬的部位以及衬布的颜色、袋布材质与配色情况，试板效果等。例如，曾经有订单出现"橡筋裤腰头加衬""浅色透明面料配深色袋布"等问题，此时应尽快调整订单信息，从源头上避免质量问题的发生。此外，资料上没有列清晰的辅料，均需寄样品给客户审核确认后再使用。

⑥需要洗水的订单，大货洗水前，应先敦促洗水厂尽快洗出头缸板给跟单员或客户批核。头缸板没有批核之前，不允许把大货从制衣厂运往洗水厂，以免洗水厂在大货洗水后再抽出成品做头缸板。

检查洗水测试板的内容主要有：

·洗水板的色泽、手感等效果是否与客户要求一致。

·拉链头、袋角、裤脚等成衣部件有无破损或生锈等现象，这些部位，在洗水前没有用布块包裹。

·洗水时加有漂水的样板，有无封存在胶袋内，以免变色或因氧化而导致手感偏差。

·检查洗水厂的洗水标准是否规范，是否要客户提供新的洗水标准给洗水厂。

⑦了解订单的包装方法。大货开裁后，按裁数开列预制装箱单，以便提前了解分色包装方式、纸箱尺寸及重量的上下限、短缺尺码数量、尾箱能否杂码，以及是否需要打带等包装细节，核对订购的包装物料种类、规格、颜色、标示等有无错漏。若有问题应提前通知工厂，以免包装阶段由于不合要求而出现反复拆包的现象。

（2）中期检查。生产跟单员需分别在加工厂完成第一件成品时、完成一半成品时和全部成品将要完成时，开展三次中期检查，并填写中期检查报告。抽样标准可根据不同客户的AQL标准或贸易公司自定的标准，如某企业规定600件以上每码、每色最少抽查3件，600件以下每码、每色最少抽查2件。

检查内容：根据订单尺码表测量半制品的尺寸，通知厂方改善早期出现的尺寸误差；向厂方索取头缸批板，检查服装的总体质量是否符合要求；核对生产线上半成品的款式、制作工艺等是否正确；检查面料、辅料有无疵点和色差；大货绣花或印花的部位、尺寸、色泽是否正确；关键工序的车工技术水平、工艺质量是否符合要求；熨烫后、洗水后的成品手感、尺寸、工艺等是否符合要求。

注意事项：准确预测生产交货期，不允许生产排期延后，更不能完全依赖厂方的推测；熨烫大货时，可以开始量度大货的尺寸；驻厂QC应每日巡查生产线上各工序的生产状况，监察关键工序的品质，避免尾查才发现次品；发现质量问题时需尽快向驻厂QC、工厂负责人和指导员反映，而非单独纠正个别工人的生产方法，如果工厂不愿配合修改，应马上找高层负责人，同时通知贸易公司的主管处理。

（3）尾期检查。订单中所有成衣包装完毕，驻厂质检员进行成品的检验，确认产品合格后，由生产跟单员到仓库随意抽取已包装好的成品，开箱进行尾期的质量抽查。然后跟单员通知客方质检人员对产品质量进行查验。经客方质检员确认合格后，才能安排出货。

具体检查内容包括：再次核对款式、面辅料等是否正确；再次检查制作工艺、绣花或印花等质量；再次核对成衣的颜色与手感，面辅料的搭配有无色差，特别是洗水后的色泽与质感；再次测量成品各部位的尺寸，核对色码分配情况；检查商标、吊牌及其所标示的内容是否正确；检查所有面辅料、包装物料及其位置、规格及包装方法是否正确；核对包装材料、包装方法与装箱尺码等是否符合要求，分色包装、纸箱尺寸与重量、尾箱成品能否混杂尺码、是否需要打带；装箱单编制信息有无错漏等。

尾查注意事项：尾查前，需先核实有无待复的问题遗留，如色差或尺寸等，需尽快得到回复再开始尾查；中后期查货时，可要求厂方先制作一件包装板，包含一切正确面辅料和包装方法；尽量不要让查货工作延误出货时间，如果交货时间紧急，无须等待包装完毕，可以从正在包装或准备包装的成衣中各抽样检查，但跟单员要将实际的生产进度写入质检报告，并由厂方签字确认；如果成品货量达到40%以上，可做尾期预检，同时抽查厂方总检后货品的质量是否理想，并于此阶段准备船头板；如果客户没法到现场检验货品，可以由加工厂从大货中抽取船头板，驻厂质检员审核通过后送交跟单员审核，然后由跟单员将船头板、出货资料寄给客户批复，直至接收到客户寄回的船头板和出货安排确认书，才能安排发货；按抽查数量的规定严格执行，如果次品量超出规定数不多，可以再抽查一次，如果次品量远远超出规定值或问题性质很严重，则须责令工厂返修或向上级汇报，并尽快取得翻查的时间，翻查日期可填写在质检报告上；跟单员切勿私下与厂方修改交货期，除非得到上级主管的授权；如果订单因质量问题导致数量短缺，须征得贸易行的批准才能放行出货。

尾查完成后，如果通过查验，生产跟单员需从成品中每色每码各抽取两件，标贴妥当后尽快寄出。其中一件作为船头板寄给客户，一件与质检报告一起寄回贸易公司存档。衬衫、牛仔裤、圆领T恤、毛衫的质检方法扫描"教学资源"编号6-3二维码可见操作视频。

3.审阅质检报告

每次检查完成后，均需填写书面的质检报告，尤其是尾查通过后出具的质检报告，争取当天就传真给贸易公司，作为加工厂出货与客户付款的重要依据和有效凭证。

如果质检报告由质检员填写，则生产跟单员需审阅质检报告，并到现场抽查货品的质量，核实质检报告的真实性。

（1）质检报告分类。

①进料检查报告。对购进的面辅料进行检测，详细记录面料的成分、组织结构、经纬纱线密度、染整加工、颜色、幅宽等；辅料的种类、成分、形状、大小、长短等。

②裁床质检报告。面料、里料开裁时，对面料、里料的裁片质量进行检查评估，并记录面料、里料裁片的码数、色差、尺寸等情况（表6-7）。

表6-7 裁床质检报告

				_____年___月___日
订单：	客户：		款式：	
款号：	数量/件：		颜色：	
拉布方法：_____	第_____床		拉布层数：_____	
1.铺料			是	否
铺料宽度是否与布幅宽吻合				
纸样是否正确				
丝绺（布纹）是否正确				
排料线条是否圆滑				
裁片数量是否齐全				
尺码是否正确				
2.裁片				
底、中、面层大小是否有差异				
裁片边缘是否散口				
裁片线条是否正确				
裁片编号是否正确				
布头、布尾的拉布宽余位是否符合标准				
3.捆扎				
工票内容是否与裁片配合				
同一扎裁片是否有色差				

4.其他问题
运送中导致勾丝
粘衬后变形
检查员/日期：_____   裁床主任/日期：_____
质控部主任：_____   生产跟单员/日期：_____

③尺寸测量报告。每色每码各抽取3件成衣，测量各部位尺寸，与制单规格表做比较，填写尺寸误差值，并取平均值记录在报告中。表6-8是上装尺寸测量报告表，表6-9是下装尺寸测量报告表。

表6-8　上装尺寸测量报告表

___年___月___日									
订单：		客户：		款式：		款号：			
数量/件：		颜色：		洗水方法：		客期：			
抽样标准AQL–									
尺寸部位	质检员			生产跟单员			工厂/贸易行主管		
	标准	实测	实测	标准	实测	实测	标准	实测	实测
胸围（袖窿下2.5cm）									
腰围									
衣摆									
肩宽									
前胸宽									
袖长									
袖窿									
上袖筒宽									
后中长									
后背宽									
前领深									
领围									
口袋									
帽高									

备注：

检查员/日期：_____	车间主任/日期：_____
质控部主任/日期：_____	生产跟单员/日期：_____

表6-9 下装尺寸测量报告表

<table>
<tr><td colspan="10" align="right">年　　月　　日</td></tr>
<tr><td>订单：</td><td colspan="3">客户：</td><td colspan="3">款式：</td><td colspan="3">款号：</td></tr>
<tr><td>数量/件：</td><td colspan="3">颜色：</td><td colspan="3">洗水方法：</td><td colspan="3">客期：</td></tr>
<tr><td colspan="10">抽样标准AQL-</td></tr>
<tr><td rowspan="2">尺寸部位</td><td colspan="3">质检员</td><td colspan="3">生产跟单员</td><td colspan="3">工厂/贸易行主管</td></tr>
<tr><td>标准</td><td>实测</td><td>实测</td><td>标准</td><td>实测</td><td>实测</td><td>标准</td><td>实测</td><td>实测</td></tr>
<tr><td>腰围（放松）</td><td></td><td></td><td></td><td></td><td></td><td></td><td></td><td></td><td></td></tr>
<tr><td>腰围（拉紧）</td><td></td><td></td><td></td><td></td><td></td><td></td><td></td><td></td><td></td></tr>
<tr><td>上裆</td><td></td><td></td><td></td><td></td><td></td><td></td><td></td><td></td><td></td></tr>
<tr><td>臀围</td><td></td><td></td><td></td><td></td><td></td><td></td><td></td><td></td><td></td></tr>
<tr><td>股上围</td><td></td><td></td><td></td><td></td><td></td><td></td><td></td><td></td><td></td></tr>
<tr><td>膝围Ⅰ</td><td></td><td></td><td></td><td></td><td></td><td></td><td></td><td></td><td></td></tr>
<tr><td>膝围Ⅱ</td><td></td><td></td><td></td><td></td><td></td><td></td><td></td><td></td><td></td></tr>
<tr><td>裙摆/裤脚</td><td></td><td></td><td></td><td></td><td></td><td></td><td></td><td></td><td></td></tr>
<tr><td>前裆弧长</td><td></td><td></td><td></td><td></td><td></td><td></td><td></td><td></td><td></td></tr>
<tr><td>后裆弧长</td><td></td><td></td><td></td><td></td><td></td><td></td><td></td><td></td><td></td></tr>
<tr><td>内长</td><td></td><td></td><td></td><td></td><td></td><td></td><td></td><td></td><td></td></tr>
<tr><td>外长</td><td></td><td></td><td></td><td></td><td></td><td></td><td></td><td></td><td></td></tr>
<tr><td>拉链长</td><td></td><td></td><td></td><td></td><td></td><td></td><td></td><td></td><td></td></tr>
<tr><td colspan="10">备注：</td></tr>
<tr><td colspan="5">检查员/日期：_____</td><td colspan="5">车间主任/日期：_____</td></tr>
<tr><td colspan="5">质控部主任/日期：_____</td><td colspan="5">生产跟单员/日期：_____</td></tr>
</table>

④半成品质检报告。在开展中期检查时，质检报告主要是记录款式、制作工艺、半成品尺寸等是否符合要求（表6-10）。

表6-10　半成品质检报告

					年　　月　　日
订单：	客户：		款式：		款号：
数量/件：	颜色：		洗水方法：		客期：

第_____次检查

检查类别	接受	不接受	检查类别	接受	不接受
1.面料			9.包头钉位置		
2.物料			10.纽扣位置		
3.款式			11.吊牌内容		
3.手工艺			12.腰卡		
4.洗水后颜色			13.包装方法		
5.洗水后手感			14.胶袋		
6.整洁			15.纸箱/资料		
7.烫工			16.其他		
8.商标位置					

疵点类别	件数	疵点类别	件数
1.针距		8.面料（破洞/走沙/色差）	
2.连接部位		9.污渍/油污	
3.主商标（资料/位置/牢固）		10.烫工	
4.洗水商标（资料/位置/牢固）		11.手感	
5.缝型（爆口/重线不正）		12.尺寸	
6.扣眼（漏缝/未开口）		13.外观效果（线头/洗水）	
7.纽扣（漏钉/破烂）			

评议：

　接受[　]　　　　　不接受[　]

抽查件数：_____
疵点件数：_____

评议：

检查员/日期：_____　　　包装部主任/日期：_____

质控部主任/日期：_____　　　生产跟单员/日期：_____

⑤成品质检报告。对成品的尺寸、颜色、款式、面辅料、制作工艺、洗水后整理、熨烫、包装、商标、吊牌等进行全面仔细的检验与记录，根据订单的质量标准，对成品质量做出是否合格的结论（表6-11）。

表6-11　成品质检报告

			年　　月　　日
订单：	客户：	款式：	款号：
数量/件：	颜色：	洗水方法：	缝制组别：
车间初期　[　] 成品洗水后　[　]	车间中期　[　] 包装中期　[　]	车间末期　[　] 包装末期　[　]	
面辅料疵点件/数		工艺疵点件/数		包装/后处理疵点件/数	
1.面料		1.外观效果		1.洗水后颜色	
2.拉链		2.缝型		2.洗水后手感	
3.主商标		3.扣眼		3.整洁	
4.洗水商标		4.针步密度		4.烫工	
5.纽扣		5.纽扣/包头钉位置		5.吊牌	
6.包头钉		6.口袋位置		6.腰卡	
7.缝纫线		7.商标位置		7.袋卡	
8.其他		8.下摆		8.胶袋	
		9.套结		9.纸箱/资料	
		10.其他		10.其他	
评议： 　接受 [　]　　　　不接受 [　]			抽查件数：_____ 疵点件数：_____
检查员/日期：_____ 质控部主任/日期：_____		车间主任/日期：_____ 生产跟单员/日期：_____	

（2）质检报告的编写要求。质检报告是质量跟单工作的重要文件，应准确反映成品的质量情况，能为企业改进质量管理提供有价值的参考。一份规范的质检报告应包括如下内容：

①时间：明确标示检查货品的时间。

②抽查比率或数量：表明抽查样品的数量和抽查结果的可靠程度。

③疵点：准确表述抽查样品疵点的数量、出现位置与频率。

④评语：对质量检查情况做出总结，客观评定成品的质量是否合格。

⑤建议：对成品存在的质量问题，提出改进意见。

⑥签名确认：质检员、生产跟单员签名，以示对质量检查的结果负责。

（3）编写质检报告时注意事项

①文字简洁。要以简练、明了的文字来表达质量检查的情况，尽量运用专业名词，不使用自创的词语和"可能""大概"等不确定的词语，避免产生歧义，应让阅读者准确理解报告的内容。

②实物辅助。如果文字不能充分描述成品的质量，最好能附上有代表性的样本或图示，使报告能更加直观地反映产品的质量情况。

③提防遗漏。报告反映的质量情况必须全面、真实，同时要避免影响阅读者的判断。报告填写完毕，要反复核对，防止错误或遗漏，确保质检查出的所有疵点都能清晰地记录在质检报告上。

④栏目设计合理。将常用的资料与质量检查项目，逐项印在报告表内。对于需要明确疵点类型和数量的质检报告，填写时用可"正"号统计疵点数量。范例见表6-12。

表6-12 质检疵点统计表

疵点类别		数量	疵点类别		件数
纽扣	型号不符	正下	外观效果	破洞	
	漏钉			线头	正下
	破损	一		色差	
	纽色不符			污渍	正
	位置不符			未烫平整	一
	钉法错误	一		手感变硬	

⑤报告保存与分发。所有质检报告都要妥善保管，根据质量检查的项目和质量改进的需要，用不同颜色纸张印制一式四份，分发给加工厂、贸易公司、客户，生产跟单员各1份。

成品质量检查报告经加工厂负责人签字和分发后，将作为加工厂出货和客户付款的凭据之一。扫描"教学资源"编号6-4二维码可见"生产跟单表格（英文版）"。

4. 得出评估结论

尾查工作完成后，对成品的质量进行全面评估，将质量检查结果与所定的质量标准做比较，得出成品的质量是否合格的结论，以此为依据决定订单产品能否出货。

（1）质量合格，可以出货。经查验，成品的款式、规格、颜色、面辅料、制作工艺、洗水后整理等符合订单的质量规定，认定质量合格，可以安排出货。

（2）有小瑕疵，担保出货。经检查，成品的总体质量合格，但存在质量上的小问题，在工厂法人代表签名担保下，可以担保形式出货。

（3）**次品返修，重新查验**。如果经检查，发现部分成品或个别部位不符合订单的质量要求，需通知生产部返修，出具返修通知单，列明返修项目和期限，并附上问题板。然后开展第二次检查。尾查如果不合格，则开展第二次尾查抽检，抽检数量必须比第一次尾查抽检的数量多，并对第一次尾查中发现的质量问题进行重点检查。如果二次尾查仍未通过，则需向查货部主管、跟单部主管或客户报告，并要求加工厂立即开展返修工作。返修完成后，由加工厂、贸易公司、客户三方组成质量跟单小组，开展第三次尾查，重新查验合格后才能出货。

（4）**疵点严重，拒绝出货**。如果检查时发现成品有较大的质量问题，即使返修也无法符合订单的质量要求，或者经返修两次后，第三次尾查仍存在较多疵点，跟单员可认定整批成品质量不合格，评判为"不予收货"。如果工厂对该认定持有异议，跟单员可以抽取有代表性的样品，询问客户能否接受。由客方出具质检报告，或送交专业检测机构做质检鉴定。如果客户拒绝接受成品，则不能安排出货，并与工厂协商取消订单和商谈赔付事宜。

所有国内销售的产品需符合对应款式的国家质量标准，并以此标准号的测试项目及要求做相关测试。工厂需在每款成衣出厂前提供有效的国家认可质检机构所指定的测试报告正本，经贸易公司和客户提供给口岸查货部存档，相关的测试费可由供应商承担。

第五节　服装品质检验

服装品质控制包括服装规格与服装质量两方面内容。在成衣生产的初期、中期与尾期，生产跟单员都需审核样板和检查大货的品质，包括测量服装各部位的尺寸，以及对服装的面辅料、款式、工艺、熨烫、包装等进行检查。

一、服装疵点的界定

服装疵点是指成衣的部位细节或规格不符合设定的质量标准。根据疵点的严重性、产品的类型、行业标准以及订单要求，疵点可界定为严重疵点、普通疵点、轻微疵点。

1. 严重疵点的界定

严重疵点是指严重影响成衣的整体外观、性能等质量问题，可通过以下几点进行界定：

（1）在服装正面或反面可见到的、最明显的部位出现，严重影响成衣外观效果，如外观严重破损。

（2）经使用后出现的问题，如面料甲醛超标。

（3）在同一衣片上同时出现走纱、浮纱等三个以上小疵点。

（4）制作工艺水平低，手工粗糙，消费者不会接受。

（5）成衣尺寸、颜色与质量标准差距很大，难以接受。

（6）根据客户规定的某类疵点要求界定为严重疵点。

图6-5 严重疵点区域（服装正面、服装反面）

2. 普通疵点的界定

不完全符合质量标准，但对成衣的外观影响不大，可通过以下几点进行界定：

（1）在服装侧面等不明显的部位出现（图6-6），对成衣的外观影响不大。

（2）成衣尺寸、颜色与质量标准有差距，但在可接受范围内。

（3）面料极少数部位的走纱、浮纱等，但不影响成衣外观。

（4）个别部位的制作不够精良，但经使用后其问题不会恶化。

3. 轻微疵点的界定

（1）在服装的内层出现（图6-7），疵点外观不明显。

图6-6 普通疵点区域（服装侧面）　　图6-7 轻微疵点区域（服装里层）

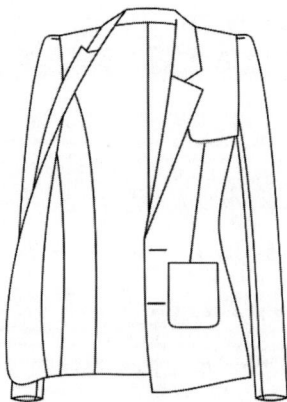

（2）不影响成衣使用、对成衣外观基本没有影响的疵点。

（3）经修整处理，能完全消失的小疵点，如线头、污渍等。

二、服装质量检验与疵点分析

1. 面料检查与疵点分析

由于面料是外购材料，在织造和后整理方面的质量难以全程控制。为了减少服装质量受面料质量的影响，必须在进料、成衣制作前，严格检查面料的规格、技术指标与外观质量。

（1）**面料规格与技术指标**。进料时，需要检查面料的各种技术指标，确保面料各项指标与订单要求相符，具体项目包括：面料组织结构；面料的长度与幅宽；面料的纤维成分；经纬纱线密度；染整加工效果；颜色、光泽度等。

（2）**面料常见疵点**。

①破损：磨损、破边、破洞、皱边、断疵、针孔、筘痕、抽丝等。

②误织：杂物织入、色纱横档、斜纹路、弓纱、混纱、双纱、浮纱、吊经。

③污渍：色污、印花干痕、印花错位、聚浆、带色、水渍、色斑、污点、背面印渍、色差等。扫描"教学资源"编号6-5二维码可见"面料常规疵点图例"。

2. 辅料检查与疵点分析

（1）**黏合衬常见疵点**：耐洗性不良，即耐洗性达不到规定要求；破洞，衬布表面被扎穿；异色，衬布表面有明显的色污；烂边，衬布边缘破损，造成布边区凹凸不平整。

（2）**拉链常见疵点**：拉链强力不良，即拉链强力达不到规定标准；尺寸偏大或偏小，即尺寸超出要求上限或下限；平整度不良，即拉链自然下垂时呈波浪或弯曲现象；链牙缺损，即拉链牙缺失或断牙；链牙歪斜，即造成拉链卡齿或拉合不顺畅；色泽不良，即拉链色泽不均匀；拉链带贴胶强度不良，即拉链带贴胶处容易折断；拉头电镀不良，即镀层光泽不对或有起皮、划痕、烧焦等现象。

（3）**扣件常见疵点**：扣件尺寸不良，即扣件尺寸超出规定上下限；扣件色差，即扣件色泽不均匀或同类同种纽扣间的色差明显；扣件电镀不良，即镀层有起泡、脱皮、裂缝、毛刺等现象；扣件破损，即扣件有破损，形状不完整；嵌扣拉力不良，即嵌扣拉力达不到规定要求。

（4）**商标常见疵点**：图案或字体模糊；图案或字体错误，即商标图案或字体（颜色、形状等）与要求不一致；露底色，即由于商标密度不足造成底色外露；浮纱，即由于商标密度不足使不规则的纱线浮于表面；表面皱褶，即由于商标的收缩性使表面产生皱褶现象；表面卷曲，即由于商标的收缩性使表面产生卷曲现象；表面不平整，即由于商标的收缩性使表面产生不平整歪斜现象；尺寸不良，即商标图案尺寸超出规定上下限；商标变色，即由于水洗或其他原因造成商标的色泽变化；剪折不良，即商标剪折不整齐、形状不一致。

（5）**吊牌常见疵点**：图案或字体模糊；图案或字体错误，即吊牌图案或字体（颜色、形状等）与要求不一致；印刷位置偏差，即吊牌图案或字体印刷位置与要求不一致；油墨附着，即吊牌表面有明显的油墨附着；图案缺损，即吊牌图案有缺损、不完整；尺寸不良，即吊牌图案尺寸超出规定上下限；裁切口不良，即裁切口歪斜、不整齐或不对称。

（6）**其他辅料常见疵点**：外观不良，即有破损、污染或颜色与要求不一致等；尺寸不良，即尺寸超出规定上下限；形状不良，即形状与要求不一致；功能性不良，即功能性达不到规定要求。

3. 产前工艺检查与疵点分析

（1）**裁剪工艺常见疵点**：面料正反面裁错或方向裁错；切口熔化或毛糙；定位标记位置错误；定位标记漏打或标记太深；条格裁断偏差；裁片色差或污渍；裁片误裁、尺寸偏小或偏大。

（2）**刺绣或印花常见疵点**：线色错误，即刺绣线色与式样不符合要求；线迹松紧不良，即上线或下线浮动松脱；表面针眼，即刺绣后，面料表面有明显的针眼；印花浆料过底，即浆料严重渗透到底面，造成图案模糊，不易识别；图案变形，即图案形状与要求不一致；图案尺寸偏小或偏大，即图案尺寸超出尺寸要求的下限或上限。

（3）**粘衬工序常见疵点**：衣片过硬或偏软，即粘衬后衣片过硬或偏软；衣片变色，即粘衬后衣片有明显的颜色变化；衣片云纹，即粘衬后衣片表面有呈云雾状条纹；衣片亮光，即粘衬后衣片表面局部呈明显的亮光面现象；衣片渗胶，即粘衬后衣片表面有胶粒渗出；表面起泡，即粘衬后衣片表面有明显的起泡现象；衣片起皱，即粘衬后衣片表面有皱褶现象；衣片黏合度不牢，即粘衬后衣片有剥离脱胶现象。

4. 生产工艺检查与疵点分析

（1）**常见错款或不良部件**：左右不对称、条格歪斜、花型对合错位、漏缝部件、遗漏工序、部件装错、滚边扭曲、部件尺寸偏大或偏小、口袋张裂等。

（2）**缝制导致的常见面料疵点**：破洞、缝口起皱、面料反翘、面料打卷、色差、面料表面异物附着、污渍等。

（3）**线迹或缝迹常见疵点**：断线、跳线、针眼、线迹不良、缝份不匀、漏缝、溜针、线迹不顺直、线头未净、针距不符、缝头裂缝、漏锁边等。

（4）**辅料装配常见疵点**：缝线使用错误、衬布外露、扣件脱落、扣件漏钉、纽扣错位、用错扣件、扣件或扣眼位有落差、扣眼漏切口或切割不良、扣眼锁缝散口、钉扣线过松或过紧、扣眼过大或过小、钉扣抽丝、纽扣方向钉错、扣件装订位置错误、拉链卡齿、遮蔽拉链外露等。

5. 毛衫工艺检查与疵点分析

（1）**织片常见疵点**：织法错误，即织片的字码、织法、颜色或毛质组合与批准样板不一致；长度或质量不符，即单件织片的长度或重量与要求不符；罗纹过长或过短，即收针的次数与制单要求不符；织片的工艺疵点，即织片出现单毛、花毛、漏针、露孔、烂边、油渍、结头、直行针路、横行粗幼毛、衫片左右长度不一等质量问题。

（2）**缝盘工序常见疵点**：缝错料；前后衣片错码；部件色差；部位拉伸度不足；线迹质量欠佳，即线迹漏眼、烂边、缝线不规则、缝线起泡、跳线、线迹不均直、衫片沿缝线起皱、对位不正等。

（3）**车缝工序常见疵点**：线色与面料颜色不配；针距密度不适或不匀；车线不牢、散脱；车缝质量欠佳，即跳线、断线、线迹不均直、圆位起尖角等。

（4）**手缝修补工序常见疵点**：拆线不干净；缝边披散；袖口或毛衫底边的手缝修补线迹松紧不一；杂毛织入。

（5）**洗水工序常见疵点**：手感，即偏硬、偏软、无身骨、触凉感不足等。色泽，即花痕、深浅不均、颜色太深或太浅等。外观肌理，即起毛、起球、倒毛、图案脱落等。其他，包括异味、油污等。

（6）**成品总体外观疵点**：衫型欠佳，即不平整、不挺括、不端正、不对称；尺寸不符，即毛衫回缩后尺寸与要求不符；熨烫欠佳，即出现极光、缝线弯曲扭斜、烫黄、起皱、漏烫等；外观不良，即出现线头、毛头、污渍、杂毛、露孔等。

6. 熨烫检查与疵点分析

（1）**熨烫工序常见疵点**：表面折印、烫黄、烫焦、变色、变硬、水花、极光、渗胶、变形、漏烫、烫印、污渍。

（2）**包装常见疵点**：商标错误、商标填写模糊、用错纸箱、装箱方式错误、用错胶袋、折叠方式错误、漏附件、漏吊牌、用错附件。

三、服装尺寸测量基本要点

1. 服装尺寸测量概述

服装尺寸测量，就是用软尺或钢尺测量成衣各部位的尺寸，然后根据生产制单的尺寸表规定，评定成衣的尺寸是否符合要求。

早期的跟单流程，通常由驻厂QC、设计部跟单或客户跟单负责测量尺寸和确认最终的检查结果。这就需要测量尺寸的负责人到工厂现场，或将服装寄到负责人所在地进行测量，工作流程冗长拖沓。经改良后，直接由工厂跟单或质检QC度尺。这种方法方便快捷，但度尺前，工厂负责度尺的人员需要接受专业培训，同时需零售商客户、贸易公司或产品开发部认可工厂的量度方法和尺寸标准。如果有问题需提前修改，以免大货出现同样问题。

2. 尺寸疵点的界定

成衣尺寸的允差值一般根据服装的类型、质量标准、测量要求、客户要求等制订，如果超出允差值的范围，则判断为尺寸疵点。

服装尺寸允差值的确定，通常由客户或品牌公司直接提供，也可以依据国家尺码标准，或供货商与工厂达成的共同承诺进行设定。无论是使用哪个允差值的标准，都要得到客方零售商或成衣供货商的认可和确认。

表6-13～表6-15是上装尺寸允差值和服饰配件尺寸允差值，以供参考。

表6-13　上装尺寸允差值　　　　　　单位：cm

序号	部位	允差值			
		普通梭织类	洗水梭织类	针织类	毛织类
1	领围（领窝一周）	±0.6	±0.9	—	—
2	胸围（夹下2.5cm平量）	±0.9	±1.2	±2	±2.5
3	腰围（夹下最细处平量）	±0.9	±1.2	±1.2	±1.2
4	下摆围（平量）	±1.2	±1.8	±2	±2.5
5	下摆围（加橡筋）	—	—	—	±2.5
6	前胸宽（前幅两夹最细处）	±0.6	±0.9	±1.2	±1.2
7	后背宽（后幅两夹最细处）	±0.6	±0.9	±1.2	±1.2
8	肩宽（左肩点至右肩点平量）	±0.6	±0.9	±1.2	±1.2
9	衣长（量后中）	±1.8	±1.2	±2	±2
10	下摆边高	±0.3	±0.3	±0.6	±0.6
11	长袖长（后中至袖口）	±1	±1.2	±1.5	±1.5
	长袖长（肩颈点至袖口）	±0.6	±0.9	±1	±1
12	短袖长	±0.3	±0.6	±0.6	±0.6
13	袖口宽	±0.3	±0.6	±0.6	±0.6
14	袖级高/后领高	±0.3	±0.3	—	—
15	袖衩长	±0.3	±0.3	—	—
16	袖窿长（弯量）	±0.9	±0.9	±1.2	±1.2
17	夹直（袖窿直量）	±0.6	±0.6	±0.9	±0.9
18	袖臂围（夹底至袖中线垂直）	±0.6	±0.9	±0.6	±0.6
19	领宽	±0.3	±0.3	±0.6	±0.6
20	前领深	—	—	±0.6	±0.6

序号	部位	允差值			
		普通梭织类	洗水梭织类	针织类	毛织类
21	后领深	—	—	±0.3	±0.3
22	横领长/直领高	±0.3	±0.3	—	—
23	领尖长	±0.3	±0.3	—	—
24	领尖距	±0.3	±0.3	—	—
25	口袋位置	±0.3	±0.3	—	—
26	袋深	±0.3	±0.3	—	—
27	袋口宽	±0.3	±0.3	—	—
28	连衣帽高	±0.3	±0.3	±0.6	±0.6
29	连衣帽宽	±0.6	±0.6	±0.6	0.6
30	连衣帽脚围	±0.6	±0.6	—	—

表6-14 下装尺寸部位允许误差值

单位：cm

序号	部位	允差值				
		普通机织	洗水机织	针织裤/裙	弹力裤	内裤
1	腰围（平量）	±0.9	±1.2	±1.8	±1.2	—
2	腰围（半围-松量）	—	—	±0.9	±0.6	±1
3	腰围（全橡筋）	±2	—	±2.5	±2.5	—
4	上臂围（半围-腰头顶下7cm直量）	—	—	—	—	±1
5	臀围（直量）	±1.2	—	±2	-2；+1.2	—
6	臀围	±1.2	±2	—	—	—
7	前裆长	±0.6	—	±0.6	±0.6	±0.6
8	后裆长	±0.6	±0.9	±0.6	±0.6	±0.6
9	大腿围（裆底直量）	±0.6	±0.9	-1.2；+0.9	-1.2；+0.9	±0.6
10	膝围	±0.5	±0.9	-0.9；+0.6	-0.9；+0.6	—
11	裤脚口	±0.3	±0.6	-1.2；+0.9	-1.2；+0.9	—
12	长裤内长/下裆长	±0.6	±0.9	-1.2；+0.6	-1.2；+2	—
13	短裤内长/下裆长	±0.3	±0.6	-0.6；+0.3	-0.6；+0.9	—
14	长裤外长（连裤腰）	±0.9	±1.2	-1.5；+0.9	-1.5；+2	±0.5
15	短裤外长（连裤腰）	±0.6	±0.9	—	—	—
16	裙长	±1.2	—	-1.2；+0.6	-1.2；+2	—

序号	部位	允差值				
		普通机织	洗水机织	针织裤/裙	弹力裤	内裤
17	裙摆宽	±1.2	—	±2	-2；+1.2	—
18	脚高	±0.3	—	±0.3	±0.3	—
19	门襟长	±0.3	±0.3	—	—	—
20	拉链长	±0.3	±0.6	—	—	—
21	口袋位置	±0.3	—	—	—	—
22	口袋长	±0.3	—	—	—	—
23	腰头宽	±0.2	—	±0.3	±0.3	—
24	裤襻/裤耳长	±0.3	±0.3	—	—	—
25	裤襻/裤耳宽	±0.15	±0.15			

表6-15 服饰配件尺寸允差值　　　　　　　　　　　　单位：cm

序号	品种	位置	允差值
1	围巾	围巾长	±2
2		围巾宽	±1
3	手套	手腕长	±1
4		手腕宽（半围）	±0.6
5		手口宽（半围）	±0.6
6		腕边高（1.2cm或以上）	±0.6
7		腕边高（1.2cm以下）	±0.3
8	针织帽	帽长	±1
9		帽口（半围）	±1
10		帽身宽（半围）	±1
11		帽口高（1.2cm或以上）	±0.6
12		帽口高（1.2cm以下）	±0.3
13	女装袜子（20～22）	底长	-0.8；+0.5
14		总长	±1
15		袜口长（半围）	±1.5
16	男装袜子（22～24）	底长	-0.8；+0.5
17		总长	±0.7
18		袜口长（半围）	±0.8

款式较松弛的部位，在设定尺寸的基准时，上下限可适当放宽50%的范围。客户接收货品的允差值，只能在可接受的范围内整件成衣整体偏大或偏小，不能出现既有偏大又有偏小的现象出现，尤其是左右对称的部位，不可出现一边偏大一边偏小的极端趋势。例如，同一件成衣腰围小1cm，臀围大1cm，虽然单个部位的尺寸在允差值范围内，但是整件衣服尺寸偏差过度，所以应判其为不合格品。

3. 度尺基本要点

（1）首先应建立度尺的标准。成衣尺寸会因个人的手势不一致而出现量度后的结果有很大差异，所以只有共同协商，按照同一个要求，用统一的方法和手势进行量度，才能达成统一的规格尺寸。

（2）量度前，必须用客户或品牌公司的度尺要求，对度尺人员进行专业的度尺标准与手势培训。

（3）量度前必须仔细阅读生产制单或客户批核评语的要求，了解各个部位的量度方法与要求。这是获取准确尺寸的关键点。

（4）由于面料的特性不一致，如果把握不当，量度后的尺寸也会出现很大的误差。为确保尺寸无偏差，要求成衣熨烫后，静置一段时间（T恤3小时，毛衫8小时）后再量度。

（5）为确保量度的准确性，服装要铺平桌子上呈自然状态，需要量度的部分摊开呈纸样的平面形状，不能用手带紧量度。

（6）量度弧线、圆形部位时把尺子竖起，沿着弧线量度。

（7）做工复杂或款式特殊的成衣要按严格板单或客户评语的要求进行量度。

（8）如果有不清晰的地方，应马上与商品开发部或客户联系，直到完全弄清楚以后，才能继续复核样板。

四、服装测量方法

1. 上衣测量方法

（1）衣领：测量前，摊平衣领，用软尺测量各部位尺寸（图6-8）。

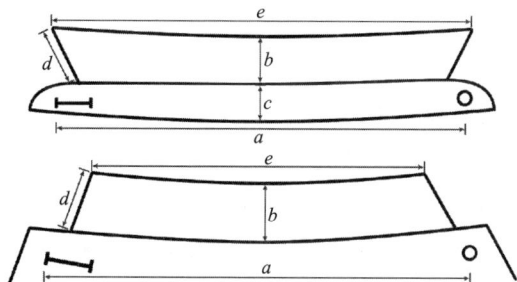

图6-8　衣领测量方法

①领围a：指扣眼前边到纽扣中心的距离，测量时解开纽扣，摊平领子，水平进行测量。

②翻领高b：测量时可将纽扣打开或闭合，在翻领后中位测量。

③领座高c：将纽扣打开并摊平领子，在底领后中测量。

④领尖长d：测量从领角点到缝份的距离。

⑤翻领上口长e：铺平领子，测量翻领外边的长度。

（2）**上衣前片**：正对衣服前片，铺平需测量的部位进行测量（图6-9）。

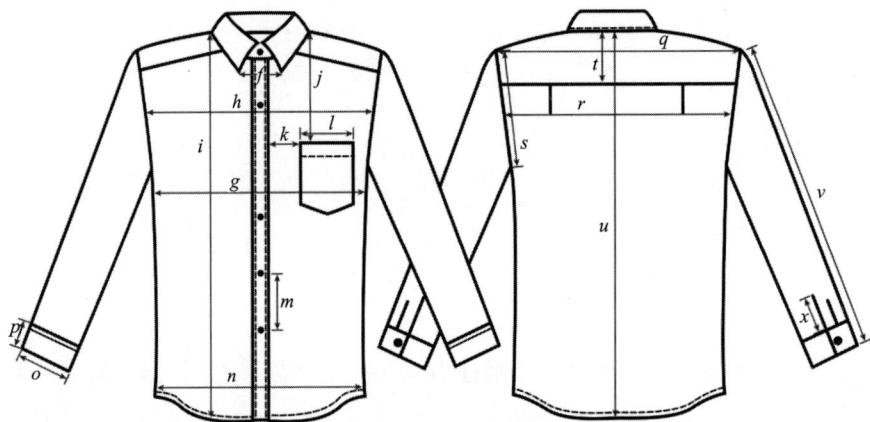

图6-9 男装衬衫尺寸测量方法

①领尖距f：将纽扣闭合并适当翻压摊平领子，测量两领尖之间的距离。

②胸围g：扣好纽扣摊平前后片，在袖窿底部或向下2.5cm的位置水平测量（全围或半围计算）。

③胸宽h：测量两袖窿弧线之间的最短距离。

④前衣长i：肩颈点到前下摆的垂直距离，注意前后肩位要放平顺，测量时尺子要垂直衣摆底边。

⑤袋位高j：从肩颈点往下垂直量到袋口的距离，注意男装衬衫的肩颈点要定位准确，测量时要垂直袋口。

⑥袋位宽k：测量袋边到纽扣之间的距离，或测量袋前中线到前襟边缘之间的距离。

⑦袋口宽l：测量袋口的宽度。

⑧纽距m：测量两纽扣之间的距离。

⑨下摆围n：衣服铺平，测量下摆侧缝之间的直线距离（半围计算）。

⑩袖口宽o：扣合袖口纽扣，铺平袖口位，测量宽度。

⑪袖头高p：测量袖头的高度。

（3）**上衣后片**：正对衣服后片，铺平需测量的部位进行测量。

①肩宽q：扣合服装纽扣，反面铺平，测量两肩端点之间的距离。

②后背宽r：铺平衣服，测量两袖窿弧线之间的最短距离。

③袖窿深s：铺平袖窿位，测量肩点到袖窿底的弧线距离。

④后中过肩高t：铺平后背与领位，从后领底中点起向下垂直测量。

⑤后中衣长u：铺平后片，向下垂直测量从后领底中点到下摆的长度。

⑥袖长v：铺平袖身，尺子沿着袖边直向测量肩端点到袖口的长度。

⑦袖开衩长x：量取袖衩开口的长度。

2.毛衫测量方法

由于毛衫类针织服装弹性大，测量时应用钢尺进行测量，同时注意测量手势，不能拉伸衣服，以免服装变形而影响测量准确性（图6-10）。

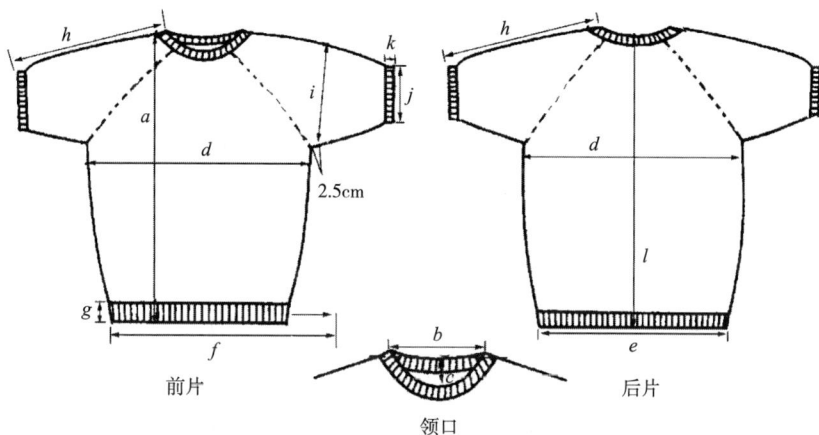

图6-10　套头针织衫测量方法

（1）**前片**：套头类针织服装可从前片测量。铺平衣服，正对前片进行测量。

①前衣长a：从肩颈点向下垂直测量至下摆的距离。

②领口宽b：测量领口的最大跨度。

③前领口深c：测量后领圈中位到前领圈中位之间的距离。

④胸围d：在袖窿底部或下2.5cm的位置水平测量（全围或半围计算）。

⑤下摆放松围e：在自然铺平状态下，测量下摆处侧缝之间的距离（全围或半围计算）。

⑥下摆拉伸围f：下摆拉伸到最大尺寸时，测量下摆处侧缝之间的距离（全围或半围计算）。

⑦下摆底边高g：下摆底边到衣身接缝处的距离。

⑧肩袖长h：测量由肩颈点到袖口底边的距离，注意尺子要沿着袖边直向量。

⑨袖肥i：袖窿下2.5cm处为起点，垂直袖中线或平行袖口线测量。

⑩袖口宽j：测量袖口的宽度。

⑪袖头高k：测量袖头边到袖子接缝处的距离。

（2）**后片**：针织类服装需要从后片测量的尺寸较少，有些订单会要求测量后衣长。测量时正对后片，铺平衣服，测量从领底中点到下摆的距离。

3. 长裤的测量方法

测量长裤时，摊平需要测量的部位，正对测量部位，用软尺进行测量（图6-11）。

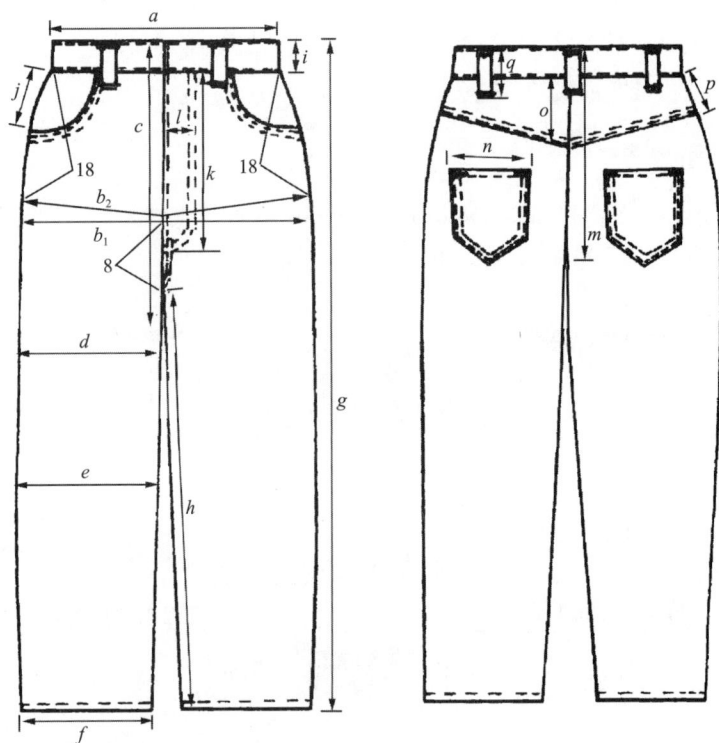

图6-11 长裤测量方法

（1）**前片**：扣好裤扣，拉合拉链，铺平长裤，正对裤子前片进行测量。

①腰围 a：横向测量裤腰上口宽的长度（全围或半围计算）。

②臀围 b_1（横度）：裆底点上8cm臀围线处横向测量，注意有褶裥的裤子需稍微用力拉开褶裥测量（全围或半围计算）。

③臀围 b_2（V度）：裆底点上8cm或腰线下18cm臀围线处V字测量，如牛仔裤一般采用V度方式测量（全围或半围计算），如图6-12所示。

④前裆长 c：由前腰头顶部到前裤裆顶之间的距离（含腰头），注意不要过分拉伸，应沿着前裆缝进行测量。

⑤股上围 d：在裤裆底向下

图6-12 牛仔裤腰臀测量方法

2.5cm处，以平行于裤脚底边的方式测量（全围或半围计算）。

⑥膝围e：在裤裆底向下40cm横向测量（全围或半围计算）。

⑦裤脚围f：在裤脚底边测量裤脚口的宽度（全围或半围计算）。

⑧裤外长g：测量腰头上口至裤脚底边的距离，尺子要沿着侧缝直向量。

⑨裤内长（下裆长）h：由裤裆底测量至裤脚底边的距离。

⑩腰头宽i：测量腰头的高度。

⑪前袋口长j：测量前袋口的长度。

⑫门襟长k：测量从前腰口底处至门襟底边缝线的垂直距离。

⑬门襟宽l：门襟边到门襟外明线之间的距离。

（2）**后片**：扣合裤扣，拉合拉链，铺平长裤，正对裤子后片进行测量。

①后裆长m：由后腰头上口到后裆底之间的距离，注意要沿着后裆缝线测量，且不能过分拉伸。

②后袋口宽n：测量后袋口的宽度。

③机头后中高（牛仔裤类）o：在后裤裆缝测量拼接机头后中的高度。

④机头侧缝高（牛仔裤类）p：在侧缝测量机头侧缝的高度。

⑤裤串带长q：测量裤串带的长度。

4. 半身裙测量方法

测量半身裙时，要铺平需测量的部位，正对测量部位，用软尺和皮尺进行测量，如图6-13所示。

（1）**后片**：扣好裙子的纽扣，拉合拉链，铺平裙子，正对裙子后片进行测量，主要测量项目如下。

①腰围a：在腰头上口横向测量腰围的宽度（全围或半围计算）。

②腰头高b：测量腰头的高度。

③臀围c：从后腰口下15cm横向测量（全围或半围计算）。

④门襟（开口）长d：从后腰口向下测量开口的长度。

⑤裙长e：由后腰头上口垂直测量至下摆边的距离。

⑥省道长f：由腰口向下测量省道的长度。

⑦下摆围g：测量裙子下摆边的弧线长度（全围或半围计算）。

（2）**前片**：前片测量项目（如腰围、臀围、裙长等）的测量方法与后片测量方法基本相同。

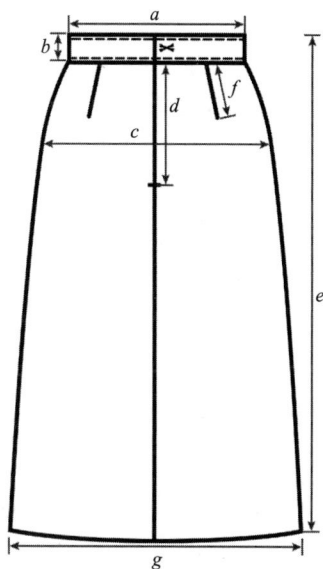

图6-13　半身裙测量方法

5. 连衣裙测量方法

量连衣裙尺寸时，要铺平需要测量的部位，正对测量部位，用软尺进行测量，如图6-14所示。

图6-14 连衣裙测量方法

（1）**前片**：扣好纽扣，拉合拉链，将裙子铺平，正对连衣裙前片进行测量，主要测量项目如下：

①前衣长a：测量由前侧领点至裙子下摆边的垂直距离。

②胸围b：袖窿下2.5cm处横量两侧缝之间的距离（全围或半围计算）。

③腰围c：测量腰节处两侧缝之间的最短距离（全围或半围计算）。

④臀围d：腰节线下18cm横向测量两侧缝之间的长度（全围或半围计算）。

⑤下摆围e：测量裙子下摆边的弧线长度（全围或半围计算）。

⑥领口宽f：测量领口两边顶点间的水平距离。

⑦前领口深g：测量肩领中点到前领窝最低点的直线距离。

⑧袖窿深h：测量肩端点到袖底之间的直线距离。

⑨袖长i：沿袖中线测量肩端点至袖口边的距离。

⑩袖口宽j：测量袖口边的宽度。

⑪小肩宽k：沿肩缝测量领口边点至肩端点之间的长度。

⑫前省道长l：测量前片腰节省道的长度。

（2）后片：扣好连衣裙的纽扣，拉合拉链，铺平裙子，正对连衣裙后片进行测量。

①后衣长m：由后领口中点沿后中缝至裙子下摆边的垂直距离。

②后中拉链长n：在后领口中点沿后中缝向下测量拉链开口的长度。

③肩宽o：测量两肩端点之间的直线距离。

④后省道长p：测量后片腰节位省道的长度。

衬衫、牛仔裤、圆领T恤、毛衫的度尺方法扫描"教学资源"编号6-6二维码可见。

【案例分析六】砂洗羊绒衫的质检要点

需要砂洗的羊绒衫容易出现砂道、死褶印、披裂等疵点，所以要特别注意对羊绒衫砂洗色光效果的控制。

1.同一批羊绒衫使用的原白纱线要保证同一批号，以免影响染色效果。

2.要放宽色差板的范围。

3.每一批订单都要另附织片，以便染色、砂洗时调整工艺和修补。

4.砂洗工艺对羊绒衫会有一定的磨损，洗水前后都要认真检查，尤其是染洗前的白坯成衣，必须确保没有任何破损的疵点，以免砂洗后磨损严重。

5.试制样板时，必须做好染前染后成衣尺寸和重量的记录，以及染色砂洗的处方记录，确保批量染洗的工艺方法完全一致。

【实践训练一】

以一款男装翻领Polo针织衫为例，编制一份生产制单。

1.设计并绘出一款翻领Polo针织衫的生产图样。

2.设计生产制单表，并将生产所需资料填写在生产制单上，制单的内容包括基本资料、尺码与数量分配、面辅料、制作工艺、熨烫包装要求等。

3.试分析从接单、制板到整个生产过程中会遇到什么问题？要注意些什么？怎么样防范或解决？

【实践训练二】

以一款针织上衣和一条五袋款牛仔裤为例，进行尺寸测量的实际操作，填写相关尺寸测量报告，并界定出哪些部位为严重疵点区域和普通疵点区域。

【实践训练三】

以一款女装包臀及膝裙为例，绘制一份成品质量检查报告，并详细列出该款成衣在初期、中期、尾期检查工作的具体内容。

第七章

船务跟单

船务跟单员只有熟练掌握国际贸易中的运输与结算方式，才能根据外贸合同或订单要求，提前准备好各种相关资料，并按照货物付运和结算流程进行跟踪管理。

【开篇引例】

某日，德国汉堡 F 银行开来远期信用证，金额为 96900 美元，信用证中规定货物描述为：

Men's anoraks（男装夹克衫）

Lot 1）6,000 Pieces ABGL 111（第一批　6000件，批次号 Abgl 111）

Lot 2）6,000 Pieces ABGL 112（第二批　6000件，批次号 Abgl 112）

来证还规定单证寄开证行，到期日向其纽约分行索汇。

9月24日受益人交议付行单据一套，经审单无误，遂向开证行寄单并向偿付行索汇。半个月后，议付行收到德国开证行来电称，由于发票与装箱单有不符点，开证人拒收单据，故开证行表示拒付。议付行经与受益人查对，发现各项单据已按信用证要求列明数量，只是在货物总数量的表诉中未能列明全部规格，即：Men's anoraks　400 cartons = 12,000 Pcs, Abgl 111（此处漏写 Abgl 112）。

上述差错实属微不足道，但开证人抓住这一不符点坚持拒付。后经了解，实际情况是开证人经营不佳，面临倒闭，恰逢此不符点，拒不赎单。议付行经与出口公司联系后，只得将已获索汇款退回，并退赔利息2254美元，授权开证行将单据无偿交给另一进口商而告终。

思　考 | 船务跟单中怎样做才能避免案例中的损失？

提　示 | 贸易术语；单据细节。

第一节　成衣出货跟单

为了保证订单产品准时运输，批量生产进入包装阶段时，跟单员需开始跟进出货的工作安排。成品出货跟单流程如图7-1所示。

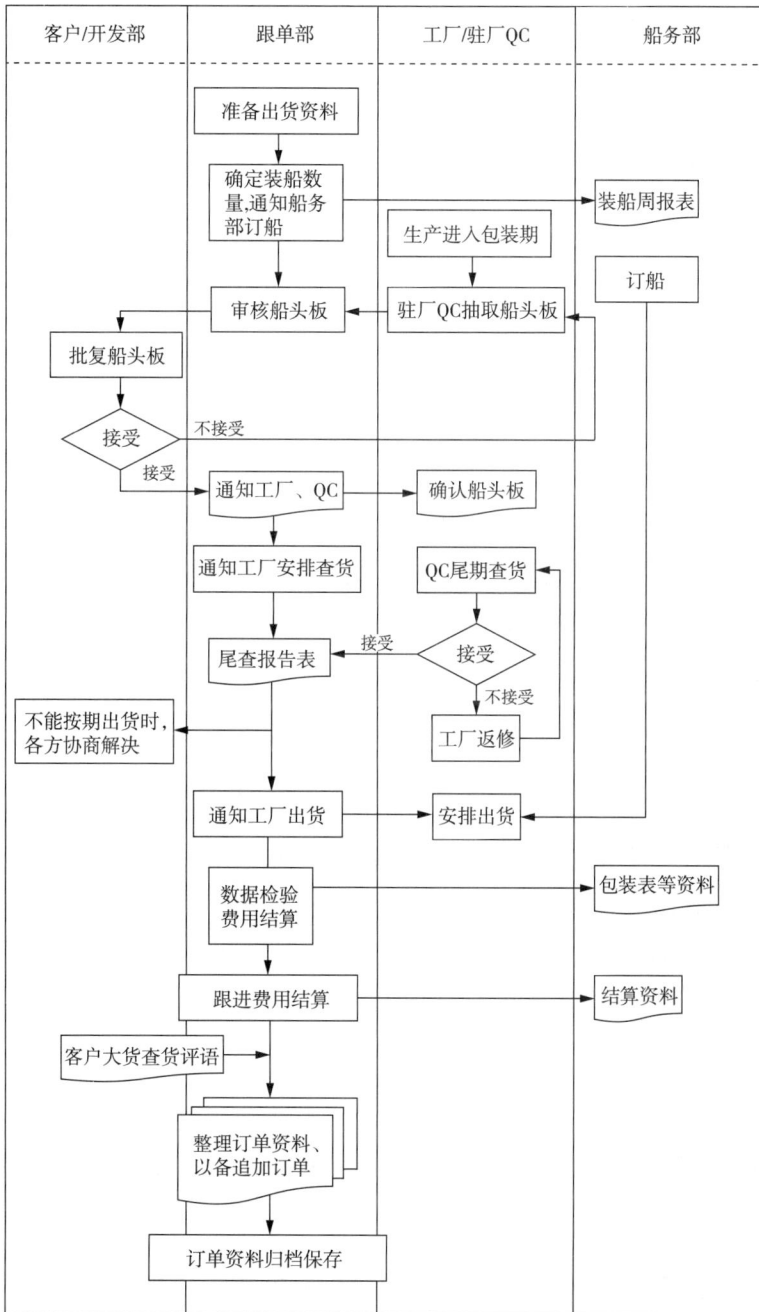

客户/开发部	跟单部	工厂/驻厂QC	船务部
	准备出货资料		
	确定装船数量,通知船务部订船	生产进入包装期	装船周报表 / 订船
批复船头板	审核船头板	驻厂QC抽取船头板	
接受	通知工厂、QC	确认船头板	
	通知工厂安排查货	QC尾期查货	
	尾查报告表 接受	接受 不接受	
不能按期出货时,各方协商解决		工厂返修	
	通知工厂出货	安排出货	
	数据检验费用结算		包装表等资料
	跟进费用结算		结算资料
客户大货查货评语			
	整理订单资料、以备追加订单		
	订单资料归档保存		

图7-1　成品出货跟单流程

一、收集出货资料

成品尾查合格后，可以开始准备出货资料。出货需要的资料有：加工厂提供的包装明细表、货柜预定计算单、装船周报表等。

出口贸易的订单，通常船务部需在货品入客仓前10天订船期或火车。出货资料确认无误后需尽快转送给船务部，用于租船订舱或预定货柜。

通常在出货前8~10天，工厂必须提供大货纸箱尺寸及净重、毛重资料给船务部的同事，准备做出货计划的安排，然后跟催工厂的装箱单。收到装箱单后，与商业发票核对无误后，再提供给船务部的同事。

二、出货安排

贸易公司的跟单员根据QC品管员的尾期查货报告，向工厂发一份出货批准书，双方签名确认该订单没有任何品质问题后，才能出货。

1. 租船订舱

出货前，催促工厂准备好装箱单、商业发票和准备发货的货品，并在出货前3~4天联系运输公司发货事宜。如果由工厂直接出口，则直接与船运公司联系；如果需通过贸易公司出口，则与外贸公司联系，确认发货时间，再由贸易公司联系运输公司。

2. 商检

货品备妥以后，根据约定条件或国家规定，向商品检验机构申请相关出口商品检验流程，等待商品检验合格，获得商检合格证书并予以放行后，商品才能发货。

3. 装船发货

选择好运输货柜以后，出货前一天把装箱表分发给生产部人员，安排出货工作。出货当天，跟单员需：跟踪货柜车是否已经按时抵达工厂的时间；清点货品装车/装船前的数量，并核对出货单；填写提货单，并与司机交接货运工作；所有出货工作安排妥当后，通知工厂放行。

4. 投保通关

给货品买保险，报关通关，完成货物出口报关需要准备的单据与退税等工作。

5. 通知客方

告知客户该批货品抵达的时间，通知客户准备收货和提交尾款等事项。

6. 发货后的跟踪

货品发出以后，跟单员还需跟踪：货品运输状态跟踪与信息反馈；客户收货跟踪与售后服务跟踪；出货统计分析；交货期达标率统计与分析等。

三、审核货款结算资料

货物装船出运后，跟单员应按照信用证、合同和其他单据，在规定有效期内，及时交银行结汇❶。

客户接到货品后，跟单员应收集工厂、客方提供的货物清点、查验、结算等文件资料，以及加工厂、辅料供货商开出的发票，向客户提供的发票，向工厂转开的信用证、海关报关、商检报验等资料，交跟单主管审核确认，并将资料转送财务部，作为货款结算的凭据。

四、资料存档

完成订单生产后，跟单员需对跟单过程中的所有资料进行整理，并妥善保管，以便检讨工作、总结跟单经验。

封存资料应注明组别、客户、资料名称等。重要电子文件需各份另存。

第二节　贸易运输跟单

一、物流运输方式

国际货物贸易的运输方式以安全、及时、节省为原则。跟单员应根据订单上的条款跟进产品的运输，以保证货品能安全平稳地送达客户指定目的地。

1. 运输包装方式

根据物品不同的包装形式，可以分为以下几种运输方式：

（1）**袋装运输**：是指将货品装入纸袋、胶袋或编织袋中，以邮寄或快递的形式交到收货人手里的包装运输方式，适用于服装样板、面辅料确认卡和高级时装等量少的货品投寄。

（2）**箱体运输**：是指货品装入纸箱或木箱后，通过海运或陆运的方式运送到目的地的

---

❶ 结汇：是指出口收到外汇后，带着出口报关单的出口结汇联，或者其他外汇合法收入的证明材料，到银行将外汇兑换成人民币的过程。

包装运输方式。其中纸箱适用于质轻产品的短途陆路运输，木箱适用于重型产品的长途海洋或陆地运输。

（3）**集装箱运输**：是以集装箱大型容器为载体，将货物组装成集装单元，中途更换车、船时，无须将货物从箱内取出换装，以便在现代流通领域内运用大型装卸机械和大型载运车辆进行装卸、搬运的运输，从而更好地实现货物"门到门"运输的一种高效率、高效益的现代运输方式，适用于多种运输方式的联合运输。

集装箱运输可分为整箱装运（Full Container Load，FCL）和拼箱装运（Less than Container Load，LCL）两种装箱方式。其优势主要有：

①减少传统运输中人力装卸、搬运的次数，保证货物运输安全，避免人为和自然因素造成的货物破损、丢失等事故，减少经济损失。

②简化或不用运输包装，节省包装费用，降低商品成本，同时也节省了货物的运输空间和运输成本。

③以箱作为货物的运输单元，减少了繁杂的作业环节，简化了货运作业手续，节省了码头的停靠工作时间，加速了车船的周转和货物的送达效率。

④以箱运输装卸方便、效率高，运输产能机械化、自动化程度高。

⑤货损、货差大为减少，货物保险费也随之下降，节省了仓库的建造费用和仓库作业费用，降低了企业的运输成本和运营费用。

【案例分析一】合理确定出货方式

9～10方以下的货品是以拼箱还是整柜出货更合适？

分析1：作为发货人，9～10方的货品选拼箱更便宜；对收货人而言，整箱更划算，因为目的港拼箱会产生换单、拆箱、入仓等费用。

分析2：不同的港口、不同的货代公司，拼箱收费均有所差异。如果拼箱走的是高退的港口则比较麻烦，应比较起运港、目的港所有费用综合比较。

分析3：拼箱的随意性比较大，可变因素比较多，而且投诉的通常都出自拼箱订单。

建议1：一般小于10方会选拼箱，10～15方的拼箱整箱均可，15方以上可以整箱发货。无法确定的，建议把拼箱、整箱目的港的费用都报给客户，让客户自己选择。

建议2：为了避免投诉，发货人选用拼箱前，须得到收货人的确认，并提前确认好费用并显示在提单上，以免影响后续的合作。

建议3：拼箱出的是货代提单，发货人和收货人都不用与船公司直接接触。所以最好选用客户指定的货代或自己找优质的货代，并让货代把起运港、目的港的散货、柜货等所有费用做比价。

建议4：拼箱确定前，须考虑拼箱的季节性特点和远期贸易的负面影响。例如春节前后，各港口的仓位都非常紧张，9～10方的拼箱容易出现无法出货而积压货品的现象。所以，不稳定时期，不能只考虑价格来决定整箱或拼箱。

建议5：拼箱出货尽量不要指定船公司，以免办理托运时无法满足指定船公司的要求而无法出运货物。

2. 运输途径

根据不同的运输途径，可以分为以下三种运输方式：

（1）**海洋运输**：优点是运量大、运费低，而且不受路轨路面的限制，在国际贸易中广泛使用。但海洋运输航行速度较慢，易受暴风、冰封等天气条件的影响。

海洋运输按船舶的经营方式，可分为班轮运输和租船运输两种。

①班轮运输（Liner shipping）：特点是有固定的停靠港口，船舶按船期表航行，开航和到港时间比较固定，船运公司按预先公布的班轮运价表收取运费，运费率固定。班轮运输的货物装卸由船东负责，装卸费已经包含在运费之中。发货人和收货人不安排码头作业，码头作业的速度和发货人、收货人无关，所以班轮运费没有滞期费和速遣费❶。除非另有协议，一般在货种、数量上不作限制。承运人的责任以签发的班轮提单条款为依据。

②租船运输（Charter shipping）：是指租船人向船东租赁船舶运输货物的业务，主要有租赁整船和租赁部分舱位两种方式。租船运输有定程租船、定期租船和光船租船三种形式：定程租船是按航程租船支付费用，主要包括程租船运费、装卸费及速遣费、滞期费（表7-1）；定期租船是指按时间计算，租船运费付给船舶拥有者；光船租船只提供船舶的租赁，不具有承揽运输性质，只相当于一种财产租赁。

表7-1 定程租船装卸费用的分类

术语	费用划分
FIO	船方不负责装卸费
FIOST	船方不负责装卸费、平舱费、理舱费
Liner Term	船方负责装卸费
FI	船方负责卸载费，不负责装船费
FO	船方负责装船费，不负责卸载费

（2）**陆路运输**：主要包括铁路运输和公路运输。

①铁路运输：具有高度的连续性，优点是几乎不受天气的影响、速度较快、运量较大、风险较小。但铁路运输仅局限于有铁路相连且有贸易运输协定的国家和地区。

②公路运输适合数量较少、路途较短的城际间货物运输，以及铁路、飞机或轮船无法抵达的地方性运输。

---

❶ 速遣费：付钱给货主，由货主负责装卸。

（3）**航空运输**：优点是交货迅速、运输包装及储存费用较低，但运输量较小、运费昂贵，适用于量少、质轻、贵重、急需的商品运输。对于时效性较强的订单，或由于延误了船期需要赶时间的货物则只能选择航空运输。

航空运输的运营方式有：

①班机运输：是指定期开航，有固定的始发站、到达站和途经站的定航机。班机运输有集中托运和航空急件传送两种方式：集中托运是指航空货运代理公司把若干批单独发运的货物组成一批向航空公司办理托运，以期争取较低的运价；航空急件传送是目前货机航空运输中最快捷的运输方式，由一个专门的业务机构与航空公司密切合作，由专人用最快的速度在货主、机场、收件人之间传送急件。

②包机运输：可以分为整架包机和部分包机两种形式。航空运输的承运人是航空货物运输业务中的实际承运人，可以是航空货运代理公司的代理、航空公司的代理或货主的代理，负责办理从起运机场至到达机场的运输，并对全程运输负责；航空运单是承运人与托运人之间的运输合同，也是承运人收到货物后出立的货物收据。货物运抵目的地后，承运人发出"到货通知"，收货人凭"到货通知"及有关证明提取货物并在货运单上签收。航空运单不是代表货物所有权的证件，不能背书转让，也不能凭此向承运人提取货物。

（4）**联合运输**：是指采用两种或两种以上的运输方式，以完成某项运输任务的综合运输方式。如采用陆空联运、陆海联运、海空联运等。联合运输按地域分为：国内联运和国际联运两种。国内联运较为简单，国际联运是在集装箱运输的基础上，以至少两种不同的运输方式联运合同，由多式联运经营人将货物从一国运至另一国交付货物的运输方式，适用于水路、公路、铁路和航空多种运输方式。

3. 运输承运人

承运人是指本人或委托他人以本人名义，与托运人订立货物运输合同的人。在货运合同中，承运人的责任主要是保证所运输的货物按时、安全地送达目的地。因此，承运人应对货物在运输过程中发生的货物灭失、短少、污染、损坏等负责。根据不同的承运人，可以分为以下两种运输方式：

（1）**邮政运输**。采用邮政运输方式，卖方只需将货物包裹按合同规定交付邮局，付清邮费并取得收据即可。但邮政运输对包裹的体积和重量有一定的限制，而且价格也较贵，适用于仪器、零件、工具、药品等小件物品以及急需物品的投寄。

我国与许多国家和地区都签订了邮政包裹协议和邮电协议，对这些国家和地区的邮政运输可以按有关协定的规定办理。

（2）**承接运输**。是指由托运人负责在其住地或货仓内交承运人验收后，由承运人负责运输到收货人的货仓交箱为止的全程连线运输。是一种高效率、高效益和非常便利的运输方式。承接运输分为"门到门"和"仓到仓"两种，其中邮包运输和快递运输可以做到

"门到门"，适合小件物品，海洋运输和铁路运输能做到"仓到仓"，适合大件物品，量大的货品可以装载集装箱后再交给承运人运输。

4. 运输术语简称

（1）CFS（Container Freight Station）集装箱货运站。

（2）CY（Container Yard）集装箱／货柜堆场。

（3）TEU（Twenty-feet Equivalent Units）20英尺的集装箱相等的换算单位（用来计算货柜量的多少）。

（4）C/O（Certificate of Origin）原产地证。

（5）MB/L（Master Bill of Lading）船东单。

（6）B/L（Bill of Lading）海运提单。

（7）MTD（Multimodal Transport Document）多式联运单据。

（8）NVOCC（Non-Vessel Operating Common Carrier）无船承运人。

（9）S/C（Sales Confirmation）销售确认书／（Sales Contract）销售合同。

（10）S/O（Shipping Order）装货指示书。

【案例分析二】无奈的航空运输

A订单到尾查时发现，服装纽扣的表面很多被刮花，纽扣质量不过关。此时，如果等待扣厂发货更换，肯定会影响整批货的交货期。最后的解决方案是：采用联合运输，即合格品按原计划用海洋运输，其余产品修改好后用航空运输，航空运费由扣厂承担。

B订单通过尾查后，计划当天下午16:00装车。但货车来厂途中遇到交警查车而延误了出货时间。到达客方码头仓库时迟到了30分钟以上，客户不予收货装船。最后只好改用航空运输。

C订单的服装钉珠款式要求用磨砂珠片和光身珠片混排，但是做测试时发现，磨砂珠片测试不过关，经客户同意全部改用光身珠片订。但由于复核样板和返修耗时过长而影响了船期，最后只能改用航空运输。

分析与建议：

1.与客方签订的合同中，如果有明确规定迟交货品会面临沉重的罚款，则航空运输可以减少合同扣罚的损失。

2.企业声誉比金钱更重要，遇到时间紧迫的订单，为了能按时交货留住客源，即使亏钱也要用航空运输发货。

二、贸易价格术语

贸易价格术语是国际贸易中价格条件和运输方式的专门用语，通常用缩写的英文字母表示商品的价格构成，包含买卖双方各自应办理的手续、承担的费用与风险以及货物所有权转移的界限，目的是使合同条款更简化、更标准。外贸跟单员和船务跟单员必须熟练掌握各种贸易价格术语，才能合理洽谈合同条款，确保货品按客户要求顺利运输到位。

1. FCA（Free Carrier）货交承运人

FCA指卖方将货品经出口清关后，在交货期和指定地点交给买方指定的承运人监管，并负担货物承交以前的一切费用和货物灭失、损失风险。而买方必须自负签订从指定地点发运货物的合同等费用，并将有关承运人的名称、要求时间和地点通知卖方；负担货物交承运人后的一切费用和风险；负责按合同规定收取货物和支付货款。卖方对订立运输合同并无义务。FCA适用于铁路、公路、海洋、内河、航空运输和多式联运方式。

2. FAS（Free Alongside Ship）装运港船边交货

FAS指卖方在指定的装运港码头或驳船内将货物交至指定的船边，履行其交货义务。卖方不办理出口结关手续，也无订立运输合同与保险合同的义务。但如果买方要求且卖方未做拒绝，则卖方应代为订立运输合同。风险转移以在指定装运港将货物交至指定船边时为分界点，费用划分与风险转移的分界点一致，FAS仅适用于海运或内河运输。

3. FOB（Free on Board）装运港船上交货

FOB也称"船上交货价"，指卖方必须按合同规定供应货物及提供有关单证，如提单、原产地证明书、检验证书等，在规定的日期和装运港把货物装上指定船只，并通知买方投保。卖方负担装船前的一切费用，承担货物装船时越过船舷以前的一切风险。买方必须负责租赁货船和预定舱位，并及时通知卖方船名、停泊地点及装船日期；负担货物装运后的一切费用；承担货物越过船舷之后的一切风险；负责为货物投保并负担保险费用；接收卖方提供的单证并支付货款。FOB适用于海运或内河运输。

4. C&F/CFR（Cost and Freight）成本加运费

C&F也称CNF，为成本加运费（指定目的港），是指在装运港船上交货，卖方需支付将货物运至指定目的地港所需的费用。卖方必须按合同规定供应货物及提供有关单证，如提单、原产地证明书、检验证书等；负责租船订舱，并在规定时间内将货物装船。装运后必须在第一时间通知买方投保；负担装船前的一切费用，承担货物装船时越过船舷以前的一切风险。但货物的风险是在装运港船上交货时转移。买方须负责对货物投保并支付保险费；负担货物装运后的一切费用；承担货物在装运港越过船舷之后的一切风险和开支；接收卖方提供的单证并支付货款。C&F/CFR适用于海运或内河运输。

5. CIF（Cost Insurance and Freight）成本加保险费加运费

CIF为成本加保险费加运费（指定目的港），指卖方必须按合同规定供应货物及提供有关单证，如提单、原产地证明书、检验证书、保险单等；负责租船订舱，并在规定时间内将货物装船；装运后通知买方；负责对货物投保并支付保险费；负担装船前的一切费用，承担货物装船时越过船舷以前的一切风险。而买方必须负担货物装运后的一切费用；承担货物在装运港越过船舷之后的一切风险；接收卖方提供的单证并支付货款。公式：

$$CIF（到岸价）= CFR 价 /（1-投保加成 \times 保险费率）$$

CIF 适用于海运或内河运输。

6. CPT（Carriage Paid To）运费付至目的地

CPT 指卖方必须按合同规定供应货物及提供有关单证，支付货物运至指定目的地的运费；在货物被交由承运人保管时，无延迟地通知买方。而买方必须负担货物交承运人后的一切费用和风险；负责按合同规定收取货物和支付货款。CPT 适用于铁路、公路、海洋、内河、航空运输和多式联运方式。

7. CIP（Carriage and Insurance Paid To）运费、保险费付至目的地

CIP 指卖方必须按合同规定供应货物及提供有关单证，并在规定时间内将货物交承运人；负责对货物投保并支付保险费；负担货物运至指定目的地的运费；承担货物交承运人以前的一切风险支付和费用。而买方必须负担货物交承运人后的一切费用和风险；负责按合同规定收取货物和支付货款。CIP 适用于铁路、公路、海洋、内河、航空运输和多式联运方式。

8. DDP（Delivered Duty Paid）完税后交货

DDP 指卖方将货物交付至进口国的指定地点，履行其交货义务；应办理出口结关手续和进口国的进口结关手续。风险转移以在进口国指定地点将货物置于买方支配之下时为分界点；费用划分与风险转移的分界点一致。DDP 适用于各种运输方式。

9. EXW（Ex Point of Origin）工厂交货

EXW 指出厂价，卖方在其所在地工厂或仓库将货物交付买方，履行其交货义务。工厂只要按时完成货物等客人来取即可，其余一切与工厂无关。卖方不承担货物装卸费与运费；不办理出口清关手续；卖方无订立运输合同与保险合同的义务。风险转移以在指定的交货地点将货物置于买方支配之下时为分界点；费用划分与风险转移的分界点一致。EXW 适用于各种运输方式，包括多式联运。

10. DAT（Delivered At Terminal）目的地的集散站交货

DAT 是指卖方在指定港口或目的地的运输终端实质性交货，且卖方要负责将货物从到达的运输工具上卸下。交货地点虽然不再受码头的限制，但卖方承担的责任仍是将货物交到合同约定的运输终端。如果双方希望由卖方再将货物从运输终端运到另外的地点，并承

担其间的风险和费用，则应当使用DAP或DDP术语。DAT适用于任何运输方式。

11. DAP（Delivered At Place）目的地交货

DAP即目的地实质性交货。卖方在指定目的地交货，并承担交货前的风险，但不负责将货物从到达的运输工具上卸下。在将货物运至目的地过程中涉及的所有费用和风险由卖方承担。卖方签订运输合同与买卖合同时应注意相关交货地点的协调。买卖双方应清楚列明指定目的地的交货地址，如果交货地点还无法确定，卖方可以在指定目的地选择最适合其目的地交货点。DAP适用于任何运输方式。

由于整个运输过程的风险要由卖方承担，卖方通常会通过投保规避货物运输风险。如果买方希望由卖方办理进口所需的许可或其他官方授权，以及货物进口所需的一切海关手续，包括支付所有进口关税，则应该使用DDP术语。

12. 其他价格术语简称

（1）BAF（Bunker Adjustment Factor）燃油附加费。

（2）CAF（Currency Adjustment Factor）货币贬值附加费。

（3）DDC（Destination Delivery Charges）目的港交货费。

（4）DOC（Document Charges）文件费。

（5）EPS（Equipment Position Surcharges）设备位置附加费。

（6）M/T（Measurement Ton）尺码吨（即货物收费以尺码计费）。

（7）W/T（Weight Ton）重量吨（即货物收费以重量计费）。

（8）W/M（Weight or Measurement ton）即以重量吨或者尺码吨中从高收费。

（9）O/F（Ocean Freight）海运费。

（10）ORC（Origin Receive Charges）本地收货费用。

（11）PSS（Peak Season Sucharges）旺季附加费。

（12）PCS（Port Congestion Surcharge）港口拥挤附加费。

（13）THC（Terminal Handling Charges）码头操作费。

（14）YAS（Yard Surcharges）码头附加费。

三、使用国际术语应注意的事项

1. FOB术语注意事项

（1）我国外贸企业应严格按出口合同规定装运货物，制作单据，以防止买方找到借口拒付货款。

（2）国外代收行最好不由进口人指定，如果确实有需要，应事先征得托收行的同意。

（3）对贸易管制和外汇管制较严的国家，在使用D/P方式时要特别小心谨慎。

2. CIF术语注意事项

（1）按CIF术语成交，虽然由卖方安排货物运输和办理货运保险，但卖方并不承担"保证把货送到约定目的港"的义务，因为CIF是属于装运交货的术语，而不是目的港交货的术语，也就是说CIF不是"到岸价"。

（2）CIF到岸价即成本加保险费加运费，是指在装运港被装上承运人船舶时即完成交货。由卖方订立保险合同并支付保险费。买方应注意，CIF术语只要求卖方投保最低限度的保险险别，若买方需要更高的保险险别，则需要与卖方明确达成协议，或者自行做出额外的保险安排。

3. C&F/CFR术语注意事项

（1）**卖方应及时发出装船通知**：按CFR条件成交时，由卖方安排运输，由买方在货物装船之前，即风险转移至买方之前，就应及时向保险公司办妥保险。因此卖方装船后务必及时向买方发出装船通知。如果买方无法及时办理货运保险，则卖方要承担违约责任，或承担货物在运输途中的风险和损失。尽管在FOB和CIF下，卖方装船后也应向买方发出通知，但CFR条件下的装船通知更重要。

（2）**按CFR进口应慎重行事**：进口业务中按CFR条件成交时，如果"由外商安排装运、我们负责保险"的订单，应选择资信好的国外客户，并对船舶提出具体要求，以防外商与船运方"勾结"，出具假提单，租用不适航的船舶或伪造品质证书与原产地证明而蒙受不应有的损失。

（3）**卸货费用的负担**：按照CFR条件成交，货到目的港后的卸货费由谁负担需要明确。使用班轮运输的装卸费用已计入班轮运费中，故卸货费不会引起争议。而大宗商品一般采用租船运输，卸货费用由谁负担必须明确说明。由于各国和地区的习惯做法有所不同，为避免在卸货费用负担上引起争议，便产生了卸货费用负担的CFR术语变形。

①CFR班轮条件（CFR Liner Terms）：是指卸货费按班轮做法处理，即由卖方负担，买方不负担卸货费。

②CFR卸至码头（CFR Landed）：是指由卖方负担将货物卸到目的港岸上的费用，包括可能涉及的驳船转运费在内。

③CFR吊钩下交货（CFR Ex Tackle）：是指卖方负责将货物从船舱吊起一直卸到吊钩所及之处（码头上或驳船上）的费用。在船舶不能靠岸的情况下，租用驳船的费用和货物从驳船卸到岸上的费用，概由买方负担。

④CFR舱底交货（CFR Ex Ship's Hold）：卖方负担将货物从舱底吊至船边卸离吊钩为止的费用。船到目的港在船上办理交接后，由买方自行启舱，并负担货物由舱底卸至码头的费用。

CFR术语的附加条件，买卖双方应通过合同条款加以规定，其目的是明确卸货费由哪一方负担，其交货地点和风险划分的界线，并无任何改变。

4. 保险注意事项

如果买卖双方未约定具体险别，卖方只需付最低限的保险险别即可。如果买方要求加保战争保险，在保险费由买方负担的前提下，卖方应予以加保。卖方投保时，须尽量以合同货币投保。

四、出口货物运输流程

1. 出口货物运输流程

根据不同的出口货物流向及贸易术语，出口服装等货物的运输跟单流程如下：

（1）**备货**：是卖方（出口方）根据买方要求提交货品的基本义务。根据《联合国国际货物买卖合同公约》，卖方必须按合同交付货物、移交单据和转移货物所有权。

在备货的过程中，无论是出口纺织原料、纺织面料，还是服装，都必须把握的总体原则是："货物的品质、包装、数量和交货期必须与出口合同的规定相一致。"因此跟单员的主要工作就是确保按时、按质、按量履行出口合同的交货义务。其具体工作有：向生产或供货部门催交货物，然后检查并验收应收货物的品质、数量和包装状况；有的纺织商品进仓后，需要根据出口合同规定再次进行整理、加工和包装，并在外包装加上箱唛和其他指示性、警告性的标志，再根据客户要求和市场习惯，标上买卖合同号、订单号、信用证号、进口许可证号、货号、花色号、型号等资料。

（2）**订舱**：在CIF、CFR、CIP、CPT等贸易术语下成交的合同，备齐出口货物后，出口方必须向运输公司代理确认运价和舱位，以书面形式委托订舱，并填写运输委托书，简称托运单（扫描"教学资源"编号7-1二维码可见"外贸托运单样本"）。托运单上必须注明：托运人（SHIPPER）；收货人（CONSIGNEE）；通知方（NOTIFY PARTY）；目的港（美国货必须注明MLB❶或A/W❷以及州名）；箱型、箱量；件数、毛重、尺码；运费条款（预付、到付、第三地付款）；货名（危险品需标明危险等级和注意事项，冷冻箱需注明冷冻温度）；船公司或无船承运人（若有指定）；其他要求，如熏蒸舱、报关、报验等。

订舱注意事项：

①如果出口公司与船公司或无船承运人有协议运价，必须同时传真船公司的运价确认件。如果没有船公司的确认件，则该运价无效。

②在舱位得到确认后，需要准备有关的报关单据，包括报关委托书、核销单，并告知海运公司业务人员，集装箱是进仓还是拖箱。

③货物如果需要进入运输公司的仓库内装箱，必须按海运公司签发的进仓单进仓。进

---

❶ MLB（Mini Land Bridge）：迷你大陆桥，主要指由美国西岸中转至东岸或内陆点货物的运输方式。

❷ A/W（All Water）：全水路，主要指由美国西岸中转至东岸或内陆点货物的运输方式。

仓单上应注明进仓编号、仓库地址、联系电话、联系人、最迟进仓期。如果货物在最迟进仓期以后进仓，海运公司将不能保证货物如期出运。

④如果货物需做"门对门"运输，请在装箱24小时（300千米以内）或48小时（300千米以外）以前通知海运公司配载人员具体地点、时间及装箱联系人，以确保海运公司按时到达装箱地点。

⑤内地海关的截关期通常是开船前一天上午10点（如遇节假日则向前顺延），中国香港地区则是当天截关。此时应确保货物已装箱完毕并已进入港区指定位置。

⑥海运公司会在装船前一天将提单确认件传真给托运人，如提单由船公司缮制，海运公司会在收到船公司的提单确认件后立即传真给托运人。托运人尽量在装船以前确认回传，以免额外更改费用支出。开船以后，海运公司一般在收到托运人提单确认件后一个工作日内签发提单并派送快件或交给跟单人员。

（3）**预约检验**：出口服装检验通常需要提前一个工作日预约。

①检测项目：是指根据输入国或地区的技术法规的要求、标准规定的检验项目、合同（包括服装标识需达到的要求或功能）要求的检验项目。目前检测项目有纤维含量、甲醛、禁用偶氮染料（AZO）、含氯苯酚（PCP）、重金属镍、燃烧性能及合同中或服装标识中、检验标准中规定的其他项目。其中纤维含量、合同或标识中规定的项目需每批检测以外，其余按一定比例抽查。除一般检测项目外，儿童服装要测试儿童服装有关安全项目，如小附件抗拉强力、输美儿童服装的邻苯二甲酸盐和含铅量等的检测及绳带检验等。

②企业报检前的准备工作。

a.出厂前检验。企业检验员应按出口服装相关标准和检验要求对出口服装实施出厂前检验，并经检验合格（包括理化检测合格）方可出厂。

b.分批次注明生产批号。企业应将出口服装分清批次，出运批次与报检批次相一致，不能并批。外包装上注明生产批号，并且与报检单证一致。服装生产批号编写方法为："企业注册号（全）+检验部门代号+年份后2位+报检批次流水号"。例如，某企业注册号为"3333005678"，2022年第一次报检的生产批号为：33330056787220001，具体代码含义如图7-2所示。

$$\underset{\text{企业注册号}}{3333005678} \quad \underset{\text{检验部门代号}}{7} \quad \underset{2022年}{22} \quad \underset{\text{报检批次}}{0001}$$

图7-2　服装生产批号含义

c.样品获取方式：理化检测样品采用企业送样和检验检疫机构现场抽样相结合。非检企通❶企业以一个合同为一个检测批，检企通企业以一个生产批为一个检测批。理化检测至少在报检前的5个工作日，就应将出口服装面料的检测样品送至检测中心检测。企业寄送

---

❶ 检企通：一套整合电子报检、电子监管、电子转单和电子缴费，以及实现检验检疫与企业信息互动机制的业务平台，建立了从企业报检、检验检疫监管到通关放行全过程电子化操作的监管体系。

样品时，需填写好检测委托书。

d.企业寄送样品的要求：样品必须与大货一致，特别是成衣染色、印花或其他后整理的服装，确保面料品种一致、花色齐全；服装面料样品要确保每花每色抽取50cm×全幅，要做燃烧性能的样品则为100cm×全幅；服装面料、里料要同时送样，并在理化单上贴样时，注明"里料""面料"，确保所有面料送齐，尤其是拼料或撞色服装，避免因少送漏检补做测试而耽误出货时间；针织毛衫要确保每花色抽取30cm×30cm的片子（若只有一个花色时，则为50cm×50cm），成衣（一种成份一件）。

e.理化不合格品需做技术处理。例如，纤维成分不合格需更换面料或更换成分唛；燃烧性能不合格需加贴"远离火源"永久性标识；甲醛不合格则需经水洗处理等。

③预约注意事项。

a.报检货证相符。企业报检人员务必在报检前，规范、如实地填写报检所需的单证，确保单证内容和实际货物一致，即单单相符、货证相符，预约检验数量与报检数量一致（总数不得超出10%），检验当天需确保货物成箱率达到80%以上，特殊情况除外。经审核无误后，方可组批报检或委托代理公司报检。

b.如果更换成分唛、加贴新标识、理化不合格后重新抽样、儿童服装或针织服装等报检批，均应在备注栏内说明。

c.输入国或地区的客户有特殊要求（装运前检验、出品质证书等）时，要在备注栏或其他栏内填写明确。

（4）**报验与报关**：船务跟单员根据出口合同备齐货物后，应向运输公司办理租船订舱手续，并向海关办理报关手续，或委托专业报关公司代理报关手续。根据《商检法》规定，法定检验的出口商品，未经检验检疫机构检验或者经检验不合格者不予出口。出口商品通常在商品生产地检验。若货品属于法定检验范围的出口商品，还应在接到合同或信用证后，在商检机构规定的地点和期限内报验。属于法定检验范围以外的商品，如果合同有约定需由商检机构检验，也应按要求办理。属于在产地检验后需要在口岸换证出口的商品，船务跟单员应在商检机构规定的期限内向口岸商检机构报请查验换证。

①出口服装报验时需提交的单证：出境货物报检单（需加盖报检单位公章）；理化检测报告（出口报验前需完成服装面料的检测）；出境纺织制成品检验结果单；出境纺织制成品标识记录单；出境纺织制品贴样单（毛衫除外）；出境货物运输包装性能检验结果单（纸箱或塑料编织袋生产企业提供，非纸箱包装除外）；工厂检验原始记录、报检尺码表、报检生产制单（加工厂提供）；出口合同、外销发票（外贸公司提供）；企业声明；信用证复印件（以信用证方式结汇的企业需提供）；涉及下列情况者，报验时还须提供相应的证明，如出口羽绒制品须提供检验检疫机构出具的羽绒测试报告，需检验检疫出具"卫生证书"的羽绒制品还须提供羽绒产地出具的检疫合格证明、生产企业的中英文名称和地址，产品如涉及我国和进口国及地区有关强制性技术规范要求者，应提供检验检疫机构出具的相关测试

报告；出境货物换证凭单。相关出口报验单证扫描"教学资源"编号7-2可见。

②出口报关需提供的单证：出口货物报关单，若电放❶还需提供电放提单背书和电放保函；代理报关委托书，外贸公司提供，委托办理报关手续；发票正本；装箱单正本；出口收汇核销单；出境货物通关单，法定检验商品需提供；登记手册，加工贸易需提供；海关认为需审核的其他单证。相关出口报关单证扫描"教学资源"编号7-3二维码可见。

（5）**放行通关**：报关单证通过审核后，海关检验检疫人员到工厂对出口货物进行抽查。对于一般出口货物，在发货人或其代理人如实向海关申报并如数缴纳应缴税款和有关规费后，海关在出口装货单上盖"放行章"，出口货物的发货人凭此装船起运出境。海关查验放行后，由船公司代理安排装船。船开后，由代理签发提单/运单交托运人。

（6）**退单**：海关放行后,在浅黄色的出口退税专用报关单上加盖"验讫章"和已向税务机关备案的海关审核出口退税负责人的签章，退还报关单位。出口企业从委托代理单位拿到海关清关盖章后退回的"出口收汇核销单"及"出口退税单"，备齐退税申报手续后，可向税务部门办理出口退税。出口货品报验报关流程详如图7-3所示。

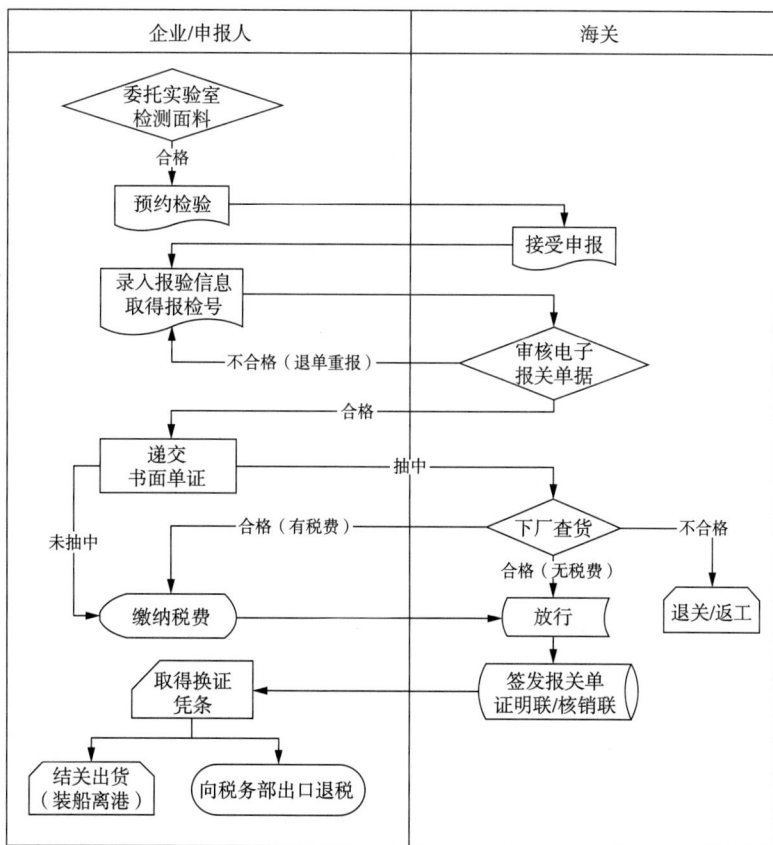

图7-3　出口货品报验报关流程

---

❶ 电放：发货人将货物装船后将承运人所签发的全套正本提单交回承运人，同时指定收货人；承运人以电传、电报等通讯方式授权通知其在卸货港的代理人，在收货人不出具正本提单的情况下交付货物。

2. 报检注意事项

（1）理化不合格的货物，经修整处理完成后还需重新检测，并尽快与相关检验科室联系现场抽样重验或现场检验事宜。

（2）理化检测结果涉及安全卫生项目（如AZO、甲醛等）不合格批，均需书面形式说明不合格原因、处理方式及企业采取防止类似情况发生的措施，并提交给相关检验检疫人员。

（3）对送检的检测结果有异议需重新检测者，需及时与相关检验科室联系，由检验检疫机构人员到企业生产现场抽取面料、半成品或成衣样品并重新检测。

3. 报关注意事项

（1）报关单的内容必须与船公司传送给海关的舱单内容一致，才能顺利核销退税。

（2）海关接受申报并放行后，如果由于运输工具配载等原因，部分货物未能装载上原申报的运输工具者，出口货物发货人应及时向海关递交《出口货物报关单更改申请单》以及更正后的箱单发票、提单副本（Copy Bill of Loading）进行更正，这样报关单上的内容才能与舱单上的内容一致。

（3）若出口货物不能出运，需要退关时，发货人应在退关之日起三天内向海关申报退关，经海关核准后方能将货物运出海关监管场所。

五、进口货物运输流程

1. 确认到货

进口企业根据接到进口提货通知后，以书面形式向航空或船公司的代理确认到货情况。

2. 准备报关单证

货品确认收到后，就可以开始准备进口报关用的单证，包括：进口货物报关单（外商投资企业使用浅蓝色报关单），报关委托书正本，发票，装箱单，提货单/运单，入境货物通关单（法定检验商品需填写），海关认为必要的其他单证。扫描"教学资源"编号7-4二维码可见"进口货物报关单"。

3. 报关与报验

进口企业备齐报关所需的单证后可以委托航空/船公司代理报关，也可自行报关。报关时需填写"进口货物报关单"，并附随发票、提单、检验证书等单证向海关申报进口。对于属于法定检验的进口商品，在到货后，进口企业必须向卸货口岸或者报关地的商检机构办理登记，由商检机构在报关单上加盖"已接受登记"的印章，海关凭此验放。同时，进口企业还必须在规定的检验地点和期限内，向商检机构报验。

4. 缴税

进口企业应根据"海关税则"的税率，向海关缴纳进口关税与增值税（海关代收）。如果进口企业是从事加工贸易，则需提供《登记手册》；若企业进口货物享受海关减免税优惠，则需提供《海关征免税证明》即可享受减免税待遇。

5. 验收货物

进口货物在卸货时，港务局要进行卸货核对。若发现货物数量短缺，要填写"短缺报告"，并交船方签认；若发现货物残损，应将货物存放于海关指定仓库，由保险公司与出入境检验检疫局等有关部门进行检验，明确残损程度和原因，并由出入境检验检疫局出证，以便向责任方索赔。对于法定检验商品，出入境检验检疫局人员会根据货物的属性特征及报验时的约定在卸货口岸或工厂进行检验。进口企业还可以按照货物特性，由代理公司安排集装箱"门到门"到指定地点交货，或由货主到港口/机场自行提货。

6. 退单

进口企业从委托代理单位到加盖海关印章的进口报关单，备齐手续后，可到相关银行和外汇管理部门办理付费和外汇核销手续。

进口货物报关流程详如图7-4所示。

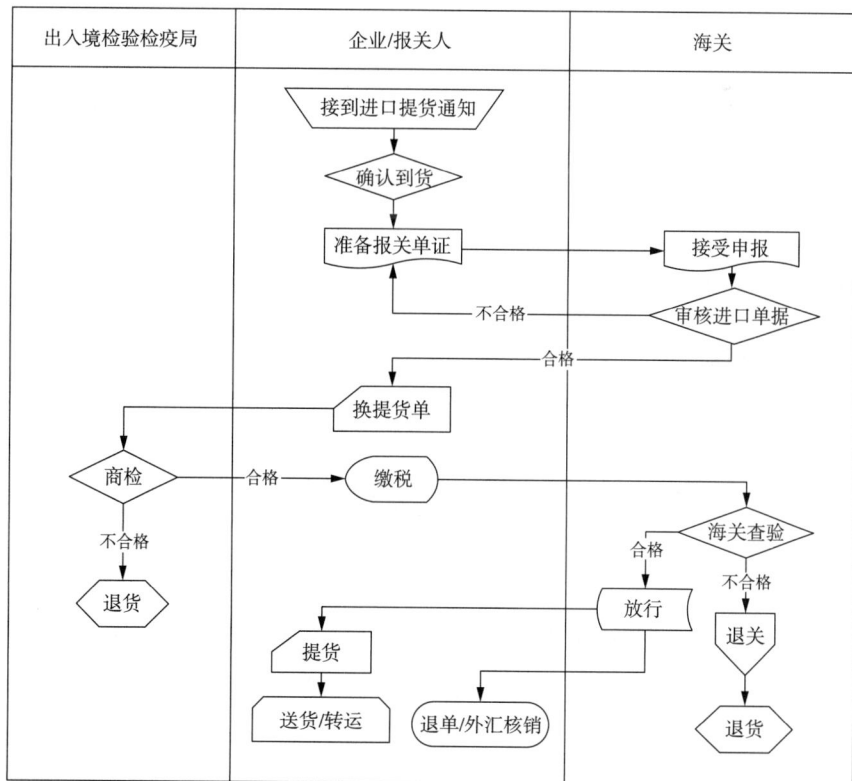

图7-4 进口货物报关流程

【案例分析三】客户拒收货品处理方案

内地某公司有一批德国货品分两个订单，通过香港中间商运走，我方公司已收对方30%的订金。大货抽取的样板由我方公司测试通过后，将样板寄给客户，但客户测试不予通过。客户以不接受测试结果为由，只放行第一个订单出货，并告之通过了测试结果才接收第二批货。而此时中间商下指令安排第二批出货，预计半个月后将抵达客方港口。

到了月底，客户发来邮件说第一批货被海关查验耽搁，没有赶上促销期，并通知不要第二批货了，解释的原因如下：没有经过同意就走货；测试没过。

此时我们应该怎么办？

分析与建议：

1.督促中间商联系客户，下调产品价值，增加客户的利润空间，以此促使客户接受货品。这样也不会影响后期的合作。

2.如果客户确实不想要货品，更不想去办理通关手续。此时应要求中间商或货品代理配合，提回货物。30%定金只能顶用一次货品的成本，现在已连发了两次货，如果货品都保不住，则损失会非常惨重。如果当地有朋友或客户，可以请他们找清关公司协助通关，把货品尽快清理出来，减少置港费和仓储费用。

3.与中间商确定责任承担比例。由于是中间商下指令安排出货，而且中间商有收佣金，所以必须承担责任。另外工厂也需承担质量方面的责任。当然，本公司应承担大比例的责任。

4.换算出产品本身的价值和货品返回的折转费，确定本公司、中间商等各自要承担的具体数额。

5.不要去盘算和计较浪费了多少时间和折转费，这只会让自己更情绪化，对后面的发展没有好处。应该保持冷静，与客户多沟通、多道歉，尽量减少客户的失望感，才能不影响后期的合作。

6.切记：没收到钱以前不要发货。

第三节　贸易结算跟单

国际贸易支付方式，主要有汇付、托收、信用证、银行保函和保付代理业务等结算方式。了解各种结算方式，有助于外贸跟单员及时主动地准备各种相应的对外贸单证和完成催收尾款工作。

一、付现交单

付现交单（CAD，Cash Against Documents/Cash against Delivery），是交货时的一种现金结算方式。卖方在出口地完成出口装运后，向买方指定银行或代理人提示单据并收取货款。

付现交单的付款方式仅凭货运单据收取货款，无需开具汇票，卖方风险与付款交单（D/P）的付款方式相似。

以付现交单为付款方式交易时，为使风险降至最低程度，建议：详细考察买方的信用；是装运后付款，还是货到付款，要事先澄清付款的具体含义；买卖合同中必须清晰规定付款的地点与付款人；建议采用买方当地有名的银行，或由卖方代理人提示货运单据收款；对于新客户，存在风险较大，最好不要接受这种付款方式。

二、汇付

汇付（Remittance）又称汇款，是指付款人主动将货款交给银行，由银行根据汇款指示，使用各种结算工具将货款汇交收款人的一种结算方式，属于商业信用，采用顺汇法❶。

汇付业务涉及的当事人有付款人/汇款人、收款人、汇出行和汇入行。其中付款人（通常为进口人）与汇出行（委托汇出汇款的银行）之间订有合约关系，汇出行与汇入行（汇出行的代理行）之间订有代理合约关系。

在办理汇付业务时，需要由汇款人向汇出行填交汇款申请书，汇出行有义务根据汇款申请书的指示向汇入行发出付款书；汇入行收到会计师委托书后，有义务向收款人（通常为出口人）解付货款。但汇出行和汇入行对不属于自身过失而造成的损失（如付款委托书在邮递途中遗失或延误等致使收款人无法收到或迟期收到货款）不承担责任，汇出行对汇入行工作上的过失也不承担责任。

汇付主要有电汇、信汇和票汇三种形式。

1. 电汇（T/T，Telegraphic Transfer）

汇款人将一定款项交存汇款银行，汇款银行接受汇款人委托后，以电传的方式，委托目的地的分行或代理行（汇入行），将一定金额付给指定收款人的一种汇款方式。

电汇交款迅速，在三种汇付方式中使用最广。通常会先付30%的定金，收到货物后再付余款。此法存在一定的风险，如果对方是新客户，或信誉不佳，则容易出现赖账的风险。另外，由于在途资金时间短，银行要求汇款人负担电报费用，所以电汇的费用比信汇的费用高。通常金额较大或有急用的汇款，会使用电汇方式。

---

❶ 顺汇法：是国际间通过银行进行资金转移的一种方式，指资金从付款方转移到收款方，由付款方主动汇付的方式，包括电汇、信汇和票汇三种。

2. 信汇（M/T，Mail Transfer）

信汇是买方委托银行开付款委托书，用航空邮寄交国外分行或代理行，办理付出外汇业务。由于信汇需要邮寄付款委托，所以汇款速度比电汇慢。

由于邮程需要的时间比电汇长，银行有机会利用这笔资金，所以信汇汇率低于电汇汇率，其差额相当于邮程利息。但由于信汇方式人工手续较多，银行已很少办理信汇业务。

3. 票汇（D/D，Demand Draft）

票汇是以银行即期汇票作为结算工具，是由汇款人向当地银行购买汇票，自行寄给收款人，由收款人凭票，自行到汇票指定的银行取款。

票汇的汇入行无须通知收款人取款，而由收款人上门自取。而且汇票经收款人背书后，可以转让流通。因而到银行领取汇款的不一定是汇票上的收款人本人。另外，由于需要邮递的关系，所以票汇的收款时间比电汇慢。

总而言之，汇付手续简便、费用低廉，但风险大，资金负担不平衡。因为以汇付方式结算可以货到付款（卖方向买方提供信用并融通资金），也可以预付货款（买方向卖方提供信用并融通资金），不论哪一种方式，风险和资金负担都集中在一方。在我国，汇付一般只用来支付订金、货款尾数、佣金、样品费、杂费、回扣、索赔费等小额费用的结算，不是一种主要的结算方式。而发达国家之间大量的贸易都是跨国公司的内部交易，而且外贸企业在国外有可靠的贸易伙伴和销售网络，因此汇付是主要的结算方式。

在分期付款和延期付款的交易中，买方往往用汇付方式支付货款，但通常需辅以银行保函或备用信用证，所以不会只用单纯的汇付方式。

三、托收

托收（Collection）是出口商在货物装运后开具汇票（随附或不随付货运单据），委托银行向进口商收取货款的一种结算方式，采用逆汇法[1]，属于商业信用。

托收方式的当事人有委托人、托收行、代收行和付款人。委托人也称出票人，通常为出口商；托收行是代为收款的出口地银行；代收行是代收货款的进口地银行；付款人即付款人，通常为进口人。委托人与托收行之间、托收行与代收行之间都是委托代理关系，付款人是根据买卖合同付款，付款人与代收行之间不存在任何法律关系。所以，委托人能否收到货款，完全视进口人的信誉好坏，代收行与托收行均不承担责任。

办理托收业务时，委托人要向托收行递交一份托收委托书，托收行、代收行均按委托书的指示向付款人代收货款。

---

[1] 逆汇法：也称出票法，由债权人或收款人出立票据，委托银行通过其联行或代理行向异地债务人或付款人收取款项的方法，有托收和信用证两种。

1. 托收的分类

托收分为光票托收和跟单托收两种。

（1）**光票托收**：是指委托人仅开立汇票（不附带任何货运单据）给委托银行收取款项的托收结算方式。光票托收一般用于收取货款尾数、代垫费用、佣金、样品费或其他贸易从属费用。

（2）**跟单托收**：是出口商将货物提单（即货权凭证）与汇票一起通过银行向进口商提示，进口商只有在承兑或付款后才能取得货权凭证。跟单托收是货物贸易中经常使用的托收方式。

2. 跟单托收的分类

跟单托收根据交单条件的不同，可以分为付款交单（简称D/P）和承兑交单（简称D/A）两种。

（1）**付款交单**（D/P，Documents against Payment）：分为"即期付款交单"和"远期付款交单"。

①即期付款交单（D/P at sight）：买方应凭卖方开具的即期跟单汇票，于见票时立即付款，付款后交单。

②远期付款交单（D/P after sight）：指进口商见票并审单无误后，立即承兑汇票，于汇票到期日付款赎单。在汇票到期前，汇票和货运单据由代收行保管。远期汇票的付款日期有"见票后××天付款""提单日后××天内付款"和"出票日后××天内付款"三种规定方法。有的国家还有"货到后××天内付款"的规定方法。所以，在磋商和订立合同时，必须按具体情况予以明确规定。

（2）**承兑交单**（D/A，Documents against Acceptance）：是指卖方的交单以买方承兑汇票为条件，买方在汇票上履行承兑手续后，即可从代收行取得货运单据，凭此提取货物。等到汇票到期日，买方再付款。承兑交单并不意味买方到期一定付款，这取决于买方的信誉。

3. 托收的特点

（1）托收属于商业信用，银行办理托收业务时，既没有检查货运单据是否正确或完整，也没有承担付款人必须付款的责任。

（2）托收对出口人的风险较大，承兑交单（D/A）比付款交单（简称D/P）的风险更大。

（3）托收对进口人比较有利，可以免去开证的手续和预付押金，而且可以获得预借货物的便利。

（4）远期付款交单与即期付款交单的业务流程大致相同，不同点如下：

①结算期间不同。如果出口商出的是远期汇票，属远期结算，进口商就要等票据到期日付款后方能得到单据。即期结算则更快捷。

②风险不同。对出口商而言，即期付款交单风险较小。

（5）远期付款交单与承兑交单所用的汇票均为远期汇票，而且卖方承担的风险比买方大。不同点如下：

①意义不同。远期付款是将汇票做成了远期。因为远洋运输货物到达目的港时间较长，而单据有可能先于货物到达，即便货物到达后汇票仍未到期。客户要想提货，须向代收银行付款后才能拿到单据。而承兑交单是汇款远期，即远期汇票一经承兑即可拿到单据，但日后能否收回货款，全靠客户的诚信，所以其风险比远期付款交单大。

②交单条件不同。远期付款交单是以买方付款为条件，到期付款后就能拿到提货单据；承兑交单是以买方承兑为条件，在首次银行通知时，只要承兑就可以拿到单据提货，汇票到期后再付款。所以对出口商而言，承兑交单的风险大于远期付款交单。

四、信用证

信用证（L/C，Letter of Credit）是指银行根据进口人（买方）的请求，向出口人（卖方）开立"保证承担支付货款责任"的一种书面付款凭证。采用逆汇法。因属于银行信用，一经开出不受合同约束。

信用证结算方式一定程度上解决了买卖双方之间互不信任的矛盾，还能使双方在使用信用证结算货款的过程中获得银行资金融通的便利，从而促进了国际贸易的发展。是当今国际贸易中一种主要的结算方式。

1. 信用证的分类

信用证分为即期信用证和延期信用证。

（1）**即期信用证**（L/C at sight）：是指受益人凭即期跟单汇票或仅凭单据即可收取货款的信用证。受益人无需开立汇票，开证行或付款行只凭全套合格的货运单据付款，出口方可迅速收回货款，是国际贸易中最常见的一种信用证。

（2）**延期付款信用证**（Deferred Payment Letter of Credit）：又称远期信用证、无汇票远期信用证或无承兑远期信用证，信用证中载明了银行的承诺条款，条款规定信用证的受益人（卖方）装船发货并把出口单据提交给开证行审核后，到信用证规定付款的最后期限时，由开证行先行把货款支付给信用证受益人，等到远期汇票到期时，进口商（买方）再向开证行交款赎单。

2. 信用证结算的特点

（1）银行为第一付款责任方。

（2）信用证是一项独立文件，不依附于买卖合同。银行在审单时，强调的是信用证与基础贸易相分离的书面形式上的认证。

（3）信用证是凭单付款，不以货物为准。只要单据相符，开证行就应无条件付款，与货物无关。

（4）信用证是一种银行信用，它是银行的一种担保文件。

（5）信用证需按照单证一致、单单一致。

（6）信用证开具的汇票不得超过银行规定金额。

（7）由于延期信用证不使用汇票，不作承兑，因此不能贴现，同时也有效规避了印花税。

（8）信用证结算方式克服了汇付方式和托收方式的商业信用的巨大风险。

（9）信用证有很多条款，只要文件不符合，都可能会产生不符点。付款交单则没有不符点；信用证操作流程和费用方面，比付款交单少了个通知费。此外，远期付款交单和承兑交单的风险都比信用证大。

总之，在信用证业务中，单据的提交起着非常重要的作用，因为这是信用证最终结算的关键。受益人向银行提交单据后是否能得到货款，很大程度上取决于是否已开立信用证，以及单据是否备齐。

五、银行保证函

银行保证函（L/G：Letter of Guarantee）简称保函，是指银行应委托人的申请向受益人开立的一种书面凭证，保证申请人按规定履行合同，否则出银行负责偿付款。

银行保函虽与信用证一样属于银行信用，见票即付保函银行承担第一性付款责任，有条件保函银行则承担第二性付款责任，即只有在委托人（或债务人）不偿付债款或货款时，银行保函的保证人才承担偿付责任。当然，保证人的这种偿付责任是依据银行保函作出，不受合同约束。

银行保函不仅适用于进出口业务，还可用于投标、履约和还款等其他场合，其形式、内容和条款也多种多样。

六、国际保付代理业务

国际保付代理业务（Factoring）简称保理业务。该业务是继汇付、托收、信用证之后的一种新型支付结算方式。它是在以承兑交单为支付方式的贸易中，由保理商（Factor）向出口商提供的一种集融资、结算、财务管理、信用担保为一体的综合性贸易支付方式。

在承兑交单方式下，卖方根据合同或订单发货交单后，只能被动地等待买方到期时付款。由于各种原因，一些买方可能会一再拖延付款，甚至一些卖方可能永远也不会付款，从而给卖方造成很大风险。但如果出口商和保理商签订了协议，则情况就会发生根本性的变化。保理商将负责对买方的资信进行调查，提供风险担保，并替出口商催收账款、进行有关账务管理和资金融通等，从而解除了卖方的后顾之忧。同时可以使出口企业减少资金占压，扩大销售，增加利润。

七、联合结算法

在国际贸易业务中，可以根据不同交易商品、对象、交易等需求，结合使用两种以上的结算方式，以利于促成交易，或有利于安全及时的收汇，或有利于妥善处理付汇。常见的联合结算形式有：

1. 信用证与汇付结合

信用证与汇付结合是指一笔交易的货款中，前部分用信用证方式支付，余额用汇付方式结算的方式。具体做法：经双方同意后，信用证规定凭装运单据先付发票金额或在货物发运前预付若干比例的金额，余额待货到目的地检验后再用汇付方式支付。使用这种结合形式，必须首先注明采用何种信用证和何种汇付方式，以及按信用证支付金额的比例。这种方式常用于允许交货数量有一定机动幅度的初级产品交易。

2. 信用证与托收结合

信用证与托收结合是指一笔交易的货款中，前部分用信用证方式支付，余额用托收方式结算的方式。具体做法：信用证规定卖方开立两张汇票，属于信用证项下的部分货款凭光票支付，余额则将货运单据附在托收的汇票项下，按即期或远期付款交单方式托收。此法对卖方收汇较为安全，对买方可减少垫资，易为双方接受。但必须注明信用证的种类和支付金额以及托收方式的种类，也必须标明"在全部付清发票金额后方可交单"的条款。

3. 汇付与银行保函或信用证结合

汇付与银行保函或信用证结合的形式常用于成套设备、大型机械和大型交通运输工具（飞机、船舶等）等货款的结算。这类产品交易金额大，生产周期长，往往要求买方以汇付方式预付部分货款或定金，其余大部分货款则由买方按信用证规定或加开保函分期付款或迟期付款。

此外，还有汇付与托收结合、托收与备用信用证或银行保函结合等形式。在开展对外经济贸易业务时，究竟选择哪一种结合形式，可经谈判协商，酌情而定。

【案例分析四】专业翻译的重要性

某工厂的付款方式是"30% T/T pay in advance，70%T/T Pay against the copy of bill of lading"。业务跟单翻译为："30% 定金，70% 余款见提单草本后支付。"她认为 copy 就是草本。而客人的理解是：70% 的余款见提单正本复印件后支付。

结果：客户没有见到正本复印件，所以迟迟没有支付剩下的货款和海运费。厂长听业务跟单陈词后，也未与客户沟通和调查，将货柜转手给其他客户。最终导致该客户流失。

分析与建议：

1. 正确的翻译。

the copy of bill of lading：正本提单复印件 / 副本提单原件 / 副本提单复印件 / 正本提单；

draft bill of lading：提单的草本（草稿，未经签章，供核对内容用）。

2. 客户的理解符合国际贸易的通俗理解和做法。一般正式的提单三正三副，其中副本就是 copy bill of loading。将 copy 理解为草本，完全是工厂业务员的误解。作为合格的跟单员，应精通专业英语的翻译，同时应了解客方的语言语境和通俗称谓。

3. 作为工厂，让客户收到 BL 前付款是比较稳妥的方式，但是如果出现问题，应第一时间与客户沟通，避免产生歧义而武断行事。

【船务单证拓展知识】设法谈判有利的付款方式

某客户坚持要用 D/A 30～45 天付款，各种方法都用过，包括推荐 L/C 等。经多次商讨后，客户仍然坚持要用 D/P 或 D/A，甚至要求我们 100% 见提单复印件才付款。客户就不松口，怎么办？

分析：对我方而言，此种付款方式风险太大。当然这有可能是客方公司的硬性规定，也可能是客户没有完全信任我们，客户要考虑他们的风险也合情合理。

双方都不肯让步，最终会因为付款方式不合而丢掉许多订单。

1. 贸易公司的付款方式尽量灵活多样，从 T/T、T/T+L/C 到 100% L/C at sight、D/A 或 D/P，甚至 L/C 30 天。只有这样，贸易订单才能源源不断地流入公司。如果公司规定必须做 T/T，其他一概不考虑，除非该公司的行业竞争不大，或者产品价格、品牌相当有优势，否则丢掉的订单数会远远超过签下的订单数。

2. 检讨之前的谈判方式是不是有问题，然后运用恰当的谈判方式，再与客户沟通。将订单的付款方式谈成全部 T/T，部分 T/T，部分 L/C，或者 100%L/C at sight。

（1）分层次报价法：我可以通过让利或分层优惠的方式，劝导客户用 T/T 或 L/C 方式支付。由客户自行选择，客户会综合考虑成本，权衡是资金流动优先还是省钱优先。

（2）货期差别法：对于要求交货期提前的紧急客户，可以转用对我们有利的支付方式。

（3）获得客户恻隐之心：向客户解释我方企业的难处。生意需要互相帮助和扶持。

（4）标榜样板工程法：在开拓贸易初期，每个产品都找一个行业里面比较权威的成衣采购商，哪怕是平价出货，只要能拿到一点退税费也要留住他们。因为这是建立样板工程的绝佳时期。ISO 认证体系里有一条是对供应商的认证：必须对供应商进行评估，如果该企业跟行业中最权威企业的供应商合作，会大大加分。

（5）原料涨价法：告知对方原材料下月要涨价的客观情况。如果对方能接受 T/T，拿到钱后，先给为客户采购原材料存下来，如此可以维持现有的价格，否则只能按照新的价格执行。

（6）循循善诱法。

（7）行规付款法：如果某些行业已经形成了固定的付款方式，不要轻易打破这些约定俗成的潜在固定。

（8）刺激客户法。

（9）欲擒故纵法。

第四节　船务资料跟单

跟单员必须根据运输和结算方式的不同，准备各种必备的单证，确保交货与结算单证的正确性与完整性，才能完成相应的任务。

一、常用单证的准备

为了保证进出口货物的安全交接，在整个运输过程中需要编制各种单据。这些单证各有其特定的用途，彼此之间既把船、港、货各方联系在一起，又能分清各自的权利和业务。

1. 货运单证的准备

（1）托运单（Booking Note）：是托运人根据贸易合同和信用证条款内容填制，向承运人或其代理货物托运的单证。承运人根据托运单内容，结合船舶的航线、挂靠港、船期和舱位等条件考虑接受托运。

（2）装货单（Shipping Order）：是通知托运人办妥货物托运的证明，也是通知船方接受货物并装船的指示文件。装货单既可作为装船的依据，也是货主凭此向海关办理出口货物申报手续的主要单据之一，所以装货单又称"关单"或"下货纸"，通常出货前一刻准确即可。

（3）收货单（Mates Receipt）：又称大副收据，是船舶收到货物已装船的凭证。船上大副根据理货人员在理货单上签注的日期、件数及舱位，与装货单核对后，签署收货单。托运人凭签署后的收货单，向承运人或其代理人换取已装船提单。相关货运单证扫描"教学资源"编号7-5二维码可见。

由于上述三份单据的主要项目基本一致，为简化信息转记的工作，可将托运单、装货单、收货单、运费通知单等合在一起，制成一份多达十联的单据。各联作用如下：第一联是货主留底；第二联由订舱人留底，用于缮制船务单证；第三联、第四联为运费通知联，其中一联留存，另一联随账单向托运人托收运费；第五联是装货单，经海关加盖放行章后，船方才能收货装船，第五联副本缴纳出口货物港务费申请书，货物装船完毕后，港区凭此向托运人收取港杂费；第六联是大副联（场站收据副本）；第七联是收货单以及第八联，由配舱人留底；第九联、第十联为配舱回单。

（4）**海运提单**（Ocean Bill Of Lading）：是货物承运人或其代理人收到货物后，签发给托运人的货物收据证明，证实已经按提单内容收到货物，它既是一种货物所有权凭证，也是承运人与托运人运输过程中权利和义务的主要依据。提单持有人可凭此提取货物或向银行押汇，还可在货品到达目的港交货之前进行转让。扫描"教学资源"编号7-6二维码可见"海运提单的分类"。

（5）**装货清单**（Loading List）：是承运人根据留底装货单，将全船待装货物按目的港和货物性质归类，依航次、靠港顺序排列编制的装货汇总清单，内容包括：装货单编号、货名、件数、包装形式、毛重、估计尺码、特种货物对装运的要求或注意事项等。装货清单是船上大副编制配载计划的主要依据，也是供现场理货人员进行理货、港方安排驳运、进出库场以及承运人掌握情况的业务单据。

（6）**舱单**（Manifest）：是按照货港逐票罗列全船载运货物的汇总清单。它是在货物装船完毕后，由船公司根据收货单或提单编制。其主要内容包括货物详细情况，装卸港、提单号、船名、托运人、收货人姓名、标记号码等，此单作为船舶运载所列货物的证明。

（7）**货物积载图**（Cargo Plan）：是按货物实际装舱情况编制的舱图，是船方进行货物运输、保管和卸货工作的参考资料，也是卸港据以理货、安排泊位、货物进舱的文件。

（8）**提货单**（Delivery Order）：是收货人凭正本提单或副本提单随同有效的担保向承运人或其代理人换取可向港口装卸部门提取货物的凭证。扫描"教学资源"编号7-7二维码可见"货主与货运代理需准备的单证"。

2. 结算单据的准备

（1）**汇票**（Draft or Bill of Exchange）：是由出票人签发，要求付款人在指定日期向指定收款人或持票人支付一定金额的无条件书面支付命令。汇票可以分为以下几种：

①银行汇票（Banker's Draft）：是出票人和付款人均为银行的汇票。

②商业汇票（Commercial Draft）：是出票人为企业法人、公司、商号或者个人，付款人为其他商号、个人或者银行的汇票。

③光票（Clean Bill）：汇票本身不附带货运单据，银行汇票多为光票。

④跟单汇票（Documentary Bill）：又称信用汇票、押汇汇票，需要附带提单、仓单、保险单、装箱单、商业发票等单据才能进行付款。商业汇票多为跟单汇票，在国际贸易中经常使用。

⑤即期汇票（Sight Bill/Demand Bill）：指持票人向付款人提示后对方立即付款，又称见

票即付汇票。

⑥远期汇票（Time Bill/Usance Draft）：是指出票后一定期限或特定日期付款的汇票。远期汇票付款日期的确定一般有以下几种形式：付款人承兑后若干天付款；出票后若干天付款；提单日期后若干天付款；议付后若干天付款；按指定日期付款等。按国际惯例，远期汇票的付款期限，一般为30天、60天、90天、120天，最长不超过180天，其中以30天、60天约期付款较多。

⑦商业承兑汇票（Commercial Acceptance Bill）：是以银行以外的任何企业或个人为承兑人的远期汇票。

⑧银行承兑汇票（Banker's Acceptance Bill）：承兑人是银行的远期汇票。

（2）本票（Promissory Note）：是由出票人签发，保证即期或指定日期对收款人或持票人支付一定金额的书面承诺。本票分为商业本票和银行本票。商业本票由工商企业或个人签发，也称为一般本票。商业本票可分为即期和远期的商业本票，一般不具备再贴现条件，特别是中小企业或个人开出的远期本票，因信用保证不高，因此很难流通。银行本票是银行签发的即期本票，在国际贸易结算中使用的本票大多是银行本票。

（3）支票（Cheque or Check）：是银行存款账户签发，要求银行见票后立即从其账户中无条件支付一定金额给指定收款人或持票人的书面支付命令。

①记名支票：是出票人在收款人栏中注明"付给某人""付给某人或其指定人"。这种支票转让流通时，须由持票人背书，取款时须由收款人在背面签字。

②不记名支票：又称空白支票，抬头一栏注明"付给来人"。这种支票无须背书即可转让，取款时也无须在背面签字。

③划线支票：在支票的票面上角画两条平行的横向线条，此种支票的持票人不能提取现金，只能委托银行收款入账。

④保付支票：为了避免出票人开空头支票，收款人或持票人可以要求付款行在支票上加盖"保付"印记，以保证到时一定能得到银行付款。

⑤转账支票：发票人或持票人在普通支票上载明"转账支付"，以对付款银行在支付上加以限制。

3. 其他单证的准备

（1）发票（Commercial Invoice）：是出口人向进口人提供的一份货物清单，也是货款结算所需要的一份重要单据。它介绍了一笔交易的基本内容，是全套货运单据的依据和中心。它是进口商、出口商记账的依据，又是进口商核实收到货物是否与合同规定一致的标准。它是在进口地、出口地报关纳税的依据。在不使用汇票的情况下，它就是付款的依据。

①形式发票（Proforma Invoice）：是应进口商要求开立的一种非正式的参考性发票，供进口商向本国申请进口许可证或进口外汇之用，又称估价单。也可作为出口方对外报价的

一种形式，对交易双方无最终的约束力，成交后仍需开立正式发票。

②领事发票（Consular Invoice）：是按某些国家规定，货物进口时，出口商须填制并由进口国驻出口国的领事签证的发票，以供海关课税及审核有无倾销现象之用。

③海关发票（Customs Invoice）：是按某些国家规定，进口时需要出口方填制并交进口商报关的发票，供海关统计和课税之用，或作为审核是否征收反倾销税的依据。

（2）**装箱单、重量单和数量单**：装箱单（Packing List）、重量单（Weight List/Certificate）和数量单（Quantity Certificate）都是对商业发票所列货物的进一步详细说明。装箱单是货物装运明细表，一般应列明合同号码、商标、货名、容积、重量、进口商名称和地址、运输工具名称等。重量单和数量单是关于货物重量和数量的证明书，一般由出口商或厂商出具。

（3）**原产地证明书**（Certificate of Origin）：是国际贸易中用于证明货物产地来源的证明文件。由于该证书往往被进口国用作实行"多栏制"差别关税待遇和实施国别贸易政策管理的重要依据，因此该证书具有特定的法律效力和经济效用。常见的原产地证书主要有：

①一般原产地证书：是各国根据各自原产地的规则和有关要求签发的原产地证书，是进口国海关对进口货物实施征税、进行贸易统计、实施数量限制等管理的重要证明文件。在我国，是证明"中国出口货物符合中华人民共和国出口货物原产地规则，货物是中华人民共和国原产地"的证明文件。

②普惠制原产地证书：受惠国根据给惠国普惠制实施方案中的原产地规则而签发的证明货物原产地为受惠国的、可享受关税优惠待遇的证明文件。

③纺织品配额原产地证书：纺织品设置数量限制的国家和地区为进行配额管理而要求出口国出具的相应纺织品的原产地证明文件。

④专用原产地证书：是针对某一特殊行业的特定产品出具的原产地证书，这些产品应符合特定的原产地规则。

⑤区域性成员国原产地证书：关税同盟、自由贸易区等区域范围内的国家，为享受互惠减免关税待遇而出具的原产地证明文件。

⑥手工制品原产地证书：证明货物的加工和制造是"全人工"而非机械生产的一种加工手段的证明文件。

（4）**受益人证明**（Beneficiary's Certificate）：是信用证受益人根据信用证的要求出具的，证明（受益人）已经履行了合同义务的证明。常见的有关于货物的品质、包装、已装船通知，已寄样品或已寄副本单据等。

（5）**质量证明书**（Certificate Of Quality）：是出口货物的质量和规格的鉴定和证明，在我国一般由出入境检验检疫局出具。

（6）**电报抄本**（Cable Copy）：是受益人根据信用证的要求，在装船发货后发送给信用证申请人（进口商）或信用证中规定"通知方（Notify Party）"的电传、传真或电报等。内容包括：船期、提单号码、装货港、到货港、商务合同号、信用证号等，目的是为了通知装船情况，进口商可以做好赎单提货准备。

（7）**保险单**（Insurance Documents）：是保险公司向投保人出具的文件，是对运输中的货物提供保险的凭证。它既是保险公司与投保人之间权利义务范围的契约，又是保险公司对投保商品承担责任的证明。一旦投保商品在保险范围内遭受损失，投保人有权根据保险单据向保险公司索赔。保险单根据内容详细程度的不同，分为正式保单（Insurance Policy）和保险凭证（Insurance Certificate）两种。

（8）**商检证书**（Commodity Inspection Certificate）：是各种进出口商品检验证书、鉴定证书和其他证明书的统称，是对外贸易有关各方履行契约义务、处理索赔争议和仲裁、诉讼举证，具有法律依据的有效证件，也是海关验放、征收关税和优惠减免关税的必要证明。商检证书主要有：品质检验证书、重量或数量检验证书、卫生/健康证书、消毒检验证书、熏蒸证书、残损检验证书等。

（9）**纺织品出口许可证**：是政府机关批准配额纺织品出口的证明文件，其作用是出口商凭此办理出口报关，进口商凭此申领进口许可证并办理进口报关手续。

（10）**出口外汇核销单**：指由国家外汇管理局制发，出口单位和受托行及解付行填写，海关凭此受理报关，外汇管理部门凭此核销收汇的有顺序编号的凭证（核销单附有存根）。

二、票据风险与防范

票据，作为国际结算中一种重要的支付凭证，在国际上使用十分广泛。由于票据种类繁多，性质各异，再加上较少接触到国外票据，缺乏鉴别能力，因而在票据的使用过程中存在许多风险。

1. 票据风险

在票据的风险防范方面，要注意以下几点：

（1）贸易成交以前，一定要了解客户的资信。特别是资信不明的新客户以及外汇紧张、地区落后、国家局势动荡的客户，要做到心中有数，防患于未然。

（2）对客商提交的票据一定要事先委托银行对外查实，以确保能安全收汇。

（3）贸易成交前，买卖双方一定要签署稳妥、平等互利的销售合同。

（4）在银行未收妥票款之前，不能过早发货，以免货款两空。

（5）即使收到世界上资信最好的银行为付款行的支票，也不等于将来一定会收到货款。近年来，国外不法商人利用伪造票据及汇款凭证在国内行骗的案件屡屡发生，且发案数呈上升趋势，不能掉以轻心。

2. 汇票的风险与防范

在汇票的使用过程中，除了要注意以上几点，还要注意遵循签发、承兑、使用汇票所必须遵守的原则：使用汇票的单位必须是在银行开立账户的法人；签发汇票必须以合法的商品交易为基础，禁止签发无商品交易的汇票；汇票经承兑后，承兑人即付款人负有无条件支付票款的责任；汇票除向银行贴现外，不准流通转让（这一规定已被后来的银行结算办法所突破）。

3. 如何识别真假本票

（1）真本票采用专用纸张印刷，纸质好，有一定防伪措施；而假本票只能采用市面上的普通纸张印刷，纸质差，较真本票薄且软。

（2）印刷真本票的油墨配方是保密的，诈骗分子很难得到，只能以相似颜色的油墨印制，因此假本票的票面颜色与真本票有一定的差异。

（3）真本票号码、字体规范整齐；假本票号码、字体排列不齐，间隔不匀。

（4）由于是非法印刷，假本票上签字也必然会假冒签字，与银行掌握的预留签字不符。

【案例分析五】如何追踪货款

某贸易公司跟单员收到客户来电，说："汇款水单已发出"，就将提单发给了客户。

结果：贸易公司一直没有收到货款。跟单员跟客户联系，对方坚持说已经汇款。遇到这种情况应该怎么办？

思考：这种情况怎么才能知道客户是否真的汇款了？能否通过对方银行查询？怎么查询？如何预防这种情况？

分析与建议：

1. 与对方确认银行账号，检查有没有汇错号码。

2. 让对方提供付款银行电文，然后拿到本地银行查询。客户不可能让银行也作假，联合银行一起欺骗卖家的情况基本不会发生。

3. 以后一定要等钱到账以后，或是收到水单截图、相片等文件凭证以后，才能把提单寄给客户。

4. 对于长期不还尾款的客户，建议采取以下措施：

（1）签订合同时注明拖欠还款者，每拖欠一天则需多支付5‰的罚金。

（2）如果客户确实有困难，经协商后递交新的还款计划书并签章确认。

（3）如果合同未写明细节与还款计划书，则应先开好增值税发票，然后寄给客户。只要客户认证抵扣，法律上就等同于客户承认这笔销售，承认货品合格，此时公司就有法律依据要求对方无条件付款。

（4）对于预付订金且携款提货者，必须注明订金在合同交货期满以后多少天有效，超过日期则订金失效，公司有权自行处理货品。

三、准备单证注意事项

现代国际贸易中，大部分采用象征性的交货方式，凭单交货、凭单付款是其主要特征。尤其在出口贸易的信用证业务中，由于银行付款只凭单证、不问货物，所以做好单据工作，对及时、安全收汇十分重要。跟单员对基本单据的缮制与审核，要重视以下几个要点。

1. 单据填制必须规范

单据内容必须按信用证规定和国际贸易惯例进行填制，力求规范、简明，切勿加列不必要的内容，以免弄巧成拙。单据的布局要美观大方，字迹要清楚，文字要规范，有更改的地方要加盖校对章。对一些重要单据，如提单、汇票的金额以及数量、重量、件数等主要项目，一般不得更改。单据的种类、内容及所需的份数都必须完整准确，不能有短缺或遗漏。正确填写票据和结算凭证的基本要求扫描"教学资源"编号7-8二维码可见。

2. 单据必须相互符合

单据必须与所代表的货物一致。"单单相符，单证相符"的原则是安全收汇的前提和基础，所提交的单据中存在的任何不符哪怕是细小的差错都会造成一些难以挽回的损失。

3. 单据必须及时寄送

单据必须在信用证的有效期和交单期内送交银行办理结汇手续。在可能的情况下，单据应尽早寄至代理报关单位，以便整理审核，最晚不迟于集港前两天寄到，若单据不能按时寄到或正本单据出现问题，又急于通关，一般情况下，先用传真件副本代替，由报关员"打保"报关，随后补上正本单据。

4. 正确填制报关单

根据报关单的格式提供相应的内容，由报关员录入，通过海关EDI系统传输。数据一定要准确，要与其他各单据完全相符。否则会影响核销单与报关单的返还速度。

【案例分析六】跟单时犯错怎么办

小张从事跟单工作4年，由于性格大大咧咧，做事总是不够细心，跟单过程中常常会出一些小状况，再加上现在的订单都是英文资料，所以出错的概率就更大了。近期小张跟进的一个订单，裤筒部位的绣花绣错了，现在还没有给老板知道。

分析与建议：

1.学会面对，不要逃避和推卸。勇于承担该承担的责任，虚心接受别人的批评和教导。

2.了解原因，寻找补救方案：是绣花颜色错了，还是花型错了？寻找低成本的补救方案。

3.寻找外援：发现错误后应第一时间告知自己的主管，也可以寻求同行同事的帮助，大家一起想办法。不要担心责罚，损失了公司的信誉是大事。

4.多问少错，少做主张。每件事情都问清楚，不轻易决定。能让客户确认的一定要让客户确认，不好确认的要让自己的主管领导审批。想要避免犯错，首先要对自己跟的单负责，不懂就问，问清楚了再去做。如果对英文资料不是很明白，一定要询问客户、查字典或咨询懂英文的同事。作为跟单员，首先要把手里的订单资料完全消化后再去发放生产通知，这样才能减少后续问题的发生。

5.犯错是正常的，犯同样的错误是不可原谅的。错了一定要检讨，不能让自己一错再错。

6.如果是新手，老板会比较容易原谅，但如果是做了很久的老员工，则需好好反省一下自己。跟单工作非常琐碎，一定要非常细心，防范出错。记住，即使是小错误，也会给公司和工厂带来巨大的损失！

【实践训练一】

请以一批5000件的五袋款牛仔裤的出口订单为例，准备出口报验报关需要的所有单证资料。

【实践训练二】

吉信贸易公司收到英国一公司订单需求询盘，计划订购6000双军靴，双牛粒面革、腰高6英寸。经了解每双军靴的进货成本为人民币90元（含增值税17%），则进货总价：$90 \times 6000 = 540000$（元）。

出口包装费每双3元，国内运杂费共计12000元；出口商检费350元，报关费150元，港杂费900元，其他费用共计1500元。吉信公司银行贷款的年利率为8%，预计垫款2个月，银行手续费为0.5%（按成交价计），出口军靴的退税率为14%。6000双军靴约为一个40英尺的货柜，深圳到利物浦的包箱海运费是3800美元。客户要求按成交价的110%投保，保险费率为0.85%，并在价格中包括3%的佣金。若吉信公司的预期利润为成交价的10%，人民币对美元的汇率为6.25∶1。请分别报出每双军靴的FOB价、CFR价和CIF价。

参考文献

［1］陈霞,张小良,等.服装生产工艺与流程[M].3版.北京:中国纺织出版社,2019.

［2］刘小红,陈学军,索理.服装市场营销[M].4版.北京:中国纺织出版社,2019.

［3］陈学军.服装国际贸易概论[M].3版.北京:中国纺织出版社,2019.

［4］刘小红.服装企业督导管理[M].3版.北京:中国纺织出版社,2019.

［5］冯麟.成衣跟单实务[M].北京:中国纺织出版社,2007.

［6］张小良.实用服装专业英语[M].4版.北京:中国纺织出版社,2021.

［7］刘文清.细节决定成交[M].吉林:延边人民出版社,2004.

［8］刘静伟.服装材料实验教程[M].北京:中国纺织出版社,2000.

［9］周叔安.英汉／汉英服装分类词汇[M].北京:中国纺织出版社,2001.

教学资源

编号	页码	名称	二维码	编号	页码	名称	二维码
1-1	006	外贸跟单岗位职责描述		2-4	065	工厂评审报告（英文版）	
1-2	007	生产跟单岗位职责描述		2-5	066	判别询盘真假的方法	
1-3	016	跟单面试模拟剧场		2-6	067	商务报价与磋商（英文版）	
1-4	016	某服装贸易公司采购跟单工作职责描述		3-1	078	订单资料管理表	
2-1	043	国家标准GB/T 9994—2018《纺织材料公定回潮率》（2018版）		3-2	079	理单文件相关表格汇总	
2-2	053	报价表及合同范本（英文版）		3-3	082	订单资料分发记录	
2-3	057	服装供货合同范本（中文版）		3-4	101	客供工艺单（英文版）	

编号	页码	名称	二维码	编号	页码	名称	二维码
4-1	109	各公司制作样板的顺序		5-6	151	纺织品检测相关标准	
4-2	125	样板跟单流程与工作案例		5-7	151	各种服饰主要检测项目	
4-3	129	样板试身审核表（以西式短裤为例）		5-8	152	辅料确认卡	
5-1	131	常用面料性能比较表		5-9	158	翻染面料和染厂情况一览表	
5-2	133	各种纤维燃烧状态一览表		5-10	159	面料订购清单辅料订购清单拉链订购清单	
5-3	133	各种织物感官鉴别法		5-11	160	缝纫线/衬布采购流程	
5-4	139	供应商提供的面料色卡范例		5-12	160	缝纫线基础知识	
5-5	151	世界知名纺织品专业检测机构		5-13	160	衬布基础知识	

续表

编号	页码	名称	二维码	编号	页码	名称	二维码
5-14	162	纸箱基础知识		6-2	207	［案例分析五］交期延误的原因与对策	
5-15	162	纸箱采购流程		6-3	210	衬衫、牛仔裤、圆领T恤、毛衫的质检方法	
5-16	163	商标基础知识		6-4	216	生产跟单表格（英文版）	
5-17	169	辅料质量检验要求		6-5	219	面料常规疵点图例	
5-18	174	面料跟单总流程		6-6	231	衬衫、牛仔裤、圆领T恤、毛衫的度尺方法	
5-19	174	辅料跟单总流程		7-1	244	外贸托运单样本	
5-20	184	评分依据与标准参考表		7-2	247	出口报验单证	
6-1	202	制单应用存在的问题		7-3	247	出口报关单证	

编号	页码	名称	二维码	编号	页码	名称	二维码
7-4	248	进口货物报关单		7-7	259	货主与货运代理需准备的单证	
7-5	258	货运单证		7-8	264	正确填写票据和结算凭证	
7-6	259	海运提单的分类					